M&Aを成功に導く

人事
デューデリジェンス
の実務 第3版

マーサー ジャパン［編］
MERCER

DueDiligence

中央経済社

第3版の刊行によせて

　本書の初版は2006年であり，第2版は2010年である。それから約10年が経過し，もはや企業にとってM&Aは常態化していると言っても過言ではなかろう。

　本書の初版や第2版が世の中に出た頃は，人事デューデリジェンスという際には，日本国内のデューデリジェンスと，（日本国外を含む）クロスボーダーのデューデリジェンスという区分けを実施していた。

　当時の日本においては，年金に関しては確定拠出型企業年金制度（Defined Contribution）は2002年に施行されたばかりであり，適格退職年金制度という日本独特の確定給付型年金制度（Defined Benefit）がまだまだ主流であった。そのため，クロスボーダーのデューデリジェンスにおいては，

- そもそも海外の対象企業が確定拠出型年金制度をもっているのかどうか
- もし，確定拠出型年金制度をもっている場合，何を評価し，どのように判断すればいいのか

という点に注意する必要があった。

　今や確定拠出型は珍しい制度ではなくなり，年金デューデリジェンスにおいて日本と海外を分けて考える必要はなくなった。日本でも，海外でも年金に関するデューデリジェンスの重要性は共通であり，価格算定にあたって非常に大きなポイントとなっている。

　別の例もご紹介したい。

　対象企業をすべて株式取得するのではなく，特定事業のみを切り出し買収した場合に，買収先の社員の転籍については，日本国内においては従業員の個別同意に基づく転籍しか方法がなかった。当然，従業員の多くが転籍しなければ事業継続性が担保されないので，M&Aそのものの成否を決めるくらいの重要な問題であった。

　その後，2001年中頃に会社分割法とともに労働契約承継法が制定され，会社

分割の場合はその事業の主たる従事者は，従業員の個別同意を取得しなくても買収会社が雇用契約を承継できるようになった。

労働契約承継法のスキームは，同意なしの自動転籍という今までにない手法で，労働組合や従業員の抵抗感も強く，本格的に普及しだしたのは同法および施行規則の一部改定がなされた2006年〜2007年頃のことであったと記憶している。

海外では，以前より同様の転籍の枠組みが用意され普及していたが，上記法改正および業界再編の会社側のニーズ，従業員も希望退職よりは同じ職場環境が維持されることのメリットに気づくことによって，ようやく海外の制度や社会・経済環境に追いつくことになったと言える。

つまり，2006年時点においては，M&Aに関しては，日本の法制度と社会・経済環境，特に欧米諸国との間に違いがあったため，日本国内のデューデリジェンスと，クロスボーダーのデューデリジェンスとを区別する必要があったが，現在，その違い・差はなくなりつつある。

また，初版や第2版出版当時は会社側の目的意識も，いかに海外法人を取得して直接に海外市場への進出を果たすかに焦点があり，インターナショナル化の段階にあったといえる。一方，現在は海外法人の売上や従業員数が，国内のそれを越える企業は珍しくもなく，むしろグローバルに拡大した法人，事業・機能，資産，人材を，同じプラットフォームに乗せて，どう最適配置するか，活用するかをM&Aの文脈で考えるグローバル化の段階に来ている。そして，前述のとおり日本を含むグローバルM&Aを円滑に行いうる各国の法的・社会的基盤も整いつつある。

したがって，現在，人事デューデリジェンスを行う際には，「日本のみが対象なのか，あるいは，海外も含まれるのか」という視点は論点にはならない。

むしろ，事業買収の目的，買収後の事業計画に照らして，人事デューデリジェンスにおいて，どのプロセスに力点をおいて精査する必要があるのかを考えることの方が重要である。

さらに，今回の改訂にあたっては，事業買収のみならず，事業売却，事業統合に関する内容も追加することにした。

これまでの日本企業は，「買収」をメインに実施してきたが，昨今の激しい事業環境変化の中で，事業のポートフォリオの見直しに直面している。その過程で，「売却」や，既に買収した企業・事業を既存の組織に「統合」することがますます増えつつある。

この20年の中で，人事デューデリジェンスの実務は飛躍的に進化するとともに，難度がますます高まってきている。

人事領域のM&Aをこれまで20年以上にわたり支援してきたマーサージャパンとして，経営者の皆様のみならず，M&Aの実務を担当する方々にもお役立ていただけるよう，従来の構成を大きく見直し，第3版を刊行することとした。

執筆にあたり当社の多くの同僚から貴重なアドバイスをいただいたことをここに記し，感謝の意を表する。

また，本書の第1版，2版，今回の第3版の企画から刊行までご尽力いただいた中央経済社の末永芳奈氏に対し，厚く御礼申し上げたい。

本書が微力ながら，企業の更なる成長，発展を祈念して。

2019年8月

執筆者を代表して
マーサージャパン株式会社
取締役
マルチナショナルクライアントグループ代表
グローバルM&Aコンサルティング部門代表
島田　圭子

(初版) まえがき

　全世界で年間3万件を超えるM&Aが行われる時代となり，そのなかで日本企業にとっても，M&Aはもはや普通の経済活動の一つとなりつつある。

　マーサーは，全世界40ヶ国に約180のオフィスを持ち，文字どおりグローバルに組織・人事分野のフルラインのコンサルティングを行っている。その主要業務の一つとしてM&A（含むファンドによる投資）に伴う組織・人事コンサルティングがあり世界各地にまたがる人事デューデリジェンス（以下，「人事DD」もしくは「DD」という）や組織・人事統合コンサルティングの経験値は他社の追随を許さないレベルである，と考えている。

　マーサーの日本オフィスにも，M&Aアドバイザリーサービスに特化した専門部門を擁しており，日本企業同士のM&A（IN-IN），および外資企業の日本企業買収（OUT-IN），および日本企業の海外企業買収，JV設立（IN-OUT），ファンドやプライベートエクイティ（PE）による投資に関わる組織・人事統合コンサルティングを幅広く行っている。私たちのコンサルティングの範囲は，DDからクロージング以降まで広範囲かつ長期間にわたるが，本書ではその実体験をもとに人事DDのみに焦点を当てている。

　本書は，過去数年間にマーサーが関わった日本企業，外資系企業の国内外の人事DDの豊富な実例をもとに，人事分野にあまりなじみのない方々に人事DDの基本的な考え方をご理解いただくことを目的として執筆された。対象読者層としては，日本国内外でM&Aに関わるすべての方を対象としているが，特に，M&Aの人的側面に興味を持っている方，およびそこに直接関わる方々や海外でM&Aを企画されている方々には，是非ご一読いただきたいと考えている。

　執筆にあたっては，「統合効果」，「投資効果」を出すための人事DDとは何か，という観点に重点を置いた。人事DDの観点，およびポストクロージングの観点の両面から現在行われている人事DD，およびそのなかでも先進的な事例も紹介しながら，「統合効果」，「投資効果」を出す人事DDの真髄をお伝え

したい。その観点では，欧米の書物の翻訳ものとは一味違う，日本の修羅場体験に基づいた内容になったのではないか，と自負している。

なお，本書は人事分野の専門書ではあるが，人事面のテクニカルな解説は最小限度に抑え，むしろ，人事DDにおける基本的な考え方やスタンスを，できるだけわかりやすく事例を交えながら解説することを心がけた。そもそも，「人事」というもの自体の捉え方が千差万別である現状を考えると，テクニカルな知識よりは，基本的なスタンス等を理解いただくことのほうが，読者の皆さんのお役に立てるのではないか，と考えた次第である。

また，日本国内で行われている人事DDとともに，昨今の日本企業の海外進出の多様化に鑑み，海外で企業買収，JV設立を行う場合に実施すべき人事DDについても，できるだけカバーするようにした。マーサーのM&Aアドバイザリー・サービスは，世界の各地にM&Aコンサルティング部隊を配置しており，執筆にあたり彼らの蓄積された知見も一部取り入れた。

私たちは，21世紀の日本企業の競争力の源泉として「M&A統合マネジメント力の強化」が非常に重要なテーマの一つになると考えている。また，統合マネジメントの成功の源泉が組織・人事問題にあることにつき，異を唱える方はいないであろう。ただ，組織・人事の持つ重要性に比べると，M&Aにおける組織・人事への取組みはまだまだ改善の余地があり，その取組みを強化していくための第一歩が本書で伝えようとしている「戦略的な人事DD」といえよう。

日本企業同士の経営統合においては，いわゆる人事DDを行わずに，人事制度統合の過程で，「現状分析の一環として」擬似人事DDを行うことが多い。ただし，日本企業の方々にとっても，PE関係者，外資系企業関係者の人事DDの考え方を知っていただくという観点で，きっとご参考になる点があるであろうと考えている。

また，企業再生の現場でもすでに新たなステージに入っているようだ。再生の現場で伺う話は，最悪期は脱したものの，本格的な価値創造の軌跡を描ききれない企業の実体であり，その陰には本来であれば人事DDの段階で見るべきであったものが見きれなかった課題が大きなポイントになっているケースも散見される。

一方，日本企業は真のグローバル競争に直面しており，ここ数年のPEや外

資系企業が日本で行っている人事DDの実態を見ることで，グローバル経営上で何を行わなければならないか，という示唆が出てくるであろう。その観点で，本書の後半は海外での人事DDの勘所を解説した。

　M&Aや企業統合，企業再生，グローバル経営，それぞれの場面で，本来行うべき人事DDにつき，読者の皆様が「勘所」を押さえていただければ，クロージング後の価値創造の角度とスピードは確実に上がっていくだろうとの想いで本書は執筆されている。本書は人事DDの基本書とすることを目指しているが，そのような評価を受けるためにはさらなる内容の充実と改善が必要であることは明らかである。読者の皆様には忌憚のないご意見，ご批判をお願いするとともに，この点は今後の課題としたいと考えている。

　この十数年，日本企業は必死で経営改革を行ってきた。この先，各企業が，ひいては日本経済が持続的な成長を続けることができるかどうかは，ひとえに「人の力」にかかっている。その人の力を，M&Aの現場で解き放つためには，急いでいるから人事を見ないのではなく，急いでいるからこそ，戦略的に人事を見る姿勢が求められている。本書がそのための一助となれば幸いである。

　執筆にあたり当社の多くの同僚から多くの貴重なアドバイスをいただいたことをここに記し，感謝の意を表する。また，本書の企画から刊行までご尽力いただいた中央経済社の末永芳奈氏に対し，厚く御礼申し上げたい。

2006年11月

執筆者を代表して
マーサージャパン株式会社(執筆時)
西口　尚宏

CONTENTS

序章　第2段階を迎えた日本のM&A……1

1. 日本企業のM&Aの課題……2
2. 買収・売却・再編という事業ライフサイクルの視点……3

第1章　人事デューデリジェンスとは何か……7

1. なぜ人事デューデリジェンスが必要なのか……8
2. 人事デューデリジェンスをなぜ，どのような場合に実施するのか……10
3. M&Aにおける人事の課題と役割は何か……12

第2章　組織・人事デューデリジェンスの進め方……15

1. M&Aのプロセス……16
2. M&Aのプレイヤー……18
   (1) 売り手，買い手……18

(2)　外部専門アドバイザー……………………………………… *18*

③　M&Aにおける組織・人事タスク　*21*

　(1)　統合初期診断（プレディール）…………………………………… *22*
　(2)　基本的タスク（デューデリジェンス～ポストクロージング）……… *23*
　　①　組織・人事デューデリジェンス／23
　　②　買収契約書へのデューデリジェンス発見事項の反映／24
　　③　組織・人事スタンドアロンイシューへの対応／24
　　④　人事制度・運用の詳細把握および人事機能整備／25
　　⑤　ワークフォース・アナリシス／26
　(3)　HRコミュニケーション（サイニング後～ポストクロージング）………………………………………………………………… *26*
　(4)　ガバナンスおよびマネジメント新体制の確立……………… *28*
　　①　経営者報酬・雇用条件レビュー（デューデリジェンス）／28
　　②　経営者リテンション（引き留め策）（サイニング前）／29
　　③　マネジメントとガバナンスの実態調査および新体制設計（サイニング～クロージングまで）／30
　　④　経営者・幹部アセスメントおよび経営チームのトランジション検討（クロージング後）／30
　　⑤　KPIの具体化と報酬のリンク／31
　(5)　M&Aシナジー創出施策……………………………………… *32*
　　①　リーダーシップ融合ワークショップ／32
　　②　100日プラン策定／32
　　③　組織診断および社員の意識改革・行動改革／33
　　④　組織・人事制度統合／33
　　⑤　M&Aに伴うリストラ検討／34

④　組織・人事デューデリジェンスのプロセス　*35*

　(1)　初期データリクエスト………………………………………… *36*
　(2)　開示データのレビューと報告書作成………………………… *40*

(3)　QA・HRエキスパートセッション……………………………… 40
　(4)　問題の特定とインパクトの検証………………………………… 41

第3章　人事デューデリジェンスの準備（事前の準備が人事DDの成否を分ける）… 43

1　デューデリジェンス開始以前にすべきこと ……………………… 44
2　ディールロジックの確立 …………………………………………… 45
3　買収後の統合モデルの整理 ………………………………………… 48
　(1)　インベストメント・モデル（投資型）………………………… 48
　(2)　アシミレーション・モデル（片寄せ・染め上げ型）………… 49
　(3)　インテグレーション・モデル（対等統合型）………………… 49
4　買収形態の整理・課題点の抽出 …………………………………… 50
　(1)　株式譲渡 …………………………………………………………… 51
　　① 単一企業群の買収／51
　　② グループ企業群から特定の企業群のみ買収／51
　(2)　資産譲渡 …………………………………………………………… 53
　　① 単一企業から特定事業に係る資産・債務を買収／53
　　② 株式・資産譲渡のミックス／54
　(3)　合弁企業の設立 …………………………………………………… 55
　　① 合弁企業の新設／55
　　② 現地法人と出資先既存法人の統合を前提とした出資／56
5　相手サイド（交渉相手）の把握 …………………………………… 57
　(1)　プライベートエクイティ企業からの買収 …………………… 58
　(2)　事業会社からの買収 ……………………………………………… 59
6　デューデリジェンスの目的・見立て ……………………………… 60

(1) 目的を持ったデューデリジェンス……………………………………… *60*

第4章　人事デューデリジェンス…………… *63*

1 人事デューデリジェンスで検証する人事関連事項の全体像…… *64*

(1) 組織と人員の状況……………………………………………………… *64*
　① 組織構造（人員構成）／64　② 離職率／66
(2) 一般従業員の報酬……………………………………………………… *68*
　① 報酬哲学・ポリシー／68
　② 報酬構成／69　③ 報酬水準／73
(3) デスクトップデューデリジェンスによる情報収集………………… *79*
(4) 退職給付制度…………………………………………………………… *80*
　① 確定給付年金（DB）／80　② 確定拠出年金（DC）／82
(5) 福利厚生………………………………………………………………… *83*
　① M&Aに伴う福利厚生分析のポイント／83　② 医療保険／86　③ 生命保険／AD&D保険／90　④ 障害保険／91
　⑤ その他福利厚生／92　⑥ 出向者パッケージ／93
(6) 雇用に関するポリシーと運用………………………………………… *95*
　① 雇用契約／就業規則／95
　② 労働協約／Works Council Agreement／97
(7) 労務リスク……………………………………………………………… *98*
　① 組合の状況および労働争議／訴訟／98
　② リストラの影響分析／98
(8) 人事機能・組織………………………………………………………… *99*
　① 人事機能・組織とオペレーションの確認／99
(9) 人事制度………………………………………………………………… *103*
　① 人事哲学（HRフィロソフィー）・人事戦略／103

② 等級制度／105　　③ 報酬制度／106　　④ 評価制度／107
　⑽ 人事デューデリジェンス発見事項の買収契約への反映……………*108*
　　① 買収価格の調整／110　　② 表明保証への反映／111
　　③ その他留意点／112

② 経営者デューデリジェンス……………………………………………*112*
　⑴ 雇用契約内容・報酬水準のレビュー………………………………*114*
　　① 雇用契約のレビュー／114　　② 報酬ベンチマーク／116
　　③ 買収に伴うキャッシュインパクト（CiC条項等）／120
　　④ 役員個人を対象とした保険契約／121
　⑵ 経営者インタビュー…………………………………………………*123*
　　① インタビューのセットアップ／123
　　② インタビューの対象者と確認ポイント／124

③ カルチャーデューデリジェンス……………………………………*126*
　⑴ カルチャーとは？……………………………………………………*127*
　　① カルチャーの原理／127
　⑵ M&Aにおけるカルチャーの影響……………………………………*129*
　　① 国内M&A／129
　⑶ クロスボーダーM&A…………………………………………………*130*
　⑷ デューデリジェンス段階での検証方法とその対応………………*131*
　⑸ M&A現場の実態………………………………………………………*134*

④ 年金デューデリジェンス……………………………………………*134*
　⑴ 年金の分類とM&Aにおける課題の種類……………………………*134*
　　① M&Aにおいて検討を要する年金と課題の概要／135
　　② 人事デューデリジェンスにおいてなぜアクチュアリーが必要な
　　　のか？／136
　⑵ 一般的な年金デューデリジェンスの検討ステップ………………*137*
　　① スコープに含まれる事業・国・拠点と年金制度の特定／138
　　② 年金制度の運営方針の決定と買収価格への影響の推計／139

③　買収価格の決定メカニズムの設定／140
　　　④　契約調印後・クロージング後に必要となる対応／141
　　(3)　年金デューデリジェンスにおいて特に留意すべき論点 …………… *141*
　　　①　年金債務の「適切」な評価／142
　　　②　複数事業主制度・DC類似型制度／142
　　　③　米国DC制度／143
　　　④　上場企業の買収／144
　　(4)　年金デューデリジェンスにおいて大切なこと ……………………… *144*

第5章　経営者リテンション …………………………… *147*

1　経営者リテンション方針 ……………………………………… *148*
　　(1)　経営者リテンションは必要か ……………………………………… *148*
　　(2)　経営者に残ってもらう必要があるのか …………………………… *149*

2　経営者リテンション施策検討の切り口 ………………… *151*
　　(1)　買収時に多額の現金支給があるとき …………………………… *151*
　　　①　買収によって多額の現金支給が生じる背景／151
　　　②　想定される影響と対応の方向性／153
　　　③　その他の留意点／155
　　(2)　Good Reason条項があるとき ……………………………………… *156*
　　　①　Good Reason条項とは／156
　　　②　買い手としての対応／157
　　(3)　報酬水準・構成に著しい市場との乖離があるとき ……………… *159*
　　　①　現行報酬がマーケットと比べて高い場合／160
　　　②　現行報酬がマーケットと比べて低い場合／161
　　　③　（現行報酬の水準はマーケットと大きく変わらないが）報酬の
　　　　　構成比率が異なる場合／163

(4)　その他 ··· *163*

③　リテンション交渉 ··· *164*

　(1)　推奨される合意タイミング ··· *164*
　(2)　交渉のポイント ·· *166*
　(3)　事前の社内調整と予算枠取りのすすめ ···························· *167*
　(4)　買い手の報酬ポリシーの明確化 ····································· *169*

④　ポスト・リテンション期間の対応 ······································· *171*

第6章　経営者オンボーディング ·················· *173*

①　経営者オンボーディングとは？ ·· *174*

　(1)　オンボーディングの考え方 ··· *174*
　(2)　目　的 ··· *175*
　(3)　M&A現場での実際 ·· *175*

②　クロスボーダーM&Aでのオンボーディングの難しさ · *177*

　(1)　仕組みの違い ·· *177*
　(2)　環境の違い ··· *178*
　(3)　カルチャーの違い ·· *179*

③　仮説の構築 ·· *180*

　(1)　カルチャーの問題 ·· *180*
　(2)　ビジネスに関する問題 ·· *181*

④　アラインメントの強化・目的意識の共有 ·························· *182*

　(1)　リーダーシップ融合ワークショップ ······························ *182*
　(2)　カルチャーワークショップ ·· *183*

第7章 Do by Close（サイニング以降必要なタスク） …… 185

[1] クロージングで何が起きるのか？ ………………………… 186
(1) サイニング以降の時間軸……………………………………… 186
① ディールストラクチャー別の留意点／187　② 株式買収のケース／187　③ 資産買収のケース／188

[2] 従業員コミュニケーション ……………………………… 189
(1) M&Aにおける従業員に対するコミュニケーション……………… 190
① サイニング時のコミュニケーション／190
② クロージング時のコミュニケーション／191
③ 経営陣とのコミュニケーション／193
(2) 従業員転籍のコミュニケーション…………………………… 194
① 自動転籍の従業員に対するコミュニケーション／194
② 自動転籍以外の従業員に対するコミュニケーション／195
(3) その他の従業員コミュニケーション………………………… 197

[3] スタンドアロンイシューへの対応 ……………………… 198
(1) 福利厚生制度………………………………………………… 201
(2) 人事機能……………………………………………………… 202
(3) IT／給与計算システム等 …………………………………… 203

[4] クロージングまでに必要な経営者報酬の対応………… 203
(1) 移行期間における経営者報酬の対応……………………… 203
(2) クロージング以降の経営者報酬の対応…………………… 206

[5] ガバナンス体制の検証・構築 …………………………… 208
(1) 現状分析……………………………………………………… 209

(2)　新ガバナンス体制の構築‥‥‥‥‥‥‥‥‥‥‥‥‥‥‥‥‥‥‥‥‥‥ *210*

第8章　セラーズデューデリジェンス‥‥‥‥ *213*

1　会社・事業売却のためのデューデリジェンスとは‥‥‥ *214*
　(1)　高く売る努力（その1）
　　　企業・事業の価値を高める‥‥‥‥‥‥‥‥‥‥‥‥‥‥‥‥‥‥‥‥‥ *214*
　(2)　高く売る努力（その2）
　　　高めた価値を適切に伝える＝セラーズデューデリジェンス‥‥‥‥‥ *216*

2　会社・事業売却のためのデューデリジェンスとは‥‥‥ *217*
　(1)　一般的な対応と留意点‥‥‥‥‥‥‥‥‥‥‥‥‥‥‥‥‥‥‥‥‥‥ *217*
　(2)　セラーズデューデリジェンスのメリット（その1）
　　　高く早く楽に売る→情報開示のイニシアティブを売り手側が取る‥ *218*
　(3)　セラーズデューデリジェンスのメリット（その2）
　　　売り買いの両極の視点の獲得‥‥‥‥‥‥‥‥‥‥‥‥‥‥‥‥‥‥‥ *219*
　(4)　セラーズデューデリジェンスのメリット（その3）
　　　現状の可視化・管理体制の構築‥‥‥‥‥‥‥‥‥‥‥‥‥‥‥‥‥‥ *219*

第9章　日本企業のグループ・事業再編の課題‥‥‥‥ *223*

1　日本企業によるM&Aの変遷と直面する課題‥‥‥‥‥‥ *224*
　(1)　日本企業によるM&Aの振り返り‥‥‥‥‥‥‥‥‥‥‥‥‥‥‥‥‥ *224*
　　　①　国内合併／225　　②　海外企業買収／226
　(2)　日本型MNCS（マルチナショナルカンパニー）はどうあるべ
　　　きか‥‥‥‥‥‥‥‥‥‥‥‥‥‥‥‥‥‥‥‥‥‥‥‥‥‥‥‥‥‥‥ *227*
　　　①　海外事業法人のガバナンスに改めて取り組む／227

② 国内事業再編の取り組みにいったん集中する／229
　(3) 国内事業再編型M&Aの特徴 ………………………………… *230*
2　M&Aによる国内事業再編の目的別分類 ……………… *232*
3　ディールスキームの俯瞰 …………………………………… *236*
　(1) 一部株式譲渡と中長期供給契約のセット ……………………… *237*
　(2) 会社分割法・労働契約承継法のもとでの社員同意転籍スキーム… *238*
4　これからの事業再編に求められる組織能力 …………… *240*
　(1) 新しい組織能力の必要性 ………………………………………… *240*
　(2) 経営者の意思決定能力，リーダーシップ ……………………… *242*
　(3) 国内の組織改革と運用 …………………………………………… *244*
　(4) M&Aとマトリックス組織 ……………………………………… *247*

付録　人事デューデリジェンス チェックリスト────── *249*

序章

第2段階を迎えた日本のM&A

1 日本企業のM&Aの課題

2020年を迎えようとしている今、日本企業は、組織・人事面で大きな転換期にある。

「少子高齢化」「デジタル化」「グローバル化」の3つの事業環境の破壊的変化（Disruption）に見舞われる中で、グローバル競争に打ち勝つために事業と組織の構造改革を痛みも伴う形で本格的に決めて動かす時期にある、ということである。

2018年の日本のM&Aのマーケットを概観すると、2017年に引き続き日本企業の事業見直しに伴う事業・子会社の売却の増加が見られる。また、少子高齢化で人口減が加速、大型の事業再編が進まずに国内市場が飽和する中で、グローバル化を本格的に進める日本企業の海外企業買収・投資が増えている。さらに、第4次産業革命の真っただ中にある今、デジタル化の加速に伴い、IoT/AIなどデジタル技術・人材の獲得を目指したベンチャーへの投資も増加傾向にあることが分かる。

投資・買収における人材、人事の重要性は従前より指摘されているが、まだまだ十分とは言えないケースが散見される。特に退職金・年金、福利厚生（ベネフィット）等の人事関連債務のデューデリジェンスが十分ではなかったため、巨額の負債を引き継いでしまうケースが今でも発生している。

経営者・幹部やキー人材・コア人材のリテンション（繋ぎ止め）の重要性は認識されつつあるが、その後のオンボーディング（組織の一員として新しく加入したメンバーに支援を行い、慣れさせるプロセス）やガバナンスの構築が不十分であったが故に、買収前よりも業績が悪化したり、元の経営者やキー人材が流出することは常態化していると言っても過言ではない。本書では、日本企業の失敗例を繰り返さないよう、人事デューデリジェンスの最新情報を提供する。

また，昨今買収後の統合PMI（Post Merger Integration）の成功のみならずM&Aの成否にも影響を及ぼしていることが弊社調査（『2018年　M&Aの価値を高めるためのカルチャーリスク対策』レポート）においても明らかとなった。本書では，企業／組織文化・カルチャー（Culture）やコミュニケーションについても解説を行う。

2 買収・売却・再編という事業ライフサイクルの視点

　未曽有の転換期を迎えている日本企業では事業成長，グローバル化強化に向けて，従来のオーガニックグロース（社内資源を活用した成長）に加え，インオーガニックグロースと言われる「投資・買収，売却，再編」を多面的に実施している。

　特に昨今の特徴としては，投資・買収のみならず，売却や再編も増えていることである。

　これまでM&Aでは，投資・買収のみが着目されてきたが，「投資・買収，売却，再編」という一連の事業のライフサイクルから俯瞰する視点が求められている。

　日本企業は欧米のグローバル企業に比べて，子会社の数が多いのが特徴である。オーガニックグロースの場合は，事業単位で海外進出，展開をした結果，1つの国に，複数の子会社を持つことは日本企業での「常識」だ。しかし，欧米のグローバル企業の視点でみればそれは大きな「無駄，非効率」に映る。

　また，過去に企業買収を実施した際には，買収効果を高めるべく，以前の経営者にできる限り残ってもらい，買収先企業をそのまま存続させる方式が「一般的な」方法として捉えられ，既存の自社組織と統合を進めるケースは稀であった。結果として，企業買収を繰り返すたびに子会社の数がどんどん増えていき，大企業においては海外に100以上の子会社を持つケースは珍しいことでは

ない。

　しかし，欧米企業の経営者の目には，1つの国に5から10の子会社がある状態は「異常」と見える。ましてや，各子会社に，財務・人事・IT・総務等の管理部門があるというと，「信じられない。あまりに非効率で，高コスト体質だ」と誰もが言う。欧米のグローバル企業では，統合によるシナジー効果をなるべく早い段階で創出すべく，買収先と既存組織の統合を前提に考える。そのためには，既存組織のマネジメント，ガバナンスの仕組みが整備されており，買収先に対して自社のもつ仕組みを適用する方法がとられる。

　遅ればせながら，日本企業においても，過去の「常識」から脱却し，グローバル競争に打ち勝つべく，収益率の強化，組織のスリム化，効率性の向上への取り組みが本格化しはじめた。その過程で，自社にとって，事業ポートフォリオを見直し，不要事業や非主力部門の清算・売却を行ったり，企業内の事業再編・統合を行うことが活発化している。

　本書では，上記日本企業の流れに沿って，買収のみならず，売却や統合・再編についても留意点を説明することとした。

　売却においては，売り物にならないほど業績が悪化する前に決断し，事前に事業構造改革や組織・要員の適正化，DB（確定給付型年金）制度のデ・リスキング（De-risking）による財務リスクの圧縮，保険制度の統合によるベネフィットコストの削減をしたり，買い手に指摘される前に売却対象会社のリスクを把握し必要な手当をしたりする等の事前準備が肝要だ。

　それを実施することによって，「価格を高く，ディールを早く，従業員にとって不利益にならない」ように売却プロセスを売り手優位な形で進めることを目指すことができる。

　グループ会社の再編・ガバナンスの強化においては，経営者・幹部のコントロール（任免，評価，報酬決定の人事三権の強化）を含むグローバル人事プラットフォームの整備をどの水準で，どの事業・地域で，どの優先度で行うかのロードマップを早めに描くことが重要となる。この点は，特に海外拠点の人材獲得・活用において，既存の日本型人材マネジメントとどう切り離すか，ある

いはそれを変えていくかが喫緊の課題である。

　日本企業は以前よりグローバル化に取り組んできているものの，日本の制度と海外の制度は別々あるいは海外は各社で制度を考えればよいとして，共通化・標準化が進んでいない。

　また，全世界共通のプラットフォーム（ITシステム，人事諸制度等）を整備している日本企業はまだまだ少数派だ。

　デジタル化の影響により，これから，ますます事業のライフサイクルが短くなるとの予測がある。そのためには，常に「投資・買収，売却，再編」をスピーディに行い，収益性を最大化し，持続可能な事業モデルを構築する必要がある。それを支えるためにも，事業ライフサイクルを支援するためのプラットフォームの構築は欠かせない。

　なお，本書は人事デューデリジェンスがメインであるため，「投資・買収，売却，再編」に焦点をあててそれぞれの段階における留意点を説明する。

第1章

人事デューデリジェンスとは何か

1 なぜ人事デューデリジェンスが必要なのか

　人事デューデリジェンスに限らず，M&Aにおいて様々なデューデリジェンスを行う目的は，対象となる企業や投資先の価値やリスク等を調査し，それに基づき，買収（あるいは売却）を実施すべきかを判断するとともに，適正な投資価格に反映させるためである。

　ここで，人事と他の着眼点の相違を背景として，なぜ人事デューデリジェンスが必要なのかについて述べたい。人事の範囲は相応な広さにわたり，場合によっては会計や法務等他の分野と重複する箇所もある。よって，M&Aのディールの際には，以下のような棲み分けを行う。

① 法　務
　法務の着眼点からは，雇用契約や各種規定類における，法的な可否でレビューを行い，人事からは，同様の資料の現地の慣行と比べた水準感や妥当性を検証する。また，例えば株主交代時における株式関連報酬の払い出しや，年金の場合は，制度の妥当性とともに，債務の計算やプロジェクションの実施等財務的なインパクトの検証も行う。

② 会　計
　確定給付型退職金年金制度の年金債務等の計算において，スナップショットの会計上の債務の検証は行われるが，年金財政上の計算は通常行われず，買収後に買主企業が将来的に負担する可能性のある年金債務の計算までは行われない。買収が完了するクロージングまでであれば，会計上の債務まで検証し，買収価格から差し引けばそれでよしという考え方もあるが，買収後も確定給付型退職金年金制度を維持する場合，後者までを考慮に入れたい。

③ 価値評価

　売主が提示した事業計画に基づき，買主は各アドバイザーと検討を行い，適切な価値評価を行う。その際に，現地の福利厚生制度や昇給率，労使協約との合意内容等に基づいて，人件費の内訳や適切性の検証を行う。こうした現地慣行を踏まえたレビューには専門のアドバイザーが必要となるため，人事アドバイザーの起用が推奨される。

　M&Aのディールの段階においては，とかくファイナンスや事業面が重視されがちであり，ともすれば人事面は軽視される傾向にある。
　しかし，いざ買収が成立した後は事業運営を行うのは対象となった役員や従業員であり，買収後に人事面でどのような是正が必要であるかも人事デューデリジェンスの段階で洗い出しておくことが肝要である。すなわち，デューデリジェンスの段階で，人事デューデリジェンスが不十分であったが故に，買収時のプライシングや他条件に限らず，買収後の事業運営・組織運営において様々な失敗事例が散見されることも事実である。

事例１：
　当初は，買収先企業の経営者にそのまま残ってもらい，買収企業の経営を継続してもらう予定でいたものの，買収後，経営者が辞めると言いだした。経営者本人のリテイン（繋ぎ止め）にも失敗し，結局，経営者は会社を去り，さらに経営者とともに主だった経営陣全員がいなくなってしまった。経営陣不在の状態で社内は混乱し，業績も悪化してしまった。

事例２：
　東南アジアの企業を買収した後に，コンプライアンス面での課題（賄賂等の不正行為）や労務問題が次々に明らかになった。買収に関する社員へのコミュニケーションも十分にできておらず，様々な噂が社内を飛び交い，混乱する中で労働組合が先鋭化し，敵対関係になってしまった。
　当初は事業拡大を想定したのにも関わらず，様々な課題・トラブル対応に追われ，当初の目標を大きく下回る結果となってしまった。

事例3：（年金関係）

　対象企業には確定給付年金制度（DB：Defined Benefit）があった。財務デューデリジェンスにおいて，年金債務については事前に調査済であったが，現状分析を前提とした調査だけに終わってしまった。もともと積立不足があったものの，それを適切に買収価格に反映させず，売り手の言い値でそのまま買収してしまった。結果として，売り手が抱えていた積立不足を負う形となり，対象会社のB/Sに重くのしかかることになった。

　上記は氷山の一角である。M&Aのディールにおいては様々な事項を同時並行して進めることが求められ，大きな流れに飲まれてしまい，人事上のリスクを疎かにしてしまうと，経営陣の離散等に起因する業績悪化等，手痛いしっぺ返しを食らうこととなる。

　デューデリジェンスの段階において，人事デューデリジェンスを適切な形で実施し，リスクを発見し，買収すべきかどうかの判断，あるいは，買収価格へ反映させることが肝要である。

2　人事デューデリジェンスをなぜ，どのような場合に実施するのか

　M&Aといっても様々なパターンがある（図表1－1参照）。
　図表1－1はM&Aにおいて人事の視点で論点が複雑なのか，それほどではないのかをまとめたものである。
　単一国企業を買収するよりも，多国籍企業を買収する方が格段に複雑性が高い。
　また，長期インセンティブ（LTI：Long Term Incentive）が付与されており，しかも複雑な制度が導入されている場合は複雑性が高い。
　確定給付年金（DB）や退職後の医療保険・医療保障のように，企業が長期間にわたって債務を積み立てる制度を持っているケースは注意が必要である。

取引形態で言えば，対象企業の株式取得をするよりも，企業の一部門を切り出して買収する方が，難度が高い。

対象企業をすべて買収した方が，事業の継続性が担保されやすい。また，財務・経理・人事・法務・IT等のコーポレート部門・管理部門も含まれているため，従来の制度・仕組み・システムを継続して使用することができる。しかし，事業譲渡（カーブアウト）の場合，特定部門のみを切り出すため，譲渡対象に管理部門が含まれていない場合や一部の制度・仕組み・システムが譲渡されず，難度が急速に増すことになる。

また，取引後（買収後），株式を取得し，株主としての適切なガバナンスを利かせるものの，対象企業については原則として子会社として運営されるケースが多く見られるが，最近では，日本企業においても，M&Aの費用対効果を高めるために，買収後直ちに統合・再編等を進めることが多くなった。当然のことながら，統合・再編を進める方が難易度は高い。

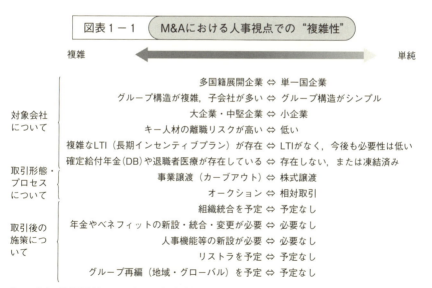

Copyright © 2019 Mercer Japan Ltd. All rights reserved.

このように，M&Aディールを人事の観点から見ても，複雑性の高いケースが見られ，買収価格への影響にとどまらず，買収後に影響を及ぼす論点も存在する。序章でも述べたとおり，昨今ではこれまで事業経験のない地域や事業領域等越境的なM&Aを実施するケースが増えており，なおさら予め対象会社を人事の目で精査し，現地や対象事業領域の慣習を学習することが重要となってくる。

　また，手慣れた地域や事業領域である場合であっても，買収後の統合時（PMI）においてどのように現行制度の是正や，買い主の既存拠点との統合・再編を検討するかの予備調査の意味でも，人事デューデリジェンスは必要である。M&Aのディールにおいて，図表1-1に示す複雑性の部分で，3つ以上該当する場合には，入念な人事デューデリジェンスをお勧めしたい。

　そのためには，早期段階より，人事デューデリジェンスの担当者を巻き込み，その他のデューデリジェンスと同時並行で人事デューデリジェンスを行うことが重要である。

3　M&Aにおける人事の課題と役割は何か

　M&Aにおける人事の究極的な役割は，買収完了（クロージング）後，対象となった従業員が安心して事業に専念し，買収検討時に想定した事業計画や，シナジーの実現に邁進できる状況を作ることである。それには，対象となる従業員への手当だけではなく，買い主である自社も，不要なリスクを心配せずに，対象会社・事業とともに，事業に専念できる環境を，人事の観点から作っていくことが肝要である。

　翻って，組織・人事的な観点から事業運営に必要な会社の状態は，正しい知識と経験・能力を持った経営陣・従業員が，市場水準に準拠した適切な報酬と処遇条件を，納得のいく評価をもとに処され，高い意欲をもって経営・事業運営にあたっていることである。この目的を達成するにあたって対処が必要な人事上の課題は多岐にわたり，後述する財務・非財務リスクに大別でき，対象従

業員に対しては，経営陣を含めた従業員の処遇条件の正しい把握と設計および適切なコミュニケーション，買主にとっては，人事上の正しいリスクの把握と対応策の手当，例えば経営陣のリテンションリスクやトランジションリスクの把握と最小化が必要となる。

　本書では，これらのリスクと対応策について，段階を踏んで詳細に述べていくが，本書を手に取られる人事を専門とされる方々や既にこうしたディールに多く携わっている方にも，少しでも理解を深めていただければ幸いである。

第2章

組織・人事デューデリジェンスの進め方

本章では，M&A全体のプロセスの概要，それに関わるプレイヤーについて確認した後，狭義のデューデリジェンスに限定しないM&Aにおける組織・人事タスクの全体像と，組織・人事デューデリジェンスのプロセスについて説明する。ディールの形態やストラクチャーは様々であるが，大まかなプロセスの順序やタスク，プレイヤーの役割は変わるものではなく，ディールごとに費用・時間をかけるべきタスクが何か判断をしながら進めていくことになる。

1 M&Aのプロセス

人事デューデリジェンスの進め方を説明する前に，まず，一般的なM&Aのプロセスを確認したい。以下は，入札（オークション）形式による株式買収の場合の例である。独占交渉の場合は，入札プロセスはないが，大きな流れは同様である。

(1) プレディール：
■入札への参加 ■初期的評価： 　■売り手から提供された限定的な情報（インフォメーション・メモランダム）や公開情報[1]に基づくデスクトップ・デューデリジェンスを実施し，対象会社の初期評価を行う 　■デューデリジェンスにおいて重点的に精査すべき想定課題を洗い出す ■1次入札 　■初期的評価結果の提示 　■1次入札通過の場合，売り手との交渉権を獲得（場合によっては独占交渉権を獲得）
(2) デューデリジェンス
■法務，財務，税務，ビジネス，人事，その他（環境，ITなど）の各領域について，対象会社を詳細調査 ■2次入札（独占交渉権獲得済の場合は不要） 　■デューデリジェンス結果を反映した，修正買収条件（買収価格含む）の提示

	▪ 2次入札通過の場合，売り手との最終契約交渉権を獲得
(3) 最終契約交渉	
	▪ デューデリジェンスを通した発見事項を，買収契約書（買収価格，表明保証条項，特別補償条項，遵守条項，買収価格調整条項，クロージングまでに行うべき事項等）へ反映させる ▪ 買収契約書の締結
(4) クロージング準備	
	▪ 買収契約書に規定されたクロージングまでに行うべき事項（国内外規制当局の審査，業法上の許認可取得，重要従業員の転籍同意取得，重要取引先との契約承継同意取得等）
(5) クロージング	
	▪ 株式または事業の譲渡手続き（クロージングドキュメントの受け渡し），譲渡代金の支払いの手続き（決済手続） ▪ クロージング日現在の貸借対照表に基づく買収価格調整
(6) ポストクローズ	
	▪ トランジションプラン（100日プラン）策定，実行 ▪ M&Aシナジー創出施策策定，実行

　上記のプロセスの各ステップにおいて，法務，財務，税務，ビジネス，人事，環境，IT等の専門領域ごとに，付随する作業が発生する。その作業の内容は，案件ごとに異なってくる。組織・人事領域における作業の全体像については，本章第3項「M&Aにおける組織・人事タスク」，第4項「組織・人事デューデリジェンスのプロセス」，詳細については，第4章～第7章を参照されたい。
　プレディールのステージから始まるM&Aのプロセスは，当初は売り手が主導権を持ち，売り手のペースで進行することになるが，独占交渉権を獲得したタイミングや，買収条件の交渉段階に入ると，買い手側にレバレッジがかかり，最終契約後は買い手主導でプロセスが進行することになる。人事デューデリジ

1　一般に，上場企業は，一定程度の企業情報がアニュアルレポート等の公開情報で開示されていることが多い。よって，デューデリジェンス開始前にこれらの公開情報から一定程度の情報（従業員構成や拠点の概況，経営者の報酬や雇用契約の内容など）を得ることが可能である。

ェンスを進めるうえでも，ディール全体の進行状況や，売り手と買い手のパワーバランスを理解することが肝要になる。

2 M&Aのプレイヤー

　デューデリジェンスを含むM&Aプロセスに登場するプレイヤーは種々様々であり，また案件や当事者企業によって登場するプレイヤーも変わってくる。大きく，売り手および買い手（当事者企業）のプレイヤーと，それ以外の外部専門家に分けて概説する。

(1) 売り手，買い手

　売り手におけるプレイヤーは，売り手がプライベート・エクイティ（PE：Private Equity）ファンドであるか，事業会社であるかで大きく分類される。対象会社の株主がPEファンドである場合（＝売り手がPEファンドである場合），「売り手」と言った場合に，それがPEファンドを指しているのか，対象会社ないし対象事業を指しているのか，また「売り手サイド」としてすべてをまとめて言っているのかを，区別して理解する必要がある。

　また，売り手でも買い手でも，M&Aを実行するプロジェクトチーム（ディールチーム）が組成される。経営企画や事業開発，売却または買収する事業に直接関係する事業部の他，法務部，財務部，人事部などの関係部署が参画することになるが，これは案件の規模や内容，事業会社によっても異なってくる。

(2) 外部専門アドバイザー

　M&Aでは，上記の売り手，買い手の当事者企業のプロジェクトチーム以外に，外部専門家を起用することが多い。特に大型案件や，複雑な案件では，起用する外部専門家の種類，人員数も大きくなる。

ファイナンシャルアドバイザー（Financial Advisor）
● 投資銀行，証券会社，M&A専門アドバイザーなど ● M&A戦略アドバイザリー，売り手または買い手企業選定，買収スキーム策定，企業価値分析，資金調達のアドバイス，契約交渉の支援，契約実務のサポートなどM&Aプロセス全般の管理進行
法務アドバイザー（Legal Advisor）
● 日本法律事務所または外国法律事務所 ● 法務デューデリジェンスの実施（法的観点からM&Aに関する様々なリスクを洗い出し，然るべき打ち手についてアドバイスを行う） ● M&Aに関する各種契約書の作成，条件交渉のサポート，当局への各種届出申請手続きなど
会計・税務アドバイザー（Accounting/Tax Advisor）
● 会計事務所，税理士事務所 ● 会計・税務デューデリジェンスの実施（M&Aに関連する財務的な側面からのリスクの精査） ● 買収対象企業の資産価値評価を実施し，正確な資産価値を示す修正貸借対照表の作成，クロージング日時点の買収価格調整用貸借対照表作成 ● 買収スキームに関する会計処理や税務上の取扱いに関するアドバイスなど
ビジネスコンサルタント
● 戦略系コンサルティングファーム，会計系コンサルティングファーム ● 買収後事業計画策定，買収シナジー分析，PMI（Post Merger Integration）支援などを実施
金融機関（Lender）
● 銀行やノンバンク ● 買収資金を現金で調達する場合，融資を行う。
環境コンサルタント
● 対象会社が製造業等の場合など，生産設備や事業活動における，環境面での評価分析が必要になることがある。その場合，対象会社の所在国の環境法規制に精通した，環境コンサルタントが環境リスクを調査する。
ITコンサルタント
● 買収後，買い手側と対象会社の情報システムを統合することを見据える場合，基幹システムや各種業務システムなどの調査行う。

IR/PRコンサルタント
● IRサポート，株主総会等の運営，メディア対応などの支援
人事コンサルタント・年金数理人
● 組織・人事デューデリジェンスの実施（組織・人事の観点からM&Aに関する様々なリスクを洗い出し，然るべき打ち手についてアドバイスを行う） ● 退職給付債務の査定 ● 対象会社経営者および主要従業員のリテンション，経営体制・ガバナンス体制の精査・検討

　上記の外部専門家のうち，ファイナンシャルアドバイザー，法務アドバイザー，財務・税務アドバイザーはいずれの案件においてもほぼ必ず起用される。その他のアドバイザーは，対象会社の所在国，業種や規模，案件の性質等により，費用対効果に鑑みて，起用されるか否かが判断される。

　M&Aにおいて，人事コンサルタントは必ずしも起用されるわけではないが，対象国の人事労務に係る法的要件や一般慣行を踏まえたデューデリジェンスを実施するためには，現地の人事専門コンサルタントの知見が必須であり，またM&Aのようなイレギュラーなイベントに対応するだけのリソースが自社内人事部で賄えない場合は，外部のコンサルタントを起用することが多い。

　外部専門家の起用にあたっては，各領域における専門性はもちろんのこと，豊富なM&A経験に基づくあらゆるパターンにおけるM&Aプロセス推進力，クライアントである買い手（または売り手）企業への対応力，対象国の現地コンサルタントとの協業体制，他アドバイザーとの連携力などを総合して選定する必要がある（図表2－1）。

第2章 組織・人事デューデリジェンスの進め方 *21*

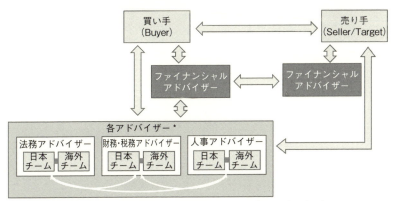

図表2-1 M&Aにおける各プレイヤーの相関と連携（例示）

* 起用されるアドバイザーは案件によって異なる。また，各アドバイザー内の国内・海外チームの連携体制は，アドバイザーによって異なることがある。

Copyright © 2019 Mercer Japan Ltd. All rights reserved.

3 M&Aにおける組織・人事タスク

　ここからは，組織・人事領域にフォーカスして，M&Aプロセスにおけるタスクの全体像の解説をしたい。

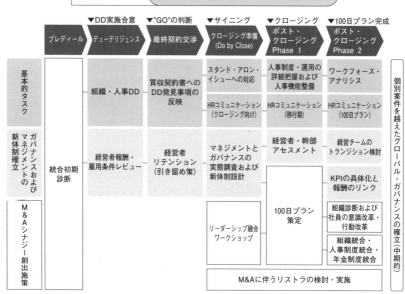

図表2-2 プロセスにおけるタスクの全体像

Copyright © 2019 Mercer Japan Ltd. All rights reserved.

(1) 統合初期診断（プレディール）

1「M&Aのプロセス」で述べたとおり，まず入札への参加，買収先の初期的評価からM&Aプロセスが開始される。売り手から買い手候補者に対して，プロセスレター（Process Letter）が提示される。プロセスレターには，入札プロセスの進め方，ディール検討の手順やスケジュール概要等が記載されており，売り手が起用したファイナンシャルアドバイザーが作成することが多い。この段階で，買収先の成功要因がソフト面にあると考えられる場合は，その概要を買収先選定時，あるいはデューデリジェンス開始前に把握することが望ましい。

ここでは，対象企業の企業文化，経営者や従業員の状況，人材マネジメントなどに焦点を当て，売り手から提供される限定的な情報（インフォメーション・メモランダム）や公開情報等可能な範囲で調査を行う（「デスクトップ・リサーチ」「デスクトップ・デューデリジェンス」等という）。買い手企業の目的や企業文化と対象会社との適合性を検討し，組織・人事デューデリジェンス

において焦点を当てるべき課題や，買収後に予見される課題を洗い出すなど，その後の組織・人事デューデリジェンスに役立てる。適合性がないと判断される場合には，M&Aの構想自体を見直す可能性も考えられる。ディール開始前の検討，視点の整理については，第3章「人事デューデリジェンスの準備」を参照されたい。

(2) 基本的タスク（デューデリジェンス〜ポストクロージング）

プレディールのステージを経て，売り手と買い手間で基本合意書（LOI：Letter of Intent）にてデューデリジェンスの実施について合意すると，M&Aのプロセスが本格的に開始される。以下，基本的タスクとして，M&Aプロセスの各ステップにおいて実施する内容である。

① 組織・人事デューデリジェンス

買収対象（会社，事業）を買収前に精査し，買収によって買い手が負うリスクと，手にするチャンスを明らかにし，買収の可否判断や条件の設定のため，また買い手が株主等に対して負う説明責任を果たすため，組織・人事デューデリジェンスを適切に実施することが必要になる。デューデリジェンスの範囲やプロセス，期間は，買い手，売り手の合意のもとに定めて行う。

買収成否は，買収時に想定していた目的を買収後に果たせるかどうかで決まるため，買収後の事業運営で生じる組織・人事面のリスクを事前に把握し，対策を練っておくことが肝要となる。デューデリジェンスの結果は，買収価格算定のバリュエーション，買収価格，買収契約に謳う権利義務（Covenants），売り手の表明保証（Representative and Warranties）や補償条項（Indemnities），クロージング前提条件（Closing Condition）などに反映させる。

ここで人事アドバイザーは，売り手側に必要情報を請求し，開示された情報を分析する。売り手側とのQ&Aやインタビューも可能な限り実施し，判明事項と考察，然るべき打ち手をまとめたデューデリジェンス報告書にまとめ，買い手，および必要に応じてファイナンシャルアドバイザーや法務アドバイザー，財務アドバイザーに対して説明する。詳細は，第4章**1**「人事デューデリジェンスで検証する人事関連事項の全体像」を参照されたい。

② 買収契約書へのデューデリジェンス発見事項の反映
　デューデリジェンスにおける重要な発見事項について，買い手の意向も確認しながら，法務アドバイザーと協働して買収契約書に反映する。
　重要発見事項については，売り手によって適切な対応がなされることをクロージング前提条件とする，買収価格の調整条項を設ける等，買い手のリスクを回避または低減する必要がある。また，デューデリジェンスで買い手が必要とする情報のすべてが開示されるとは限らないため，未開示情報に起因するリスク回避を担保することも重要である。
　ここで人事アドバイザーは，契約書に反映すべき内容の報告と説明，売り手が提示する買収契約書ドラフト中に，標準的な組織・人事の慣行と異なる記述など，買い手が留意すべき内容の有無の確認を行う。契約書文言への落とし込みおよび契約全体の最終確認は，法務アドバイザーが実施することに留意が必要である。詳細は，第4章■「人事デューデリジェンスで検証する人事関連事項の全体像」を参照されたい。

③ 組織・人事スタンドアロンイシューへの対応
　晴れて買収契約が締結（サイニング）された後も，ディールストラクチャーによっては，対応が必要な基本的なタスクがある。事業譲渡（アセットディール，カーブアウト）による資産買収においては，株式買収によって対象会社を買収する場合と異なり，サイニング後，買収契約の効力が発生し，新組織が立ち上がるクロージングまでの期間に，買い手が対象事業を受け入れる準備を整える必要がある。これが組織・人事スタンドアロンイシューへの対応である。対象事業が複数の国に拠点を持つ場合はもとより，たとえ1か国の場合でも，多くの工数を要するタスクがあり，プロジェクト体制をしっかり敷いてDay 1までに作業を間に合わせる必要がある。
　事業譲渡（アセットディール，カーブアウト）の場合，買収対象従業員との雇用関係，従業員が加入する年金や福利厚生プラン，給与計算・支払いなど従業員にサービス提供を行う人事機能など，買収前まで売り手に帰属していたものを，事業の買収によって自動的に入手できないことがある。このため，買い手側の受け皿（受入拠点）を準備したうえで，買収対象従業員に転籍をオファ

ーし，福利厚生プランや必要な人事機能を立ち上げて，クロージング以降の雇用と事業運営を円滑に継続する必要がある。

　ここでは，転籍してくる社員の受入拠点を定めることが，すべての起点となる。買い手の既存拠点が活用できる場合には，福利厚生プランや人事機能は新設せず，既存のものを活用することを検討する。法務アドバイザーと連携のうえで，拠点ごとの法的な受入スキームを確認し，転籍対象従業員への提示条件を検討して，転籍オファーを行う。各国・地域における人事労務の専門性に加え，サイニングからクロージングまでの限られた期間内に必要タスクをすべて完了させるために，高度なプロジェクトマネジメント能力が必要になる。詳細は，第7章「Do by Close（サイニング以降必要なタスク）」を参照されたい。

④　人事制度・運用の詳細把握および人事機能整備

　ここからは，M&Aにおける組織・人事の基本的タスクではあるものの，クロージング以降に実施することになるタスクを説明する。組織・人事デューデリジェンスでは，ディールの可否や，買収価格調整の観点から優先度の高い重要事項に絞り込んで精査をするため，クロージングを迎え，買い手傘下のグループ会社となった買収先の組織や人事制度については，まだわかっていないことが残っている。これを効果的・効率的に掌握し，買収先人事部門との関係を構築しつつ，今後の人事課題を整理するとともにアクションプランに落とし込んで合意することが必要になる。

　コンプライアンスあるいはガバナンスの観点から不具合があれば，これを速やかに解消する必要がある。また，買い手のポリシーとして傘下グループ子会社に求める人事マネジメントの観点，あるいは今後の対象会社の事業展開に見合う内容・水準の人事マネジメントの観点から，あるべき姿と現状との間にギャップがあることも多い。これらのギャップが，今後不具合として顕在化してこないように，計画を立てて手を打つ必要がある。

　最初に，買収先人事担当チームから，現状の実態と認識している課題についての説明を受け，全体観を把握する。買い手の人事担当チームからは，買い手の考え方や目指す姿の概要を説明し，この取り組みの意義を共有する。このあと数日間をかけて，主要なポリシー，プラン，データについて実務的な内容の

確認を行う。人事コンサルタントの持つ，組織・人事マネジメントのフレームワークに沿って，具体的な調査対象の見当をつけて作業を進めることが効率的であろう。なお，買収先の人事担当チームの体制やメンバーのスキルレベル・クオリティなど，センシティビティの高い課題がある場合も多い。買収先人事トップと個別にコミュニケーションをとり，インプットを得ることも重要である。

調査結果をもとに，買い手側で短期・中期の課題解決の方向性（ガイドライン）を整理し，先方人事トップに説明する。人事トップのコミットメントが得られたら，ガイドラインに沿って具体的な課題取組計画を起案してもらい，買い手が承認して実行に移すことになる。

⑤　ワークフォース・アナリシス

クロージング後に，買収先従業員の人事マネジメントの現状を，既存リーダーの状況，人材需給ギャップ，人件費コストおよび人的生産性の観点から分析し，現在および将来における経営レベルの重要組織・人事課題を抽出して，解決の方向性を検討する。買い手がガバナンスの観点から実施することもあれば，買収先経営者がマネジメントの観点から重要事項を買い手に報告するために実施する場合がある。また，クロージング後に組織統合の検討材料として実施することもある。

買収先の一般従業員に係る本質的な課題は，従業員数が多い場合などは，人事制度や運用状況を棚卸しするだけでは洗い出すことは困難である。あるいは，直感的に捉えた課題も，その客観的裏づけが得られないと対策がとれない。ウェブベースで提供される標準的分析ツール（リーダーシップアセスメントツール，組織動態分析ツール等）を活用し，実情を客観的に把握，構造的な課題を明らかにして初めて，経営に有効な対策の検討が可能となる。

(3) HRコミュニケーション　（サイニング後〜ポストクロージング）

買収契約が締結（サイニング）されると，社内外へ公式に買収契約についてアナウンスされることになる。通常，対外発表まで秘密裏に進行するM&Aの

性質上，買収先の従業員は，突然M&Aについて知らされることになる。買収先従業員の不安を軽減し，期待を醸成して，M&A成功に向けての組織のモメンタム（勢い）を生み出すことが重要である。サイニングについて，誰が，何を，誰に，どのように，どのような方法で伝えるか，各国の受け手の状況に配慮しつつ，全体整合をとって計画し，体制を整えてしっかりと実行する必要がある。

　ここでは，買収先従業員に対して，合意したM&Aの趣旨，買い手の概要，今後の会社の方向性や体制，従業員にとって従来と変わることと変わらないこと，といった重要事項を整理し，最適な方法・ツールを用いて，タイムリー，かつ効果的・効率的にコミュニケーションを行うことが肝要となる。HRコミュニケーションの準備・実施においては，プロセスマネジメントの巧拙が成功のカギを握る。コミュニケーション専門タスクフォースを立ちあげ，他のワークモジュールと，グローバルおよびローカルでそれぞれ連携し，マスタープランを常時アップデートする。また，コミュニケーション内容については，グローバルメッセージをそれぞれローカル展開する必要もある。コミュニケーション実施段階に入ったら，買収先と買い手とで緊密に連携することが不可欠になる。また，コミュニケーションは，大きく分けて，サイニング後〜クロージング後，クロージング直後の移行期，100日プラン完成後のタイミングごとにプランニングすると良い。

　具体的なタスクとしては，以下のものがある。

1）買収先従業員に伝えるメッセージの整理，推敲
2）グローバル共通メッセージのローカル展開（言語対応，承認プロセス，ロジスティクスなど）
3）各ローカルのマネジメントや管理職向けの手引きやFAQ作成
4）一般従業員向けビデオ，メール，ウェブサイト，ウェルカムパッケージ等の作成
5）タウンホールミーティングの企画，実施
6）HRコミュニケーションに関するヘルプデスク対応，オンサイト常駐サポートなど

　詳細は，第7章「Do by Close（サイニング以降必要なタスク）」を参照され

たい。

(4) ガバナンスおよびマネジメント新体制の確立

M&Aの基本タスクと並行して，買収対象のクロージング後のガバナンスとマネジメント新体制の確立に係るタスクも，それぞれディールの進行に沿って実施することになる。

① 経営者報酬・雇用条件レビュー（デューデリジェンス）

買収先の現経営者のリテンションあるいは交代を検討するには，報酬を含む各人の現雇用条件の把握・分析が欠かせない。日本の経営者のものと比べ，海外経営者の雇用条件はより複雑で，個人別に決められている面が強く，現地経営者報酬および雇用条件について知見を持つ専門家による完全な解明が必要となる。

組織・人事デューデリジェンスの一環として，対象経営陣の雇用契約書やインセンティブプラン等のプランドキュメント（規定）を請求する。他の請求情報と同様にVDR（Virtual Data Room）[2]に開示されることもあれば，内容のセンシティビティに鑑み別ルートで内密に提供されることもある。また，売り手が経営者の報酬・雇用契約の開示に応じない場合や，当該文書が存在しない場合には，現実的な代替方法によって情報を収集し，買い手の目的ができるだけ達成されるように努めることになる。

開示された情報を元に，買収先の現経営者の報酬および雇用条件を確認し，市場水準および慣行と比較して，客観的にどの程度の処遇であるのか個人別に明らかにする。併せて，CiC/CoC条項[3]内容と，その財務的なインパクトも把握する。CiC/CoCによるクロージング時の払い出し金額は，通常，買収価格

---

[2] M&Aにおいて使用される，Web上に開設される電子仮想データルーム。電子化された売り手側の開示情報を，効率的に，安全に買い手側と共有することが可能。予め申請登録されたユーザーのみが，当該フォルダにアクセス可能となる。また，ファイルやフォルダごとにダウンロード・印刷・編集の可否が設定できる。

[3] CiC/CoC：Change in Control/Change of Controlの略。雇用契約書において，CiC/CoC条項として，買収（経営権の移動）に伴い何らか特別の権利や手当が発生することが定められていることがある。

に反映されるため，適正な買収価格の算定のためにも，しっかりと把握することが必要となる。詳細は，第4章❷「経営者デューデリジェンス」を参照されたい。

② 経営者リテンション（引き留め策）（サイニング前）
　買収後の事業運営方針，買収先の現経営者の適性などを勘案し，現経営陣を一定期間続投させることが必要と判断した場合，これら経営者が様々な事情によって，買い手の意に反して退職してしまうリスクの低減を試み，積極的に対策を講じて引き留める。
　日本企業による海外企業買収においては，買収後一定期間，現経営者の続投を考えることが多い。買収直後から買収先組織の経営を担える人材を買い手側で準備し送り出すことは難しく，現行経営者が続投せず離職することにより，新たな経営者に交代すると，足元の業績が悪化するリスクがあるからである。一方，現経営者側には，M&Aに伴って多額の現金を手にしたり，他社から声がかかったりするなど，退職の大きな誘因があるケースも珍しくない。M&Aという経営環境が激変する中で，買い手のリテンションの意向を適切に伝えないと，経営者自らリスクを感じて転職先を探し始める恐れもある。
　上記①「経営者報酬・雇用条件のレビュー」において報酬・雇用契約に係るドキュメントを分析し，市場慣行との比較分析をしたうえで，経営者の本心を探る個別リテンションインタビューを行う。まずは経営者トップと実施し，必要に応じて，また買い手の意向により，その他経営陣とも個別インタビューを実施する。報酬・雇用契約のレビュー結果およびインタビュー結果を併せ，個人別のリテンションリスクを分析し，買い手から提示するリテンションプランと買収後の新報酬案（リテンションパッケージ）を策定する。リテンションパッケージの内容をタームシートにまとめ，経営者への効果的なコミュニケーションの方法を設計し，買い手と経営者間で合意形成する。経営者へのオファー内容の説明にはテクニカルな知識が必要になることが多く，また，オファーミーティングへの同席経験も豊富な人事コンサルタントが進行支援することが可能である。
　なお，買い手がいくら手を尽くしてリテンション策を講じたとしても，経営

者によってはリテンションが叶わず離職してしまうケースもあるし，また病気や死亡という意図しない形での離職が発生する可能性もないわけではない。常に「プランB（現経営陣が退職した場合の次善策）」の準備を怠るべきでない。

詳細は，第5章「経営者リテンション」を参照されたい。

③　マネジメントとガバナンスの実態調査および新体制設計
　（サイニング～クロージングまで）

買収先のマネジメント体制と，その経営に対する株主からのコントロール体制（ガバナンス）の両方をクロージングまでに設計する。これに買収先トップの支持をとりつけ，買収後の事業・組織・人事体制を確立する。買収後のマネジメント体制の検討には，買い手が派遣する常駐エグゼクティブの検討も含む。

ここでは，買収先のマネジメントとガバナンスの現状を把握するために，経営者の個人別期待役割，権限・適用ルール，レポートライン，会議体の全体構造，主要会議議事録・会議資料のレビュー，主要マネジメントメンバーとのインタビューを実施し，課題を洗い出す。そのうえで，新しいマネジメント体制として，各人の期待役割や権限，レポートライン等を明確化し，新しいガバナンスの機構として会議体の全体構造，各会議体の管掌・出席者・開催頻度を定義し，会議体設計を行う。経営者の交代や追加を伴う場合には，そのタイミングや移行措置も検討する。

④　経営者・幹部アセスメントおよび経営チームのトランジション検討
　（クロージング後）

買収先経営者および主要従業員に対し，リーダーシップの実力とポテンシャルを把握して，現経営者の離職・交代を想定した後継者プランニング（サクセションプラン）や，買収後の業容の拡大に伴う経営人材のリソースプランニングに活用する。多くの場合，買収先経営者および主要従業員は，M&Aの成功の重要な鍵となる。このトップ層のリーダーシップの実態把握と課題への打ち手を速やかにとることが，M&Aにおける買い手のリスクを大幅に軽減する。また，買い手が後継者プランニングを行うことで，現経営者に対して健全に事業計画達成を求めていくことが可能になる。

まず，アセスメント対象者と，収集すべき情報を整理する。経営者に対しては，オンラインアセスメントツールによる心理テストと専門家によるBEI（Behavioral Event Interview）を組み合わせることが一般的となる。管理職クラスについては，対象人数や重要性とコストの見合いにより，プロファイリング程度の情報収集で当面十分な場合も，オンラインアセスメントツールを用いて効率的に情報収集する場合もある。なお，知識や実務レベルを知るには，試験やその分野の専門家による口頭試問が直接的かつ有効となる。アセスメントは，ガバナンス上必要であるという理由のもとにクロージング後速やかに，実施することが多いが，状況によりクロージング前に着手することもある。

アセスメント結果を踏まえ，判明事項，課題，人材活用と育成の方向性などをまとめた個人別レポート，グループレポートに基づき，買収先マネジメントチームのトランジションの討議につなげる。

⑤ **KPIの具体化と報酬のリンク**

買収先経営者の新報酬パッケージのうち，インセンティブプラン（短期および長期）については，ターゲットとする金額規模等の概要レベルをサイニング前後に提示するタームシートで合意をするが，プランの詳細については，クロージング以降に検討することになる。買収先が達成すべき業績を明らかにし，これを経営者のインセンティブと具体的に紐づけることで，初めて買収先の業績向上に向けたインセンティブが有効に機能するわけであり，クロージング後に策定する100日プラン（後述「(5)M&Aシナジー創出施策」を参照）を踏まえて，インセンティブプランの詳細を最終化する。

例えば，目標の達成率に応じて支払われるキャッシュプランの場合は，目標達成時（Target），経営上許される下限の達成時（Threshold），さらにインセンティブの支払いを頭打ちとする上限達成時（Maximum）などの具体的な目標を，新会社に求めるビジネスプランと整合的に確定する。また，企業価値に応じて支払われるキャッシュプランや株式を活用したプランの場合には，付与条件，付与額算定方法，権利行使タイミング，などのプランの詳細を確定する。

(5) M&Aシナジー創出施策

　ここまでで概説した，(1)統合初期診断，(2)基本的タスク，(3)HRコミュニケーション，(4)ガバナンスおよびマネジメント新体制の確立，がいわばM&Aを成立させる骨格となる組織・人事面でのタスクであるとするならば，M&Aの所期の目標を達成するために必要な組織・人事面でのタスクが，M&Aシナジー創出施策である。サイニング以降のタスクが主となり，人事デューデリジェンスの範囲を超えるタスクとなるが，デューデリジェンスの結果を踏まえ，その後M&Aを成功へと導くためには，重要なタスクとなる。

① リーダーシップ融合ワークショップ

　M&Aのような組織変革においては，まず，その変革を経営トップ層が主導することが望まれる。経営トップ層が明確な方向性のもとで一体化していれば，そこから下の組織に対しては，既存の指揮命令系統を活用して，M&Aによる変化と目指すものが何であるか，混乱なく，遅滞なく，浸透させることができる。そのために，サイニング後真っ先に，買い手と買収先両社のリーダーシップ（経営層）の融合を図ることが合理的となる。

　買収先経営層と買い手側の幹部層が一堂に会し，半日から1日程度のワークショップを行い，両社のリーダー層の価値観や意思決定プロセス，あるいは行動パターンや思考パターンを共有しながら，お互いのリーダーシップカルチャーの理解を深める。可能であれば，これに続いて，これから新会社が目指す地点と，現在の両社の立ち位置の差をどのように埋めるのかを議論し，統合や変革に向けての共同憲章やアクションプランを話し合う。実施のタイミングはサイニング後～クロージング前，100日プラン検討のキックオフ前が好適となる。

　詳細は，第6章「経営者オンボーディング」を参照されたい。

② 100日プラン策定

　買収先の業績目標を明らかにし，インセンティブと紐づけることによって初めて，買収先の経営者に対するコントロール（ガバナンス）が利く。業績目標の設定に際しては，事業の潜在力や投資回収の観点から，低い目標を設定しないように留意する必要がある。また，「この先，この会社（事業）は一体どう

なるのか？」と期待感あるいは逆に不安感を持って待っている買収先の社員に対して，確かな方向感をタイムリーに提示して期待を醸成し，また不安を軽減し人心を束ねることが重要であり，そのためには，買収後3か月程度で目指す姿を明確に打ち出す必要がある。

③ 組織診断および社員の意識改革・行動改革

100日プランが策定されると，その達成に焦点を当てた実効推進策の1つとして，買収先の抱える組織・人事課題を構造的に洗い出し，有効な組織・人事施策のセットを打ち出していくことになる。具体的には，社員の意識改革・行動改革，あるいは企業価値観（"Way"）の浸透などの施策を実施する。なお，M&Aに対する社員の不安や不満が懸念される場合は，買収締結後の早いタイミングで組織の現状を把握し，組織的な緊急対策を打つこともある。

多くの買収先では，買収前からの固有の組織・人事課題を抱えているものであるが，買収後はマネジメントやガバナンスの変更によって組織が不安定な状態に置かれるため，さらにシナジー追求の課題が上乗せされ，問題が複雑化する恐れもある。

具体的には，経営者や主要従業員とのインタビューや一般社員のグループインタビューの結果から，課題の仮説と社員意識調査の具体的な質問項目を導き，社員意識調査を設計・実施する。社員意識調査の結果は，まず経営層のワークショップで討議し，現状認識と解決の方向性を打ち出す。そして，そこからさらに現場に向けてワークショップを展開し，各現場でのアクションプランに落とし込む。

④ 組織・人事制度統合

買い手側および買収先双方の組織を別々のままにしておくと，重大な機会損失や追加コストの発生が避けられず，買収目的の達成が難しくなる場合がある。例えば，買い手の既存拠点・既存組織と買収先組織の重複が大きい場合は，買収後に双方の組織の統合・再編が必要となる。具体的には，組織構造を一体化し，ポジションを整理し，1人当たり業務量など組織効率を再設計するとともに，人事制度や年金制度の統合も検討する。

ただし，本当に組織統合や年金制度・人事制度統合が不可欠なのかどうかについては，事前に事業面・組織運営面などからも慎重に検討する。組織の統合ないし分離ではなく，その中間的な形態の採用による問題解決策も考えられるし，組織統合や年金制度・人事制度統合には，重複組織の効率化やランニングコストの削減が見込まれるケースにおいても，少なくとも一時的には多大なコストや負荷が発生するからである。

また，組織統合にあたっては，経営層を含むシニアポジションについては，役割・責任の大きさの変更に伴う報酬の見直しや会社都合扱いの退職が必要となる場合もあり，適切な対応が求められる。さらには，一般社員の雇用調整（リストラ）が必要になる場合もある。また，組織統合に伴い，双方の一般社員の年金制度・人事制度を統合する必要に迫られることも少なくない。

あるべき統合組織の方向性は，買い手側主導で検討し，買収先マネジメント側の知見やコミットメントを得るには，慎重に巻き込んでいく。一般に，組織統合を発表するまでには，限られたメンバーによる多くの検討が必要になる。年金制度・人事制度統合については，双方の制度の比較，制度統合の目的を達成する統合のあり方の検討，コストおよび移行措置の検討に加えて，法務アドバイザーと連携のうえで，労働組合や労働協議会の了解取りつけなど実務上必要な手続きを検討する。

⑤　M&Aに伴うリストラ検討

組織・人事デューデリジェンスの段階で，リストラの必要性が検出された場合は，その内容を可能な限り見極め，サイニング後，あるいはクロージング後にその詳細を詰め，実行プロセスを設計する。要員体制の適正化をスピーディに行うには，採用抑制と自然退職の組み合わせだけでは限界があり，時間をかけていては，事業が持っている本来のポテンシャルをなかなか発揮することができず，意識の高い従業員の士気も損ねることになりかねない。痛みは伴うが，人員削減数とリストラ実施期限を定め，適切なタイミングで着実かつ円滑に社員を削減し，買収先の人員規模を適正化する。上記④「組織・人事制度統合」にあるような，既存組織と買収先との組織統合に伴うリストラの場合も，同様の検討フェーズを経て実施する。

4　組織・人事デューデリジェンスのプロセス

　ここでは，組織・人事デューデリジェンスのプロセスの概要，つまり，デューデリジェンスが概ねどのようなステップを踏んで進むかを説明する。

　まず，デューデリジェンスの進め方やスケジュールは案件によって異なることを理解する必要がある。ディール開始時に売り手から買い手（または買い手候補）に対してプロセスレターが提示されれば，デューデリジェンスの進め方やスケジュール概要についての規定内容を確認する。もしくは，プロセスレターがない場合も，買い手・売り手双方のファイナンシャルアドバイザー間で協議し，合意していることが多いので，ファイナンシャルアドバイザーからのガイダンスを得，それに各アドバイザーは従うことになる。ディール開始時から明確にプロセスやスケジュールが定義されることもあれば，買い手・売り手間で話し合いながら定めていくようなケースもあるので，臨機応変に対応する。

　デューデリジェンスと一口に言っても，1回のデューデリジェンス期間のみ設ける場合もあれば，公開情報や売り手が提供するインフォメーション・メモランダムに基づく「デスクトップ・デューデリジェンス」，その後買い手に開示される非公開情報も合せて実施する「フル・デューデリジェンス（Full Due Diligence）」，必要に応じてサイニング前後に追加で実施する「コンファマトリー・デューデリジェンス（Confirmatory Due Diligence）」，と複数回のデューデリジェンスを実施する場合もある。

　また，時間的制約によりデューデリジェンス期間が非常に短い場合や，ディール規模に照らしてデューデリジェンスにかかる費用を抑制する必要がある場合は，ディール成否に直接影響するような最重要事項にのみ焦点を当てて実施する「レッドフラッグ・デューデリジェンス」もある。

　一般に，上場企業の場合は，一定程度の人事・組織情報がアニュアルレポート等の公開情報で開示されている。デューデリジェンス開始前に，少なくとも公開情報は確認することになる。公開されている情報量が多く，またその粒度も細かければ，その分デューデリジェンス期間は短くなり，追加開示情報の量

は限定的になることが多い。非上場企業で，国や企業規模，創業年数等によっては，買い手が請求する情報が十分に整備されていないこともある。また，売り手側のディールチームが少人数で，スピーディな情報開示に対応することが難しいような場合は，デューデリジェンス期間が長くなり，また1回のデューデリジェンスでは十分に情報を精査できず，追加でコンファーマトリー・デューデリジェンスを実施することになる傾向がある。

　プレディール段階，またはディール開始時点で，買い手側がすでに組織・人事関連のデューデリジェンスの必要性を認識している場合は，人事コンサルタントを起用し人事モジュールを立ち上げ，デューデリジェンス初期段階から他のワークモジュールと同時進行でプロセスを進めることになる。一方，デューデリジェンス開始時点までに，組織・人事関連のデューデリジェンスの必要性はさほど高くないと考える場合などは，人事モジュールをあえて個別に設けることはしないケースもある。また，デューデリジェンスの進行に従い，組織・人事関連のデューデリジェンスの必要性が認識されて，デューデリジェンス期間の途中から人事モジュールが立ち上がるケースや，フル・デューデリジェンス終了後に人事モジュールを立ち上げ，コンファーマトリー・デューデリジェンスを実施するケースもある。

　なお，デューデリジェンスにおいて検証する人事関連事項の詳細については，第4章「人事デューデリジェンス」を参照されたい。

(1) 初期データリクエスト

　デューデリジェンス期間開始に先立ってまず実施することは，初期データリクエストリストの作成である。ディール規模等にもよるが，買い手側ファイナンシャルアドバイザーが用意するデータリクエストリストのフォーマットに沿って，モジュール（法務，財務，税務，ビジネス，人事など）ごとに，各アドバイザーおよび買い手側ディールチームにて，売り手側に開示請求する情報のリストを作成する。売り手側は，この初期データリクエストに沿って，開示する情報の電子ファイルを準備し，VDR（バーチャル・データ・ルーム）上で開示する。

　各アドバイザーは，デューデリジェンスを実施するうえで，一般的に開示請

求すべき情報項目の雛形を保持している。そこに，売り手側の国・拠点の事情やディールストラクチャーに応じて項目の過不足を調整したり，買い手側が特に詳しく確認したい事項について追加したり，または公開情報で得られている情報を省いたりする。

また，ディールによっては，売り手側からデューデリジェンス期間中に開示請求する項目数を，例えば週に全モジュールで合計40件まで，というような制限が要求されることもある。そのような場合は，情報項目を細かく分けて請求するよりも，ある程度大まかに括ってひとつの項目としてリクエストする等の工夫も必要となる。

データリクエストのフォーマットは，次頁の図表2－3のようなExcelファイルのテンプレートが一般的である。各モジュールのアドバイザーは，フィナンシャルアドバイザーが定める期日までに提出し，フィナンシャルアドバイザーは各モジュール間で重複している質問項目の有無などをチェックしたうえで統合し，売り手側に提出する。

図表2-3　データリクエストリスト（例示）

#	Questioner (依頼/質問者)	Category (カテゴリ)	Priority (優先度)	Subject (項目名)	Request Questions (リクエスト/質問内容)
1	Mercer	HR (人事)	Medium (中)	Organisation and Workforce 組織および人員	Organisation chart and headcount of each department 組織図および組織別人員数
2	Mercer	HR (人事)	High (高)	Organisation and Workforce 組織および人員	Employee census file (in Microsoft Excel format) showing, at a minimum： 以下の情報項目を含む従業員センサスデータ（Excelファイル）； -Emloying entity（雇用主）、 -Department（所属組織）、 -Job title（職務名称）、 -Location（勤務地）、 -Gender（性別）等
3	Mercer	HR (人事)	Medium (中)	Broad-based Compensation 一般従業員報酬	Sales commission plan information including； 以下の情報項目を含むセールスコミッションプラン情報； -xxx -xxx
4	Mercer	HR (人事)	High (高)	Executives/Key Employees 経営者/主要従業員	Copies of all employment contracts for the executives and key employees 経営者および主要従業員の現行雇用契約
5	Mercer	HR (人事)	High (高)	Executives/Key Employees 経営者/主要従業員	Schedule of compensation, benefits and perquisites for each executive showing： 以下の情報項目を含む、経営者の報酬、福利厚生、諸手当の一覧
55	Mercer	HR (人事)	High (高)	Health and welfare benefits 福利厚生	For each health and welfare benefit plan (if relevant) (e.g. medical, life, accident, disability), please provide the following documents； 各福利厚生プラン（医療保険、生命保険、長期所得補償等）に関する以下のドキュメント； -xxx -xxx

Copyright © 2019 Mercer Japan Ltd. All rights reserved.

第 2 章　組織・人事デューデリジェンスの進め方　　*39*

	Total questions/全質問数：	55		
	Submitted questions/提出済質問数：	55	% Submitted/提出率	100.0%
	Answered questions/回答済質問数：	30	% Answered/回答率	54.5%

Reference (参照)	Submitted (提出済)	Submitted Date (提出日)	Answrered (回答済)	Answered Date (回答済)	Reference (参照)	Answers (回答内容)
Legal Q No. XX	Yes	2018/10/17	Yes	20-Oct	VDRX.X.X	See VDR X.X.X
	Yes	2018/10/16	No			
	Yes	2019/1/16	Yes	2019/1/18		
	Yes	2019/1/16	No			
	No		No			
	Yes	2019/1/16	Yes	2019/1/21	VDRX.X.X	See VDRX.X.X

(2) 開示データのレビューと報告書作成

　VDRがオープンし，買い手側にアクセス権が付与されると，本格的なデューデリジェンスの開始となる。しかし，VDRオープンと同時に初期データリクエストで請求したすべての情報が開示されているとは限らない。オープン後数日で概ねすべての情報が開示されることもあれば，なかなか開示が進まないということもある。各モジュールのアドバイザーは，VDR上に開示される情報を確認し，初期データリクエストに沿って，十分な情報提供を受けた項目，一部の情報提供を受けた項目，情報未開示の項目を分類していく。情報が不足している項目については，何が不足しているのか等をデータリクエストリストに追記していく。

　開示された情報については，内容を十分にレビューし，デューデリジェンスレポートの作成にとりかかる。一般的には，デューデリジェンス期間中，各アドバイザーは中間報告および最終報告の2回，デューデリジェンスレポートを買い手側（クライアント）に提出し，内容報告する。報告期日はファイナンシャルアドバイザーが買い手側ディールチームと協議のうえで設定する。

　また，デューデリジェンス期間中は，ファイナンシャルアドバイザーのアレンジにより，各アドバイザー間の定例ミーティングを実施することが多い（週1回1時間ないし週2～3回各30分程度の電話会議など）。開示データのレビューにおいて，レッドフラッグイシュー（ディール成否に直接影響する発見事項）など，何らか特筆すべき発見事項や，情報開示が進まない等の問題があれば，買い手側（クライアント）メンバーやフィナンシャルアドバイザーと情報共有し，適宜対応を検討する。

(3) QA・HRエキスパートセッション

　開示データをレビューしながら，開示された情報に関する質問（確認）や追加データ開示依頼があれば，デューデリジェンス期間中，買い手・売り手間でデータリクエストのExcelファイルを適時更新してやりとりし，質疑応答を繰り返すことが一般的である。近年はVDRのQA機能を活用して買い手・売り手間で質疑応答を行うこともある。

　データリクエスト上で確認しきれないような内容については，デューデリジ

ェンス開始後，エキスパートセッションと呼ばれる，各アドバイザーによるモジュールごとの口頭での質疑応答セッションを対面もしくは電話会議形式で設け，そこで売り手側に集中的に質問し回答を得る。エキスパートセッションの設定に際しては，大まかな質問事項を記載したセッションアジェンダを，ファイナンシャルアドバイザーを介して事前に売り手側に送付し，質問内容について十分に回答しえる責任者に出席してもらうよう依頼する。HRエキスパートセッションの場合は，人事担当エグゼクティブ（CHROやHead of HRなど）が出席することが多いが，小規模企業の場合はHRマネージャーにCEOやCFOが同伴出席することもある。

　HRエキスパートセッションでは，その場で口頭で回答を得る他，未開示データについて，請求内容の主旨を説明したうえで，できるだけ早急に追加開示するよう念押ししたり，どのようなデータであれば開示可能か確認し，何らかの情報開示が得られるようにするなど，貴重な売り手側との直接の接触の機会として活用するようにする。

(4)　問題の特定とインパクトの検証

　デューデリジェンス期間を通して検証される人事関連事項は，大まかに以下のとおりとなる。

---

① 組織と人員の状況：組織構造（人員構成），離職率
② 一般従業員の報酬：報酬の構造，報酬水準
③ 経営者報酬：報酬水準，リテンションリスク
④ 退職給付制度：確定給付年金（DB），確定拠出年金（DC）
⑤ 福利厚生：医療保険，生命保険／AD&D保険，障害保険，その他福利厚生，出向者パッケージ
⑥ 雇用に関するポリシーと運用：雇用契約／就業規則，労働協約／労使協議会協約
⑦ 労務リスク：組合の状況および労働争議／訴訟，リストラの影響分析
⑧ 人事機能・組織：人事機能・組織とオペレーションの確認

| ⑨ 人事制度：等級制度，報酬制度，評価制度 |

　それぞれの事項において発見されたイシューは，(1)買収価格へ影響する事項，(2)買収契約に反映すべき事項，(3)サイニング後〜PMIでの対応事項の3点にまとめて整理する。また，それぞれの問題のインパクトを検証し，リスクの大きさにより適切に手当する。各事項での検証内容については，第4章「人事デューデリジェンス」にて詳しく解説をする。

form
第3章

人事デューデリジェンスの準備
（事前の準備が人事DDの成否を分ける）

1 デューデリジェンス開始以前にすべきこと

　第2章では，M&Aのプロセス全体における組織・人事タスクの位置づけやその種類について説明したが，実務の詳細に入る前にデューデリジェンスに向けて準備すべき事項について押さえておきたい。具体的には本章では，ディールロジック，買収形態，そして交渉相手について理解をしたうえで，実際のデューデリジェンスの目的・見立てを持つ必要性について説明する。

　一見すると人事側のタスクではなく経営企画や事務局側のタスクのようにも思えるが，そもそも買収後はマイナスからのスタート（実際の企業価値にコントロールプレミアム分を上乗せした分を対価として支払うことが一般的であるため）となるM&Aにおいては，人事に限らず各タスクフォースが買収目的や体系について共通理解を持つことが非常に重要である。特にデューデリジェンスにおいて買収後の潜在的シナジーの特定や検証を企図する場合は，買い手側ディールチームのディールロジックに対する理解共有がされていないと各タスクフォースで最低限のデューデリジェンスは実施したが，前提や共通理解が異なっていたため，PMIになって再度仕切り直しということにもなりかねないのである。

　そのため，人事チームにおいても事前の準備を適切に行い，「なぜ人事デューデリジェンスを実施するのか」「人事デューデリジェンスで何が起こり得るのか」という点について整理をしておくべきである。

第3章 人事デューデリジェンスの準備（事前の準備が人事DDの成否を分ける） 45

図表3－1　なぜ人事DDを実施するのか？

- それは・・・通常の法務，会計，財務DDでは，人に関わる潜在リスク，コスト，債務，シナジーが図りきれないからである
  - 法務(Legal)：
    - 労務弁護士が違法性を判断するが，実務家ではないため，リスクに対する実務対応や想定財務インパクトの試算が難しいことがある
  - 会計(Accounting)：
    - 年金債務等の会計上債務と認識されているものを検証するが，個別項目における制度内容の適切性や未認識債務の詳細検証，年金制度の中身の検証まで行わないことがある
  - 財務・企業価値評価(Finance/ Valuation)：
    - 売り手が提示してきた事業計画に基づき，買い手と検討し適切な価値評価を行う。ただし，その際に人件費の内訳や適切性までは確認しきれないことが多い

買収後の経営に関わる人的リスクや潜在シナジーについて，専門家が検証

人事DDでは，案件の履行に伴い発生する人的リスクの特定，買収後に想定される人的リスク，そして買収後に得られる人的シナジーについて，財務・非財務の両面から検証する

Copyright © 2019 Mercer Japan Ltd. All rights reserved.

2 ディールロジックの確立

　昨今M&Aが活況であり，日本企業の海外企業買収案件が増加傾向にある。ただし，案件ごとに買い手親会社の経営戦略における個別案件の位置づけは異なり，各案件の目的も異なるのである。そのため，「なぜ今自社はM&Aを行うのか」，そして「なぜ対象会社を買うのか？」という問いに対する答えをディールチームでの共通理解とすることが必要である。
　しかし，残念なことにディールロジックについて，デューデリジェンス開始以前に意識共有がされている買い手日本企業はそこまで多くないと筆者は感じている。事前に個別案件の前提理解として意識共有がされている場合もあるが，

マーケット全体でみるとまだまだ改善の余地がある。人事デューデリジェンスの結果を最大限PMIに活かすためには，事前に個別案件の目的を理解し，人事デューデリジェンスの力点や優先事項を洗い出すことが重要である。

ディールロジックとは，「なぜ対象会社を今買収するのか？」という点に応えるものであり，個別案件を行う理屈とその目的である。つまり，ディールロジックを確立するということは，期待されるシナジーが明確になっており，PMIにおいてどのようなことが想定されるのか大筋が立っているということである。

例えば，

「A社は業界シェアでは第6位の位置づけであるが，業界一の技術力を持ち合わせており，製品についても他社との差別化が図られている。そのため，弊社の既存販売部隊や販売チャネルを活用することにより新たな市場セグメントへのアプローチが可能である。中長期的には，技術交流による弊社の既存製品の改善にも寄与できると考える。また，A社の主要管理部門が所在する米州においては，弊社のシェアードサービス機能をレバレッジすることが可能であることから，管理部門の統合を前提としたコストシナジーが見込まれる。その他の買収検討対象企業に比して，買収後の統合シナジー効果や，弊社の不足分野との補完性も高く，今後の市場シェア獲得に向けた買収対象として最適である」

というディールロジックを基にA社のデューデリジェンスに進む場合，人事デューデリジェンスにおける力点は何であろうか。

まず，買収対象であるA社の強みは，業界一の技術力を持ち合わせており，他社と差別化された製品群であることに注目したい。この場合，既存製品に価値があるのはもちろんであるが，A社の強みである技術力を担保する優秀な技術者のリテンションが買収後の経営に重要であることが見えてくる。この場合，現状の技術者の報酬水準や処遇を把握し，離職リスクの検証が必要である。

一方で，他の管理部門については，買収後の人員整理を含めた組織最適化を行い，コストシナジーを追求することが前提とされている。そのため，人事デューデリジェンスでは，現状の人件費の詳細を把握し，実際の想定コスト効果を特定することの優先度が相対的に高い。注意しなければいけないのは，A社

第3章　人事デューデリジェンスの準備（事前の準備が人事DDの成否を分ける）　47

の現状の報酬水準や福利厚生の水準や制度が，マーケットより著しく劣る場合である。この場合，買い手として買収後は市場水準程度の報酬や福利厚生を提供することを企図すると，一部管理部門の統合による人員整理を行ったものの，報酬や福利厚生コストの上昇と相殺され，期待されたコストシナジーが見込めないといったケースに注意しなければならない。

　以上，簡単な演習であったが，ディールロジックから人事デューデリジェンスの力点の考え方をご理解いただけただろうか。実際には，人事デューデリジェンスの蓋を開けてみてから優先順位が変わったりするのだが，事前にここまで整理できると初期のアドバイザー起用のプロセスにおいても上手く話が進められる。

図表3-2　（例示）ディールロジックから人事DDの力点の抽出

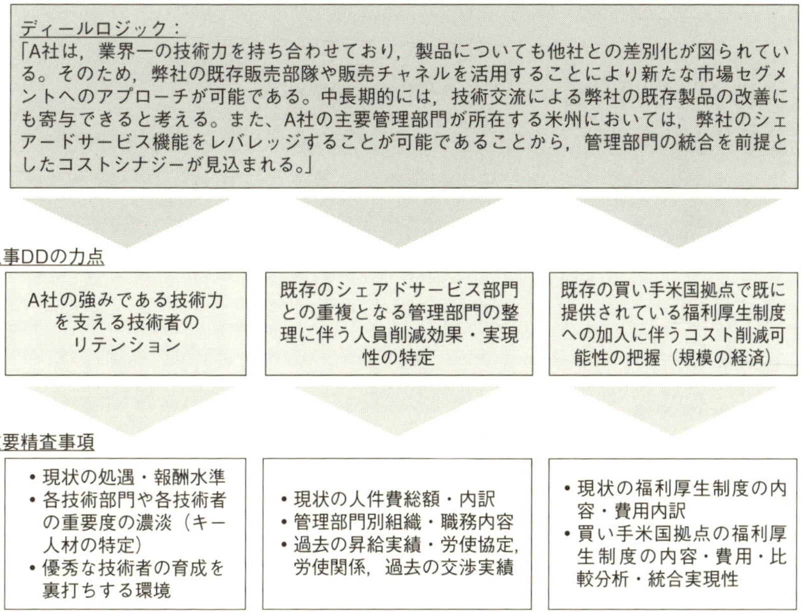

ディールロジック：
「A社は，業界一の技術力を持ち合わせており，製品についても他社との差別化が図られている。そのため，弊社の既存販売部隊や販売チャネルを活用することにより新たな市場セグメントへのアプローチが可能である。中長期的には，技術交流による弊社の既存製品の改善にも寄与できると考える。また，A社の主要管理部門が所在する米州においては，弊社のシェアードサービス機能をレバレッジすることが可能であることから，管理部門の統合を前提としたコストシナジーが見込まれる。」

人事DDの力点

| A社の強みである技術力を支える技術者のリテンション | 既存のシェアドサービス部門との重複となる管理部門の整理に伴う人員削減効果・実現性の特定 | 既存の買い手米国拠点で既に提供されている福利厚生制度への加入に伴うコスト削減可能性の把握（規模の経済） |

↓

重要精査事項

| ・現状の処遇・報酬水準
・各技術部門や各技術者の重要度の濃淡（キー人材の特定）
・優秀な技術者の育成を裏打ちする環境 | ・現状の人件費総額・内訳
・管理部門別組織・職務内容
・過去の昇給実績・労使協定，労使関係，過去の交渉実績 | ・現状の福利厚生制度の内容・費用内訳
・買い手米国拠点の福利厚生制度の内容・費用・比較分析・統合実現性 |

Copyright © 2019 Mercer Japan Ltd. All rights reserved.

3 買収後の統合モデルの整理

　ディールロジックが確立され，ディールチームおよび各タスクフォースへの理解共有がされた段階で，買収後に企図される統合モデルについて押さえておきたい。

　ここでいう「統合」とは，2社の組織を統合する「組織統合」のみではなく，経営体制および経営陣のレポーティングラインを統合する「経営統合」を含めている。そして，買収後一定期間の独立経営（スタンドアローン）を前提とする場合でも，経営統合は通常行われることが多い。そのため，いかなるM&Aにおいても，事前に企図される統合モデルを理解することが，デューデリジェンスの力点を見極めるのに重要なのである。

(1) インベストメント・モデル（投資型）

　投資モデルの典型的な例は，プライベートエクイティファンド等の投資ファンドによる投資戦略や，買収後の対象企業をスタンドアローンで経営させ，買い手グループへの収益貢献のみを企図する場合等である。そのため，同モデルにおいては，買い手組織との経営統合や組織再編等を前提としたコストシナジー等は想定していない点が特徴である。

　日本企業の海外企業買収においては，多くの場合，買収後の組織再編等は企図せず，スタンドアローンで対象会社を経営させ，親会社はガバナンスを強化するという動きが多く見られる。ここでの重要な視点は，スタンドアローンで現地に経営を任せている経営者のアセスメントおよび適切なガバナンス体制の構築である。

　もっとも，親会社から経営者を派遣して経営を行えればよいのだが，潤沢にグローバル企業の経営に経験のある人材が揃っていることは少なく，実際には現地の経営者に任せることを余儀なくされる場合が多い。実際に現地に経営を任せるのであれば外部評価者等によるアセスメントを実施し，経営者の質を担保すべきである。

(2) アシミレーション・モデル（片寄せ・染め上げ型）

　欧米での買収案件での統合時に最も広く見受けられる統合モデルであり，買収側が被買収側を自分の色に染め上げ，事業を片寄せしていくものである。そのため，収益の貢献のみを求める投資型モデルとは異なり，経営統合や組織統合を前提とした事業シナジーの達成を求める場合に多く採用される。アシミレーションと言っても企業風土から染め上げる場合と組織や制度等のハード部分のみを片寄せする場合とモデルは様々である。ただし，事業シナジーを追求する場合においても，必ずしも資本の関係のみを前提とした片寄せが最善とは限らない点に注意したい。片寄統合による純粋なコスト効果を狙いとした人員整理や買い手からの経営者の送り込みを行う際には，被買収対象企業の培ってきたカルチャーや業務プロセス上の強みを損ねるリスクがあり，適切な措置が講じられない場合，想定外の業績低迷や優秀人材の流出等の問題が起こりうるのである。

(3) インテグレーション・モデル（対等統合型）

　中長期的な事業シナジーを追求する点においては，片寄せモデルと同一であるが，インテグレーションモデルにおいては，買収側と被買収側が対等な関係を維持するという点が特徴である。いわゆる資本の大きさや組織の大きさとは比例せず，純粋に対等の精神に立って運営しようというスタンスである。日本企業が買収後の組織統合を行う際に依然として多く採用される統合モデルであり，50：50の共同出資での合弁会社に近いイメージである。

　ただし，クロスボーダー案件において，実際に買収側と被買収側を対等な関係と位置づけ，意思決定プロセス等を両社に公平性を持たせようとすることの理解を得ることはなかなか難しいことが多い。そもそも，被買収対象会社は買収側に対して更なるシナジー追求を前提とした施策や期待値をもつことが多く，純粋に対等な精神で意思決定を行うプロセスは，意思決定スピードが遅れることが懸念され，また被買収企業の裁量の縮小と受け取られることが多い。

　つまるところ，そもそも欧米では，対等な精神で買収を行うことの理解を得ることが難しいことに起因するのだが，特に日本企業がクロスボーダーM&Aを行う際には，被買収企業への買い手企業の方針の浸透に向けたコミュニケー

ションに注意する必要がある（図表3－3）。

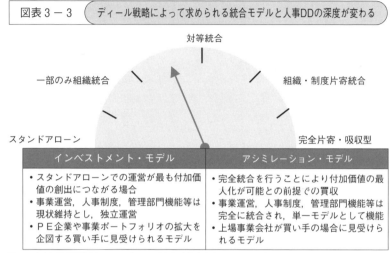

図表3－3　ディール戦略によって求められる統合モデルと人事DDの深度が変わる

Copyright © 2019 Mercer Japan Ltd. All rights reserved.

4　買収形態の整理・課題点の抽出

　買収を行う大義名分であるディールロジックが確立され，各タスクフォースに展開されると，案件における買収形態に焦点があたる。実際の買収スキームについては，片寄統合に伴う大規模人員整理等が発生する場合等の一部の案件を除き，人事側が主体的に検討をすることは滅多にないといって良い。通常は税務・法務の面からメリット・デメリットを検証し，総合的に判断される。
　そのため，人事チームにおいては，本買収にて企図される買収スキームを理解し，どのような人事イシューが想定されるのかを導き出す必要がある。各買収スキームの選定等の観点は他の専門書に譲るとし，ここでは，人事デューデリジェンスの観点から実際の人事実務に焦点を絞って解説する。

第3章　人事デューデリジェンスの準備（事前の準備が人事DDの成否を分ける）　　*51*

(1)　株式譲渡

　被買収対象会社の株式取得を行い，同対象会社および傘下の完全子会社を買収することを指しており，企業買収においては最も一般的な買収形態である。同スキームの特徴としては，対象会社の法人格をそのまま買収するため，同社が契約主体である既存の雇用契約，ベンダー契約，保険契約への影響が想定されにくい点である。そのため，他の買収スキームに比して人事的難易度は低いことが多い。

　ただし，株式買収であるものの，必ずしも自動的に既存契約が承継されると安心してはいけない。ここでは，2つのパターンに分けて解説しよう。

①　単一企業群の買収

　単一グループ企業の買収，もしくはグループというほどの規模はないが単一企業およびその完全子会社を買収する方式が該当する。例えば，買い手日本企業は，米国上場企業であるA社株式の100％買収を実施し，A社米国本社に加え，同国および中国に所在する傘下の完全子会社2社を買い手の完全子会社とする方式等が挙げられる。

　要は対象グループの頂点に位置する被買収対象企業の株式を100％買収することにより経営権を取得する。そうすると，自動的に同社が保有する傘下子会社が芋づる式についてくるのである。最もシンプルな買収形態であり，ピラミッドの頂点から末端まで一義的に買収対象となるため，排他性が非常に高い。この場合，通常被買収対象企業が契約主体となる各種契約関連は，Operation-of-law（法の作用）の概念に基づき買収に伴い自動的に承継されることが多い。そのため，従業員転籍や保険制度の新設等の作業は必要ないことが多く，M&Aにおける喫緊の対応事項が少ないため，人事的難易度は比較的低いといえる。

②　グループ企業群から特定の企業群のみ買収

　グループ企業群から特定の企業群のみを買収する場合や，被買収対象事業を運営する法人のみを買収対象とする場合等が該当する。例えば，PEであるX社は5年前に買収した同X社グループの自動車部門の部品製造会社Y社を売却

図表3-4 株式譲渡スキーム

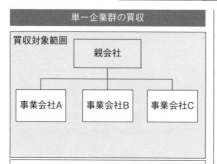
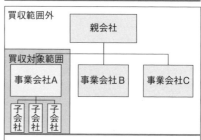

注）上記組織図内の箱は法人格を指す
Copyright © 2019 Mercer Japan Ltd. All rights reserved.

することを企図していたとしよう。買収当時から主だった組織再編等は実施していないため，親会社であるX社が保有するY社の株式の譲渡を行うとする。

この場合，グループ企業から事業の切り出しを行うこととなるが，Y社自体は原則独立運営であるため法人格や組織面での切り出しは発生せず，株式譲渡スキームとなる。ただし，同スキームの場合，排他性の高い単一企業群の買収スキームと異なり，親会社であるX社の契約に基づき提供されていた制度や便宜上被買収企業群に雇用されているが実際には被買収事業に従事していない従業員等がいる場合がある。

このようなケースにおいては，デューデリジェンスにおいてX社から提供されている制度・契約等を特定し，クロージングにおける必要対応事項の洗い出しが求められる。また，従業員の雇用関係についても重点的な確認事項となり，株式譲渡であるが従業員転籍等が発生する場合もあることに注意すべきである。より詳細の留意点については，後述の事業譲渡における留意点とも関連するため，第7章の「Do-by-Close（サイニング以降必要なタスク）」にて具体的に

(2) 資産譲渡

　資産譲渡とは，一企業の特定の事業のみ取得する事業買収の際に該当することが多く，一企業から被買収事業に関連する資産，債務，従業員等を切り出して買収するスキームである。株式買収では，被買収対象企業が保有する資産・債務等すべての義務や責任を原則引き継ぐことになるが，資産譲渡においては，被買収対象事業に関わる部分において，売り主と買い主で合意のうえ選別できることが特徴である。

　例えば，対象企業が確定給付型年金を有しており，対象会社の従業員は同制度に加入しているものとする。この場合，株式買収であれば原則買い手が承継することが多いが，資産譲渡であれば，年金資産・債務を売り手側に残すなどの交渉が比較的柔軟に行えるのである。あくまで確定給付型年金を一例として使用したが，その他の従業員債務や契約についても同様である。

① 単一企業から特定事業に係る資産・債務を買収

　被買収対象事業に関連する企業・法人から同事業に係る資産や債務についてのみ切り出し，買収を行うスキームである。例えば，日本企業A社は米国企業X社からメディア事業のみを買収するとしよう。米国企業X社は，本社を除き米国内に同事業を運営する法人を2か所有しているが，両法人ともX社の別事業である映画事業と法人格上は一体運営がされているため，メディア事業に係る資産・債務・従業員等の特定および切り出しが必要なのである。

　切り出した資産・債務については，事前に売り手側で会社分割を行う場合もあるが，多くの場合買い手側で受け皿となる法人を準備しなければならない。そのため，買収後の運営方法の骨格がないと対応に苦慮することになる。特に従業員の転籍が発生する場合，受け皿会社は対象会社の既存現地子会社とするのか，新たに新社を設立して雇用を行うのか決めなければならない。買い手の既存子会社に転籍させる場合は，転籍従業員の処遇と受け皿子会社の処遇の違いについてどのように対応するのか等の論点が次々と出てくるのである。

　そのため，人事的難度は株式買収よりも高くなり，人事デューデリジェンス

においては，買収時のリスクの特定に加え，買収契約締結からクロージングまでの対応，そしてPMIでの対応を見越したデューデリジェンスが必須となる。

② 株式・資産譲渡のミックス

コンセプトは上述の事業買収に伴う資産譲渡と同一だが，案件によっては株式譲渡と資産譲渡のミックスとなることがある。一例として分かりやすいのが，製造業のケースだろう。

製造業の工場拠点では，通常単一工場は法人格を有していることが多く，同拠点が被買収事業の製品の生産を主に行っている場合は，株式譲渡の形態となる（実際には，多少の切り出し等は発生することが多いが簡便性の観点から省く）。ただし，本社機能である財務，人事，営業，開発等については，売り手本社にて一元的に管理されていたため，資産譲渡による切り出しが必要となるのである。

こういったケースでは，通常売り手側から対象事業に係る資産・債務・従業員等の初期選別を実施したうえで買い手側に開示を行うこととなる。しかし，実務上の利便性や経済性から本社機能が共有されているため，必ずしも上手く切り分けられる代物でないことは容易に想像がつくだろう。さらにM&Aにおいては，買い手に現場レベルの情報が開示されることは少なく，ある程度買収後の事業として運営できるのかという観点で検討し，交渉を進めることになる。

買い手が描く買収後の青写真において，どの程度対象事業の管理部門が必要なのかという点によっても優先度は変わり得るが，スタンドアローンでの独立運営を企図する場合，同事業の本社管理部門の人員数の確保は死活問題である。TSA等による買収後の一定期間管理部門機能を継続提供されることが合意されたとしても，管理部門従業員の転籍を円滑に進めることは買収後の経営において相対的に重要度が上がるのである。

第3章 人事デューデリジェンスの準備（事前の準備が人事DDの成否を分ける） 55

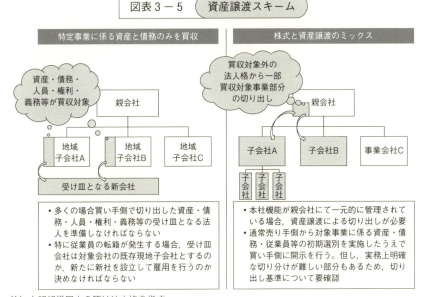

注）上記組織図内の箱は法人格を指す
Copyright © 2019 Mercer Japan Ltd. All rights reserved.

(3) 合弁企業の設立

　合弁（ジョイント・ベンチャー）設立は，M&A戦略における1つの枠組みであるが，実際には合弁をM&Aの1つとして認識されないことがしばしば見受けられる。しかし，組織・人事的観点では，合弁設立もM&Aのひとつであり，組織・人事的対応事項は，企業買収時のM&Aと考え方は変わらないのである。

① 合弁企業の新設

　海外のパートナー企業との共同出資による合弁企業の新設のケースである。出資比率は50：50（51：49）の対等関係から，将来的な買い増しオプションを前提とした少数出資のケース等まで様々なバリエーションがあるが，合弁新設における組織・人事タスクとしては，Day 1時点で人事制度や福利厚生制度等の準備をしなければならないという点にある。

従業員を親会社からの出向とする場合や，一方の親会社の制度を適用する場合においては，新制度設立の必要性は少ないが，人事体制の整備がDay 1時点で必要なことに変わりはない。

② **現地法人と出資先既存法人の統合を前提とした出資**

パートナー企業の海外の現地法人への出資を行う前提として，親会社の現地法人との組織統合を前提とする場合である。組織統合後の法人格の在り方によるのだが，出資先のパートナー企業の現地法人を存続会社とする場合，親会社の現地法人の従業員は存続会社への転籍が必要となる。

このケースでは，出資先存続会社の既存の人事制度の把握が統合を見据えたデューデリジェンスでのキーポイントとなり，どのように親会社既存法人から転籍する従業員を受け入れるのか，またどのタイミングで制度統合を図るのか検討を行う必要がある。そのためには，人事デューデリジェンスにおいて，出資先存続会社の現制度と親会社現地子会社の現制度との比較分析を実施し，人事制度統合に向けた論点を洗い出すことが求められる。

多くの場合，報酬，福利厚生の部分が最も統合に向けた時間を要するところであり，そもそもの制度統合の要否は，転籍従業員の規模や買収後の組織体制によるところである。そのため，合弁設立時においても，通常のM&Aと同様に案件の形態を把握し，組織・人事上の論点の仮説立てが必要であることに変わりはない。

第3章　人事デューデリジェンスの準備（事前の準備が人事DDの成否を分ける）　57

図表3-6　合弁企業の設立

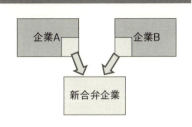
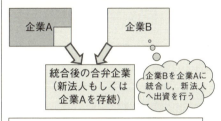

合弁企業の新設	既存現地法人の統合を前提とする場合
・パートナー企業との共同出資による合弁企業の新設のケースであり，出資比率は親会社の合意により様々 ・合弁新設における組織・人事タスクとしては，Day1時点で人事制度や福利厚生制度等の準備をしなければならない（親会社の制度の踏襲，新制度の設立，出向者の対応等々）	・企業A（または新会社）の現制度と現地子会社Bの現制度との比較分析を実施し，人事制度統合に向けた論点を洗い出すことが必要 ・企業Aが存続会社となる場合は当面は企業Aの制度を活用することが可能。但し，企業Bから転籍加入する社員の処遇は検討要

注）上記組織図内の箱は法人格を指す
Copyright © 2019 Mercer Japan Ltd. All rights reserved.

5　相手サイド（交渉相手）の把握

　ここまで買い手側のディールロジックの確立と買収形態による違いについて述べたが，もう一つデューデリジェンス，ないしはM&Aを進めるうえで重要な点である相手サイドの意向把握について触れておきたい。ここでの相手サイドの意向把握とは，売り手側の立ち位置や意向を踏まえ，買い手としてどの程度の交渉上のレバレッジがあるのか，またどのようなことが想定されるのかを仮説立てすることである。

　M&Aは，当事者間の交渉事であるため，買い手側の交渉優位性に応じてデューデリジェンスにおける情報の開示状況や開示時期に差異が生まれる。逆にいうと，買い手側である程度先方の状況を見越した交渉ができれば必要な情報

を引き出すことが可能なのである。

　例えば，相対取引とオークション取引の違いがプロセス上の大きな差異である。相対取引であれば，独占交渉期間中は原則買い手との交渉成立を前提とした協議を進めるため，買い手からの情報要求を強めに行うことができ，また可能な限りそうすべきである。一方で，オークション取引の場合，売り手側は各ビッダー（入札者）に対してある程度公平に情報開示を行い，情報提供の場を設けることが必要になるため，オークション取引において買い手の魅力が下がるような行為は避けたい。

　ここでは，プライベートエクイティ企業が売り手の場合と事業会社が売り手の場合の2通りについて，一般論として解説する。

(1)　プライベートエクイティ企業からの買収

　プライベートエクイティ企業は，未公開株式会社への投資を行い，経営権を取得する。そして，経営に関与することで企業価値を高め，将来的なIPOや売却等を行うファンドのことを広く指すことが多い。実際の投資戦略によって買収対象となる企業も変わり，ファンドの売却戦略も変わるため，一概に解説することは難しいが，端的に言うと，買収先企業の経営に参画することにより，企業価値を高め，買収時よりも高値で売却することを目的としている（Multiple Arbitrageと呼ばれる）。

　このようなPE企業では，買収対象会社にプロ経営陣を送り込み経営の改善を図り，短期間での企業価値の向上を求める。この場合，送り込まれた経営陣に対しても企業価値を最大化することがミッションとされており，何らかのインセンティブスキームが導入されていることが多い。特に当該企業の売却を前提とし，売却時の企業価値・買収価格等に応じ支払いが行われるトランザクションボーナス（＝案件成立ボーナス）が約束されている場合，買収後のリテンションリスクおよび必要なリテンションコストに影響するため，同経営陣の買収後のリテンションを企図する場合は要注意事項である。

　また，同様に企業価値を高めたうえでの売却を前提として投資戦略を行うファンド傘下の企業においては，長期的な従業員の獲得や人材競争力を高めることに対する優先度が低いため，一般従業員の福利厚生等は市場水準より低く抑

第3章　人事デューデリジェンスの準備（事前の準備が人事DDの成否を分ける）　**59**

えられている場合がある。そのため，買収後の買い手の方針と併せて買収後の改善余地も，デューデリジェンス時に見ておきたいポイントである。

一方で多角化した事業ポートフォリオを有しているファンドにおいては，同一事業のビジネスを集約させたうえで規模の経済を活かし，管理部門等の共通機能や福利厚生等は同事業の企業群で共有している場合がある。この場合，売却の対象範囲によっては，十分な人事部機能が売却対象範囲に含まれていない場合や福利厚生制度の新設が必要となる点に注意が必要である。

(2) 事業会社からの買収

プライベートエクイティ企業からの買収との大きな違いについて解説したい。

ファンドのM&A戦略と事業会社のM&A戦略で大きく異なる点は，ファンドが対象会社の企業価値を最大化して売却することを前提としているのに対して，事業会社の売却戦略は，ノンコア事業となった不採算事業の売却を行い，貴重な経営資源をコア事業に集中させるという点や，同業他社の買収によるシェア獲得，垂直統合によるコスト効率の向上等にあることが多い。今後日本企業の海外企業の買収が増えるに比例して，買収したが不採算事業となった海外子会社の売却も増えていくであろう。

この場合，売り手である事業会社は従業員の影響や不協和音につながることを可能な限り避けたいため，ファンドが売り手である場合に比べ，売却対象の従業員の処遇維持等の要求をする場合が多い。要は，売却されたことを理由に処遇が悪化したり，報酬水準が下がったりする場合，売り手に対する風評被害やブランドイメージの毀損につながることがあるからである。

また，クリーンイグジット（売却完了の時に全ての取引が完了すること）を前提に売り手は交渉をすることになるが，事業譲渡などのケースでは，買収後の一定期間はTSA（Transition Service Agreement：移行期間の業務委託契約）等の移行期間中のサービス提供契約を通じて，売却対象の従業員と売り手従業員が継続的にコミュニケーションをとることがある。こういった背景から，売り手としても買収後の一定期間は，可能な限り従業員に対する不利益変更は避けたいのである。

6 デューデリジェンスの目的・見立て

　ディールロジック，想定される統合モデル，買収形態，そして交渉相手の把握ができたところで本題のデューデリジェンスについて解説したい。参画するM&Aの概要，目的，プロセスが把握できた段階で，実際にデューデリジェンスを通じて被買収対象会社の中身が見えると何が起こり得るのか，そして買い手として重要な確認事項について整理ができてくるものである。M&Aを取り巻く環境の理解ができたうえでデューデリジェンスに入るのだが，効果的にデューデリジェンスを進めるためには，目的の明確化と見立てをもつことが非常に重要なのである。

　デューデリジェンスの目的とは，被買収対象会社の粗探しではない。高額投資を行い，対象事業の更なる成長，ないしは買い手との統合シナジーまたは事業シナジーによる投資効果を最大化するためには，ダウンサイドリスクおよびアップサイドシナジーの両面を見ていくことが必要なのである。

(1) 目的を持ったデューデリジェンス

　幸いなことに昨今のM&A業界における人事デューデリジェンスの必要性の認知は目覚ましいものがある。一方で，人事デューデリジェンスの位置づけが認知されることに伴い，「とりあえずデューデリジェンスは一通りやっておく」という全体号令のもとに，各タスクフォースの目的が整理されずに「とりあえずやりきる」デューデリジェンスが実施されていることも少なくない。

　実際，事前に一定の仮説立てを行いデューデリジェンスを行う企業と，仮説立てなしにデューデリジェンスを行う企業とでは，社内での判明事項の周知やリスクの落とし込みのスピード感に大きな違いがでる。

　仮説立てや目的の構築はアドバイザーが行うものであり，依頼者である買い手本社は任せるだけで良いかの如く理解されていることがあるが，それは違う。無論，アドバイザーは一定の仮説立てを行いデューデリジェンスを実施するが，検出されたリスクに対する対応や潜在シナジーへの買収後の対応については，

第3章　人事デューデリジェンスの準備（事前の準備が人事DDの成否を分ける）

依頼者である買い手との協働が必須である。あくまでも，買収後の事業を運営するのは，アドバイザーではなく，買い手側である。すなわち，アドバイザーは依頼者の利益を最大化するための助言を提供し，投資効果最大化に向けた買収後の実務や統合作業は買い手が主導とならなければいけないのである。

至極当たり前のことのようだが，短期間に普段なじみのない海外の人事関連情報を精査・リスク把握を行い，買収時および買収後の影響について社内に推し量る必要があるため，いかにデューデリジェンス実施時に目的を明確にしたうえで，デューデリジェンスの判明事項を咀嚼するか，そして，検出事項を買収時の実務および買収後の実務の延長線上に落とし込めるかが，重要である。

本章のテーマは，人事デューデリジェンスの準備である。デューデリジェンスの準備といっても，特別なプロセスがあるわけではなく，企図されているM&Aの置かれている環境や外部要因を見極め，自社の成すべきことを見極めることにある。デューデリジェンスという言葉が当たり前のように使われるようになると，本来の目的を見失いがちになるものである。M&Aの環境下では，日々物事が変わり得るため，後回しにすると到底やりきれない。そのため，事前の準備・心構えといったところの重要度が増すのである。

第4章

人事デューデリジェンス

1 人事デューデリジェンスで検証する人事関連事項の全体像

　本章では，人事デューデリジェンスで検証する人事関連事項の全体像について解説を行う。人事デューデリジェンスを実施する際，その見るべきポイントは，買収先の複雑性（多国籍展開，組合の存在，複数組の福利厚生の存在等）や買収形態（株式買収，事業譲渡，マジョリティ・マイノリティ出資）によって変わってくる。特に事業譲渡（一部の事業切り出しを伴う買収）においては，いわゆるスタンドアロンイシューを明らかにし，その対応策を検討することが求められる。スタンドアロンイシューへの対応の詳細については，後の第7章を参照されたい。

　このように買収先の複雑性や買収形態によって，検証すべきポイントが変わってくる一面はあるが，人事デューデリジェンスにおいて，一般的に検証すべき典型的なポイントが存在する。本章では，日本企業が海外企業の100％株式買収を行うことを前提とし，大きく10のポイントに分類して，実務上どのような検証を行っているのかについて解説する。

(1) 組織と人員の状況
① 組織構造（人員構成）

　組織と人員の状況を把握するうえで，買収対象会社の従業員データや組織図を元に組織のデモグラフィーの特徴を分析することが有用である。時折，従業員データの開示にあたって，個人情報保護の観点から売り主がデータ開示を出し渋る場合があるが，従業員個人を特定できないような形でデータ開示を要請する必要がある（氏名の代わりに従業員番号に紐付ける等）。

　職位別，機能別，雇用契約形態別（正社員／契約社員，組合員／非組合員）等により従業員数の分布を分析することで，対象会社のデモグラフィーの特徴を明らかにする。デモグラフィー分析結果の例を以下に記載している。職位別の分布（図表4-1参照），勤続年数・年代別の分布（図表4-2参照）は基

第4章 人事デューデリジェンス　65

図表4－1　デモグラフィー（職位別の分布）

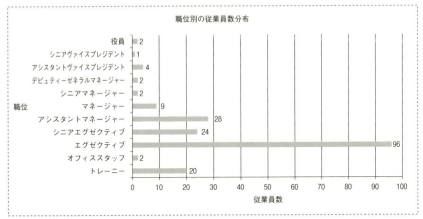

Copyright ©2019 Mercer Japan Ltd. All rights reserved.

図表4－2　デモグラフィー（勤続年数・年代別の分布）

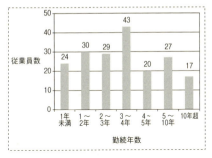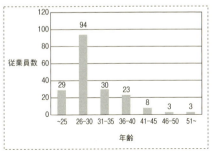

Copyright ©2019 Mercer Japan Ltd. All rights reserved.

礎情報として役立つ。デモグラフィー分布を見ることで，事業計画の実現を支える要員計画となっているか，買い主の既存拠点と統合する場合の機能・要員の重複について確認することができる。

また人口ピラミッド分析により，対象会社の人員構成，組織構造上の歪みがないかを確認することも有用である。年採用人数・年退職率について一定の仮定を置くことで，将来の人員構成変化の予測を立てることもできる（図表4－3参照）。

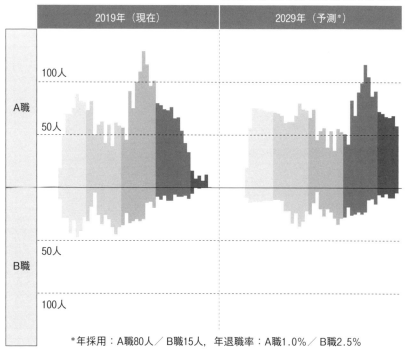

図表4-3 将来の人員構成変化の予測

*年採用：A職80人／B職15人，年退職率：A職1.0%／B職2.5%

Copyright ©2019 Mercer Japan Ltd. All rights reserved.

② **離職率**

　通常の人事デューデリジェンスにおいては，対象会社の離職率を市場平均の離職率と比較し，離職率が相対的に許容範囲内にあるかどうかを確認する。一見，離職率の数値が高く見えても，国・産業によっては，離職率の市場平均自体が高い場合もあるため，その国のローカル市場慣行に詳しい人事アドバイザーの知見が役立つ。また，離職事由別（自己都合／会社都合）の離職率のデータがあれば，より有用である。離職率が相対的に高い場合には，対象会社の経営陣や人事担当役員・部長への人事インタビューを通じて，その理由を明らかにする。

離職率を見る際には，単年ではなく，3年程度の経年の傾向を見る方がよい。図表4－4のように職位別など詳細な粒度で離職率を把握できれば，従業員リテンション上の課題を見つけやすい。必ずしもここまで詳細な粒度でデータが最初から開示されるとも限らないので，現実には人事インタビュー等を通じて，特定の従業員グループに課題がありそうだと判明した後，詳細データ開示を売主に要求していくことになる。

エンジニアリング，AI技術者やデジタル人材など，専門性が高い従業員に依拠している業界では，一般に人材獲得が困難であると考えられる。このような業界のM&Aでは，必要に応じて，一般従業員の報酬ベンチマークを実施することも有用である。詳細については，本章 **1**(2)を参照いただきたい。

図表4－4　離職率

役職	2017年	2018年	2019年
役員	60%	0%	0%
シニアヴァイスプレジデント／アシスタントヴァイスプレジデント	0%	0%	0%
デピュティーゼネラルマネージャー	0%	0%	33%
シニアマネージャー	33%	0%	33%
マネージャー	9%	23%	18%
アシスタントマネージャー	17%	19%	22%
シニアエグゼクティブ	18%	6%	17%
エグゼクティブ	15%	13%	13%
オフィススタッフ	0%	0%	0%
トレーニー	75%	20%	5%

Copyright ©2019 Mercer Japan Ltd. All rights reserved.

対象会社において，リストラ計画を実施中のこともあるため，直近のリストラ計画の有無についても確認する必要がある。なおマーサーでは人事戦略の10要素（処遇系と人材フロー系）を提唱している（図表4－5参照）。

買収時においても，対象会社の人材フローを把握することが重要である。したがって人材フローの退職の部分のみに焦点を当てるのではなく，人材フロー全体を通じた従業員数の増減の分析を行うこともある（図表4－6参照）。

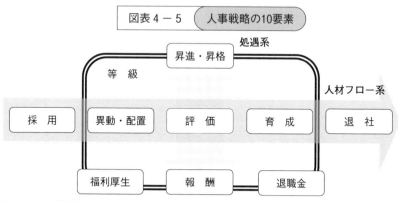

Copyright ©2019 Mercer Japan Ltd. All rights reserved.

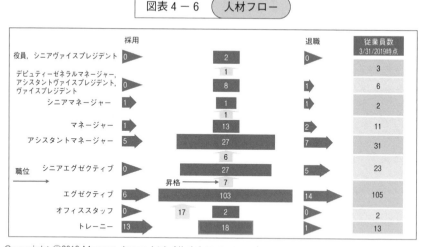

Copyright ©2019 Mercer Japan Ltd. All rights reserved.

(2) 一般従業員の報酬

① 報酬哲学・ポリシー

グローバル企業では，従業員の報酬について，例えば市場報酬水準の50

%ile（マーケット中央値）に合わせるなど，Compensation Philosophy/Policy（報酬哲学／報酬ポリシー）を決めていることが多い。人材獲得競争が激しい特定のポジションについては，別途市場報酬水準の75％ileに合わせるなど，支給目的に応じて変化をつける場合もある。

② **報酬構成**

報酬の構成要素は，基本給，諸手当，賞与（短期インセンティブ），長期インセンティブ，退職給付に分けられる（図表4－7参照）。

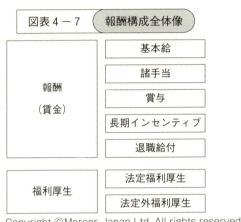

この基本的な報酬構造は，どの国においても当てはまる。ただし，国によっては，例えば諸手当が複数存在することが一般的であるなど，報酬構成要素の比重は国ごとの市場慣行により異なる。

例えば，インドでは諸手当が大きな比重を占めており，従業員の処遇を考えるうえでは，基本給だけでなく，この諸手当に留意する必要がある。

次頁の図表4－8は，インドにおける報酬構造の一例を示している。インドにおいては，各社ごとに諸手当の支給項目が異なるため，買収時に買い主の既存現地拠点の報酬構成に合わせる必要が生じることが多々ある。買い主の既存現地拠点がない場合，あるいはそのような既存現地拠点が存在しても，買収先と既存現地拠点の報酬構成を別個のものとする場合には，その限りではない。

ただし，給与支払事務が煩雑になるのを避けるために，買収時点で報酬構成の統一をするケースはよく見られる。例えば，City Compensation Allowance（生活費の高い都市部で働く従業員に対する生計費補助）が既存現地拠点に存在せず，その他については，買収先と買い主の既存インド拠点で同様の報酬構成であるとする。この場合，City Compensation Allowance を Special Allowance（特別手当）に吸収する形での新給与構成とすることが可能である。ただし手当の種類によっては，税制適格として非課税となる手当も存在するため，そのような手当を代替する場合には税効果金額の影響も考慮しなければならない。図表4－8の例で言うと，Leave Travel Allowance（旅行休暇手当），Medical Reimbursement（医療手当）は非課税扱いとなることもある。なお現地での税理士事務所で確認をすることをお薦めする。

図表4－8　インドにおける給与構成要素の例（基本給＋諸手当）

No.	給与構成要素	年額（INR）
1	Basic Salary（基本給）	500,000
2	City Compensation Allowance（都市補助手当）	400,000
3	House Rent Allowance（住宅手当）	300,000
4	Transport Allowance（通勤手当）	20,000
5	Leave Travel Allowance（旅行休暇手当）	40,000
6	Medical Reimbursement（医療手当）	15,000
7	Special Allowance（特別手当）	70,000

Copyright ©2019 Mercer Japan Ltd. All rights reserved.

図表4－7の報酬構成全体像に戻ると，ここまで見た基本給，諸手当の他に，

賞与（短期インセンティブ），長期インセンティブ，退職給付が存在する。退職給付の概要については，本章■(4)にて説明する。

賞与は通常1年間の評価期間における業績（会社業績，部門業績，個人業績等）の達成度によって，支給されるインセンティブである。一般従業員レベルでは個人業績の比重が大きく，経営トップ層に近づくにつれて，会社業績の比重が大きくなることが多い。

一般従業員レベルでは，短期インセンティブが必ずしも個人目標に紐付いているとも限らない。例えばフランスでは従業員50人以上の会社では，Profit Sharing（プロフィットシェアリング）を支給することが義務づけられている。これは一定の利益プールから，従業員に対して一律の金額を支給する短期インセンティブである。支給の条件の一例として，工場における事故発生頻度，不良品率の改善などを数値目標に据えることが多い。

なおセールス従業員に対しては，売上げ目標の達成度に応じて，セールスインセンティブを支給していることも多い。

長期インセンティブは，3年程度の中長期の評価期間における業績（会社業績，部門業績，個人業績等）の達成度によって，支給されるインセンティブである。この長期インセンティブは，会社の規模にもよるが，経営トップ層や幹部，および一部のKey employee（優秀人材）に対して支給されることが多い。

長期インセンティブは，次頁の図表4-9の通り，「①付与するもの（株式または新株予約権・現金）」による特徴と「②インセンティブの対象」により大きく6つの仕組みに分類できる。買収先の長期インセンティブが株式性プログラムである場合，買収先の株式を継続して付与することができなくなるため代替プランの設計が必要となる。代替プラン設計の詳細については，第5章「経営者リテンション」を参照いただきたい。

なお，買収先に従業員持株会（ESPP：Employee Stock Purchase Plan）が存在していることがある。これは市場価格よりもディスカウントされた価格で，従業員が所属会社の株式を購入できる制度であり，上場企業によく見られるものである。この従業員持株会は従業員ベネフィットの一部として捉えられるため，買収後にその取扱いをどうするかというのも論点として生じる。買収時に従業員持株会を清算して，その後は代替せずに終わる場合もある。

図表4-9　長期インセンティブの分類

付与するもの＼インセンティブの対象	設定した業績指標（経常利益，当期利益，株価など）	（疑似）株価	株価上昇
株式／新株予約権	パフォーマンス・シェア（Performance Share）　パフォーマンス・ストックオプション（Performance Stock Options）　予め定められた業績指標の目標達成度に応じた自社株式／ストックオプションの付与	譲渡制限付株式（Restricted Stock）　リストリクテッドストックユニット（RSU）　一定期間売却できない条件の付いた自社株式／株価に連動したユニットの付与	ストックオプション（Stock Options）　予め定められた価格で将来自社株式を購入できる権利
現金	パフォーマンス・キャッシュ（Performance Cash）　中長期の業績目標を予め定め，その業績達成率に基づき現金支給額を決定	ファントムストック（Phantom Stock）　自社株式を付与し一定期間経過後に売却したものと仮定して，売却時の株価×株数と株式保有期間の配当収入相当額を現金により支給（実際には自社株式は付与しない）	ストックアプリエーションライト（Stock Appreciation Right）　ストックオプションを付与したものと仮定し（実際には付与しない），その利得を現金により支給する（権利行使のタイミングについてはストックオプションと同様に本人が選択可能）

Copyright © 2019 Mercer Japan Ltd. All rights reserved.

　従業員持株会の代替を行う場合，買い主が上場企業であれば，買い主の株式で代替するということも選択肢として考えられるが，買い主が非上場企業である場合には，それができないため金銭の補填による代替が現実的である。

　通常デューデリジェンス時には，従業員個人それぞれの持株の詳細データまでは開示されないが，図表4-10にあるように，従業員持株会代替に関わる経済的価値を試算し，代替コストを把握することは可能である。実際の代替にあたっては2つのアプローチが考えられる。1つは，従業員個人それぞれの従業員持株会による株式持分データを入手し，図表4-10の手順で個別の従業員持株会の経済的価値を算出し，給与に上乗せする方法である。もう1つは，従業員持株会の経済的価値試算に基づき，一律の％で給与に上乗せする（図表4-10の例では，従業員持株会の経済的価値は給与の1.2％相当であるため，通常の年次昇給に加えて，1～2％を別途昇給）方法である。後者の方がシンプル

でより現実的な方法と言える。

図表4-10　従業員持株会（ESPP）の経済的価値試算イメージ

Total Annual ESPP Contributions（Estimated）* （ESPP拠出金合計（推計））	$3,400,000
Grant Discount（購入割引率）	15%
Annual ESPP Value（Total Contributions x Grant Discount） （ESPP経済的価値年額（ESPP拠出金合計×購入割引率））	$510,000
Participation Rate**（ESPPへの従業員参加率）	80%
Estimated Annual ESPP Value （ESPP経済的価値年額（ESPPへの従業員参加率を考慮した推計））	$408,000
% of Total Current Annual Salaries （従業員全体の年収総計に占めるESPP経済的価値年額の割合（推計））	1.2%
Total Current Annual Salaries （従業員全体の年収総計）	$34,000,000

注記：
 *Assumes each employee contributes the lesser of 10% of base salary or $25,000 (the annual individual maximum per year)
 （各々の従業員によるESPPへの拠出額は、基本給の10％もしくは$25,000（1人当たりESPP拠出可能額上限）のいずれか小さい金額であると仮定）
** Provided at the HR interview
 （人事担当役員・部長への人事インタビューにおいて，回答された数字）

Copyright ©2019 Mercer Japan Ltd. All rights reserved.

③　報酬水準

　M&A時には，技術者などのリテンション対象者について報酬の市場競争力の検証（外部競争力の検証），統合を予定している買い主の同一ポジションの報酬水準との比較（内部公平性の検証）を目的として報酬ベンチマークを行うことがある。

　報酬水準は国によって基本給，短期インセンティブ，長期インセンティブの比重は大きく異なる（例えば，米国の経営トップ層に付与される長期インセン

ティブの報酬水準は，他国と比べて突出している)。このような国による違いがまず前提としてあり，産業，企業規模（一般的には従業員規模あるいは売上規模で見る)，上場・非上場の別，職責により市場報酬水準が決まってくる。CEOと言ったときに，従業員規模数百人の会社のトップなのか，あるいは従業員規模数千人の会社のトップなのかによって，当然に職責は大きく異なってくる。

また職位の呼称は会社によって異なるため，A社のDirectorとB社のDirectorの職責が一概に同一とは言えない。したがって報酬ベンチマークを行う際には，ベンチマーク対象者の職責の大きさ（Position Class）について，インタビューや関連データの分析を通じて計測する。マーサーではInternational Position Evaluation（IPE）という評価手法を通じてこのような職責の大きさを計った上で，報酬ベンチマークを行っている。IPEでPosition Classを計る際には，1．影響（Impact)，2．折衝（Communication)，3．革新（Innovation)，4．知識（Knowledge)，5．危険（Risk）の5要素で評価している（図表4－11参照)。

本章**1**(1)でも述べたが，エンジニアリング，AI技術者やデジタル人材など，専門性が高い従業員に依拠している業界では，人材獲得競争が激しい。通常のM&Aでは，一般従業員レベルまで報酬ベンチマークを行う例は少ないが，インドにおけるエンジニアリング業界のM&Aに際して，一般従業員の報酬ベンチマークを実施した例をご紹介したい。

第4章 人事デューデリジェンス

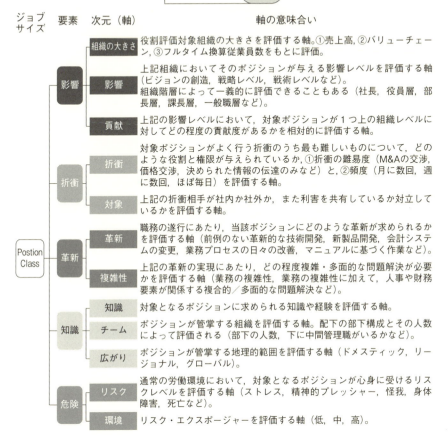

図表4-11　IPE

ジョブサイズ	要素	次元（軸）	軸の意味合い
Postion Class	影響	組織の大きさ	役割評価対象組織の大きさを評価する軸。①売上高, ②バリューチェーン, ③フルタイム換算従業員数をもとに評価。
		影響	上記組織においてそのポジションが与える影響レベルを評価する軸（ビジョンの創造, 戦略レベル, 戦術レベルなど）。組織階層によって一義的に評価できることもある（社長, 役員層, 部長層, 課長層, 一般職層など）。
		貢献	上記の影響レベルにおいて, 対象ポジションが1つ上の組織レベルに対してどの程度の貢献度があるかを相対的に評価する軸。
	折衝	折衝	対象ポジションがよく行う折衝のうち最も難しいものについて, どのような役割と権限が与えられているか, ①折衝の難易度（M&Aの交渉, 価格交渉, 決められた情報の伝達のみなど）と, ②頻度（月に数回, 週に数回, ほぼ毎日）を評価する軸。
		対象	上記の折衝相手が社内か社外か, また利害を共有しているか対立しているかを評価する軸。
	革新	革新	職務の遂行にあたり, 当該ポジションにどのような革新が求められるかを評価する軸（前例のない革新的な技術開発, 新製品開発, 会計システムの変更, 業務プロセスの日々の改善, マニュアルに基づく作業など）。
		複雑性	上記の革新の実現にあたり, どの程度複雑・多面的な問題解決が必要かを評価する軸（業務の複雑性, 業務の複雑性に加えて, 人事や財務要素が関係する複合的／多面的な問題解決など）。
	知識	知識	対象となるポジションに求められる知識や経験を評価する軸。
		チーム	ポジションが管掌する組織を評価する軸。配下の部下構成とその人数によって評価される（部下の人数, 下に中間管理職がいるかなど）。
		広がり	ポジションが管掌する地理的範囲を評価する軸（ドメスティック, リージョナル, グローバル）。
	危険	リスク	通常の労働環境において, 対象となるポジションが心身に受けるリスクレベルを評価する軸（ストレス, 精神的プレッシャー, 怪我, 身体障害, 死亡など）。
		環境	リスク・エクスポージャーを評価する軸（低, 中, 高）。

Copyright ©2019 Mercer Japan Ltd. All rights reserved.

●報酬ベンチマークの実証例

　この例では，買収対象会社の一般従業員の報酬ベンチマークを行いたいというクライアントの意向があった。とりわけクライアントとして，ある部門（ここではX部門と呼ぶ）が買収対象会社の成長を牽引しており，その人材リテンションを重視していたのだが，デューデリジェンスを進める中で，X部門の離職率が相対的に高いことが判明した。そのため，報酬ベンチマークを実施する前に，X部門の離職者の報酬水準を分析した。報酬哲学（Compensation Philosophy）として成果主義（Pay for Performance：パフォーマンスに対して支払う）の考えをとっている会社であれば，優秀な人材ほど報酬水準が高くなる傾向になる。X部門の離職者の報酬水準を個別に見ていくと，同じ職位の報酬水準平均を下回る傾向が見られた。また離職した年の昇給率が前年比で0％もしくはマイナスとなっている傾向も見られた。

　買収対象会社においては，優秀な人材が流出しているのではなく，パフォーマンスの低い人材の報酬を意図的に抑え，優秀な人材のみが会社に残ってくれればよいと考えていたと推察される。

　そのうえで，離職せずに会社に残っているX部門従業員の過去3年間の昇給率を分析したところ，図表4－12の結果となった。買収対象会社全体の昇給率平均が12％，エンジニアリング業界におけるマーケットの昇給率平均が8～10％であったのと比較して，明らかに高い昇給率となっている傾向が見て取れた。なお図表4－12の凡例にあるエグゼクティブ，シニアエグゼクティブというのは，経営トップ層ではなく，トレーニーの次くらいに位置するジュニアポジションのことを指す（インドではよく見られる呼称である）。

第4章 人事デューデリジェンス

図表4-12 　X部門　過去3年間の昇給率

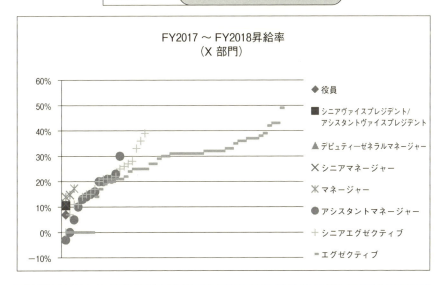

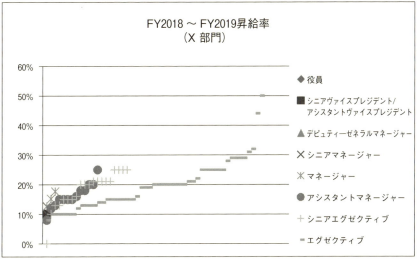

Copyright ©2019 Mercer Japan Ltd. All rights reserved.

　ここまでのところで，買収対象会社の考えとして，優秀人材に対して社内で相対的に高い報酬で報いようとしており，会社に残った優秀人材は昇格するに

つれて報酬水準が上がっていくような仕組みになっていることがうかがえた。次に考えるべきは，買収対象会社の報酬水準が社外の市場水準と比べて市場競争力のあるものになっているのかという点であり，その検証を行うために報酬ベンチマークを実施した。その結果が，図表4-13に示されている。X部門，Y部門のいずれにおいても，職位が低い従業員については，50％ile（マーケット中央値）を下回る結果となった。他方，X部門（買収対象会社の成長を牽引している部門）の職位が高い従業員については，概ね50％ileの範囲に収まっていた。

　あわせて人事担当役員・部長への人事インタビューを行ったところ，報酬哲学（Compensation Philosophy）として，マーケットの50％ileをターゲット基準としつつ，トップ15％の層の人材リテンションを重視しているとのことであった。この考え方が，報酬ベンチマークの結果にも表れている。この例では，会社の成長に不可欠なX部門の職位が高い従業員の報酬水準は市場競争力のある水準であることが確認できた一方，職位が低い従業員については市場水準を下回っているという課題も浮き彫りになった。

　なお報酬が市場水準を下回るからといって，市場水準相当まで引き上げるべきということではない。買い主の報酬哲学（Compensation Philosophy）によって判断することになる。

　このように外部競争力の検証という観点での報酬ベンチマークは，現行の報酬水準が市場と比べてどのような位置にあるかを明らかにし，従業員の報酬を今後どうするかという判断材料として有用である。

図表4－13　報酬ベンチマーク

Department (部門)	Job Level (職位)	Headcount (人数)	Target Company: Total Cash Compensation (Annual base + Short-term incentive) 買収対象会社：総現金報酬（基本給＋短期インセンティブ） Minimum Salary (最小値)	Median Salary (中央値)	Maximum Salary (最大値)	Market: Total Cash Compensation (Annual base + Short-term incentive) マーケット：総現金報酬（基本給＋短期インセンティブ） 25th %tile (INR) (マーケット25th %tile)	50th %tile (INR) (マーケット50th %tile)	75th %tile (INR) (マーケット75th %tile)	Deviation % from 50th %tile 対マーケット50th %tile 乖離率
X部門	シニアマネージャー	1	2,632,020	2,632,020	2,632,020	1,922,438	2,080,484	2,346,841	27%
	マネージャー	3	1,417,500	1,426,020	1,880,040	1,183,829	1,223,102	1,460,333	17%
	アシスタントマネージャー	15	780,000	1,052,820	1,545,600	860,631	1,150,865	1,369,491	−9%
	シニアエグゼクティブ	20	387,540	570,000	1,065,120	594,898	693,513	885,513	−18%
	エグゼクティブ	75	216,000	385,920	552,000	363,017	435,812	572,773	−11%
Y部門	シニアマネージャー	1	2,469,329	2,469,329	2,469,329	1,951,123	2,058,848	2,228,955	20%
	マネージャー	3	637,671	1,000,020	2,037,423	1,364,219	1,416,420	1,459,976	−29%
	アシスタントマネージャー	6	480,000	711,023	1,001,301	876,373	1,290,769	1,409,567	−45%
	シニアエグゼクティブ	1	480,319	480,319	480,319	706,505	853,055	976,327	−44%
	エグゼクティブ	2	286,253	336,573	386,892	352,405	459,846	561,361	−27%

Copyright ©2019 Mercer Japan Ltd. All rights reserved.

(3) デスクトップデューデリジェンスによる情報収集

　通常デューデリジェンスを実施するタイミングはいつかと問われると、売り主と買い主の間でMOU（基本合意書）やLOI（意向表明書）締結後～買収契約サイニングまでの間を想起される方が多いかもしれない。買収対象会社の非公開情報に基づくデューデリジェンスという意味では、このタイミングになるが、MOUやLOI締結前のタイミングでデスクトップデューデリジェンスを行うことも可能である。デスクトップデューデリジェンスとは、買収対象会社が上場企業である場合に、公開情報を基に行う初期的なデューデリジェンスのことである。デスクトップデューデリジェンスでは、経営陣の報酬分析を行い、経営者リテンションリスクを初期的に把握することに主眼が置かれる。

例えば，買収対象会社が，米国の上場企業である場合には，SECへの提出が義務づけられている10-K（日本の有価証券報告書に相当する）やProxy Statement（株主総会議案書）等の公開情報を基に，そのような分析を行う。

デスクトップデューデリジェンスを行うメリットとしては，事前に経営者リテンションリスクを把握することで，MOU（基本合意書）やLOI（意向表明書）において，後の経営者報酬設計上の制約となる縛りを入れすぎないようにする，経営陣のリテンションコストの規模感を先行して把握するといったことが挙げられる。またMOUやLOI締結後から買収契約サイニングまでの間が限られている場合にも，このような初期的なデスクトップデューデリジェンスを実施しておくことで，非公開情報に基づく人事デューデリジェンスにスムーズに移行できるメリットがある。

経営陣の報酬分析以外の分野では，主要な従業員ベネフィット（医療保険，年金等）の概要，コストの把握，買収対象会社のデモグラフィー（人員規模，分布）の把握，労働当局からの是正勧告の有無（残業代の未払いやDC年金の拠出金支払いの遅延等）を確認できる場合もある。

(4) 退職給付制度
① 確定給付年金（DB）

人事デューデリジェンスにおいて，年金や退職一時金等の退職給付制度の分析も重要なポイントである。年金はその性質により，会社が従業員に対して一定の年金の支払いを約束して積立を行う確定給付年金（DB），会社，従業員の双方が年金拠出を行い，年金資産の運用は従業員自身に委ねる確定拠出年金（DC）の2つに分けられる。

人事デューデリジェンスにおいては，法定の公的・企業年金制度，法定の年金を補完する任意の企業年金それぞれについて，制度内容の把握（DB，DCの別を含む），M&Aの買収ストラクチャーに応じた買収後の制度の移管・制度変更についての示唆出しを行う。また対象会社にDBが存在している場合には，売り主が主張するDB債務額が妥当であるかの評価も行う。

100％株式買収の場合には，基本的に対象会社の年金制度を承継することになるため，DB債務額をどう評価するかというのが主要な論点になる。DB債

務額は，一般にDebt-like item（負債性項目）として，買収価格で調整されるため，売り主としてはできるだけ小さい額で評価したいという意向が生じるからである。売り主がDB債務額を開示する際，ローカルGAAPで評価している場合，米国会計基準（US GAAP）または国際会計基準（IFRS）で評価する場合と比べて大幅な過小評価となっていることが多々ある。

また欧米では，複数事業主年金制度（MEPP：Multi-Employer Pension Plan）が普及している。この制度の実態は，DBの性質をもっているが，個別の事業主ごとの債務を計算することが事実上困難なことから，企業のバランスシートには債務計上しなくてよいこととなっている（会計上はDCかのように扱われる）。売り主としては，MEPP（複数事業主年金制度）をDCとして扱うよう主張する意向をもちやすいが，買い主としては，実態はDBなのであるから，DBとしての債務評価に含めることを主張すべきである。

一部門の買収など事業譲渡の場合には，前述の債務評価方法に加えて，どこまでを承継範囲とするかという点も重要である。基本的には，年金制度を分割して承継することになるが，現役従業員のみを承継対象とするのか，退職済み従業員まで承継範囲に含めるのかというのが交渉事になる（なお国によっては，法令上，現役・退職済み従業員の双方分を包括承継しないといけないと定められている場合もある）。

買収対象会社にDBが存在している場合には，財務報告のためにDB債務の数理計算レポート（actuarial valuation report）というものが毎年作成されている。人事デューデリジェンスにおいて，これは欠かせない情報である。売主が開示するDB債務の根拠となる，割引率，死亡率等の計算の前提条件が記載されているからである。これら前提条件が妥当なものであるかの確認を行い，必要に応じて買い主の考える妥当な前提条件を売り主に提示し，価格調整の交渉を行っていく。

なおDB債務の精緻な評価を行うためには，個人別の報酬データ等が必要であるが，通常デューデリジェンス段階ではそのような情報までは開示されない。したがって，デューデリジェンス段階では，DB債務の数理計算レポートに基づいたハイレベルな債務評価が限界である点に留意が必要である。こうした場合は，クロージング時点での価格調整によって精緻な評価を買収価格に反映す

ることが一般的である。

役員向けの制度も見落とさないように注意が必要である。一般従業員に対して提供されている年金制度とは別に，付加的に役員向け企業年金（SERP：Supplemental Executive Retirement Plan）が存在している場合がある。加えて，米国では主に役員を対象として，退職者医療給付や生命保険などのその他の退職後給付（OPEB：Other Post-Employment Benefits）が存在していることも多い。SERPやOPEBは，通常DBの性質をもっていることが多い（会計上債務として計上される）ため，これらについてもDebt-like item（負債性項目）に含める必要がある。

また長期勤続に対して一定の給付を行う制度（Long Service AwardsやJubilee Planと呼ばれる）が買収対象会社に存在している場合には，同様にDebt-like itemとして取り扱う必要がある。

② 確定拠出年金（DC）

法定の公的・企業年金制度としてDCが整備されている国がデューデリジェンスの対象に入っている場合には，対象会社が法令で定められている最低限の拠出率を遵守しているかを確認する。

マレーシアやインドのEmployees' Provident Fund（EPF），オーストラリアのSuperannuationが法定のDC型企業年金制度の例としてあげられる。DCの給付水準が法的要件を満たしているか（法改正により拠出率引き上げが予定されている場合には，その対応を行っているか）を確認したうえで，それら制度上において付加給付がある場合には，その水準が市場慣行相当か上回っているかの確認も行う。例えばマレーシアのEPFでは付加給付は一般的でないが，企業が任意で付加給付を行うケースも散見される。

デューデリジェンスでは，このような給付水準の確認に加えて，拠出金支払いの遅延等の問題が起きていないかもあわせて確認する。拠出金未払いがあった場合には，労働当局が買い主に対して，過去の未払い分および罰金を課すリスクがあるため，そのようなリスクが発見された場合には，買収契約における補償条項（Indemnity）に反映させる等の対応が必要となる。

法定の年金制度としてDCがない国においても，企業の任意によるDC型企

業年金が存在することも多い。近年，資産運用環境が厳しくなる中で，過去にDB型企業年金を提供していた企業が，DC型企業年金に移行しているケースも多く見られる（既存のDBへの積立を凍結し，DCに移行している企業では，DBとDCが混在している）。これらDC型企業年金制度についても，前述同様，給付水準の確認および拠出金の未払いがないかの確認を行う。

なお，米国固有の論点として，DC制度（401k）の非差別テスト（NDT：Non-Discrimination Testing）への対応もM&Aに際して検討が必要な点としてあげられる。

上記が年金の取扱いに関する概要となるが，その詳細については，本章 **4** 年金デューデリジェンスを参照いただきたい。

(5) 福利厚生

① M&Aに伴う福利厚生分析のポイント

以下に，本章の始めに説明した報酬構成全体像（図表4－7参照）を再掲している。

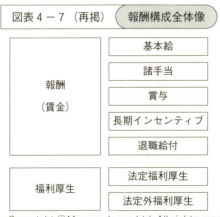

従業員にとって，報酬だけでなく福利厚生も重要な処遇条件の1つである。各国でよく見られる福利厚生の代表例として，医療保険，生命保険，AD&D

保険（Accidental Death and Dismemberment insurance），障害保険等があげられる（各々の詳細については後述する）が，各種福利厚生の中で，従業員が重視する項目は，国によって異なる。例えば，日本では社宅や住宅補助が重視されるのはイメージしやすいところだが，米国では医療保険が重視される。

　M&A時には，福利厚生も含めた処遇条件を一定期間維持することを買収契約で規定することが多い。それ以外にも，各国の法令や買収ストラクチャーによっては，クロージング直前の労働契約が承継されるケースもある。

　なお，一部門の買収など事業譲渡においては，福利厚生が売り主グループ親会社に紐付いていることもあるため，「全く同一の福利厚生」を買い主として提供することが不可能なケースもある。そのような状況下で，福利厚生の処遇条件の一定期間維持が買収契約で規定されている場合には，給付水準が同等の代替制度を買主として立ち上げたり，金銭で補填したりといった対応を検討する。

　また買主の既存現地拠点の福利厚生制度に統合する場合には，各々の福利厚生の観点では，給付水準や負担コストを比較したときに優劣が当然出てくる。そのような場合を想定し，買収契約上，「総体として同等の福利厚生を提供する（comparable benefits in the aggregate）」といったような文言を規定することが一般的である。実際に福利厚生制度の統合を行う場合には，デューデリジェンスの一環として，処遇条件の比較分析（Side-by-Side analysis）を行うことがある（図表4－14参照）。Side-by-Side analysisの詳細についてはここでは割愛するが，報酬，福利厚生，労働条件（有給休暇の付与日数等）の項目ごとに，給付水準およびコスト負担（会社負担・従業員負担）双方の観点から，比較分析を実施するものである。

第4章 人事デューデリジェンス　85

図表4－14　処遇条件の比較分析

買主制度の給付水準＞売主制度の給付水準
買主制度，売主制度間で給付水準に大きな差異なし
買主制度の給付水準＜売主制度の給付水準

報酬	法定福利厚生	医療保険	その他保険	労働条件
基本給／賞与／その他個別のボーナス	公的年金	医療保険／歯科保険／眼科保険	生命保険／短期障害保険／長期障害保険	年次有給休暇／特別休暇／傷病休暇

Copyright ©2019 Mercer Japan Ltd. All rights reserved.

　先ほど，米国では医療保険が重視されると述べたが，これは米国では公的医療保険制度だけでは，給付水準が十分でないため，企業が提供する民間の医療保険の位置づけが大きいためである。米国では，このような状況を改善するために，2014年に医療保険制度改革法（PPACA：Patient Protection Affordable Care Act，通称オバマケア）が施行された。これは米国固有の論点ではあるが，米国におけるデューデリジェンスでは重要な点であるため，概要を説明する。

　従来米国では公的医療保険制度として，低所得者向けのMedicaidと65歳以上の高齢者向けのMedicareのみ存在しており，それ以外には民間医療保険に加入するしかなかった。しかしながら，民間医療保険に加入しても慢性疾患は保険対象外になる場合などの問題があり，保険未加入者も多数存在していた。十分な医療給付がなされるような医療保険への加入を政府が義務づけることにより，従来までの状況を改善する目的でオバマケアが施行された。

　オバマケアでは最低限の給付水準（Minimum Essential Coverage）と呼ばれる給付水準の条件を満たす医療保険への加入が義務づけられ，未加入者には

罰金[4]が科せられる。当該条件を満たす医療保険は連邦政府や州政府が運営するマーケットプレイスと呼ばれるウェブサイトにて購入可能である（図表4－15「マーケットプレイスで購入できる保険の種類イメージ（例：NY州）」参照）。

なおオバマ大統領の後に大統領に就任したトランプ大統領は，オバマケア廃止を公約に掲げており，オバマケア廃止法案の成立を試みたが，2017年7月に米上院で否決されている。

米国のデューデリジェンスにおいては，買収対象会社の医療保険が最低限の給付水準（Minimum Essential Coverage）を満たしているかの確認が引き続き必要である。

図表4－15　マーケットプレイスで購入できる保険の種類イメージ（例：NY州）

	医療保険料	医療保険のカバー率 （　）内は自己負担率	医療保険の免責額： Deductible
プラチナ	非常に高い	90%（10%）	非常に低い
ゴールド	やや高い	80%（20%）	低い
シルバー	高い	70%（30%）	高い
ブロンズ	高い	60%（40%）	やや高い
カタストロフィック	非常に低い	30歳未満のみ加入できる保険。Deductibleが高く，保険料が低い代わりに保険利用時に制約が設けられている

Copyright ©2019 Mercer Japan Ltd. All rights reserved.

② 医療保険

人事デューデリジェンスで医療保険を見る際のポイントは，医療保険が前述の米国におけるオバマケアのような法定要件を満たしているか，給付水準およびコスト負担（会社負担・従業員負担）が妥当な水準にあるかということであ

---

[4] 2015年には大人1人につき$325，子供1人につき$162.50（世帯で$975まで），または世帯所得の2％。2016年以降は大人1人につき$695，子供1人につき$347.50（世帯で$2,085まで），または世帯所得の2.5％。従業員50人以上の企業には，企業による医療保険の提供を義務づけ，違反した場合は社員1人あたり2,000ドルの罰金。

る。給付水準とは，入院や外来時に保険でどれくらいの金額がカバーされるのか（Sum assuredまたはSum insuredと呼ばれる）ということである。保険会社が提供するプランによっては，従業員だけでなく，配偶者や家族も医療保険の対象とできる仕組みになっていることも多い（保険料は上乗せとなる）。

またコスト負担とは，保険料がどれくらいなのか，会社，従業員双方の負担率はどれくらいなのかということである。デューデリジェンスを通じて，給付水準やコスト負担が市場慣行と比べて著しく下回っていることが判明した場合には，M&Aを機に保険の見直しも検討する余地がある。また米国では，保険会社を通じた保険提供ではなく，自家保険（Self-insured）となっている場合もある。自家保険とは，被保険者である従業員（またはその家族）がその年にかかった医療費の会社負担分について，会社が保険会社からの請求に基づき支払を行う制度である。自家保険である場合には，多数の従業員が病気にかかった場合の会社負担医療費が多額になるリスクがあるため，M&A時に保険会社が医療費を負担する完全保険型（Fully-insured）に切り替えることも一案である。

自家保険が存在している場合には，データ開示請求を通じて，直近数年の従業員の医療費申請の傾向を把握する。また医療費等の支払備金はIBNR（Incurred But Not Reported Liability）として，バランスシートに計上されるため，デューデリジェンスにおいてはIBNRの確認も行う。

米国の人事デューデリジェンスに携わるとDeductible，Co-Pay等，米国の医療保険特有の用語が出てくる。簡単に関連用語を説明する（図表4－16「米国の医療保険プランの例」参照）。

- Co-Pay：Office Visit（簡単な問診）や予防に関連した医療費や処方箋（Rx）における自己負担額。図表4－16「米国の医療保険プランの例」では，Plan A 250/Plan B500加入者が支払うCo-Payは，かかりつけ医＄25，専門医＄50となっている。Office Visitごとに，この自己負担が発生する
- Deductible：保険会社が保険金を支給し始める前に，保険加入者が支払う自己負担額のこと（手術や入院など，大きな病気や怪我をした場合のみが対象で，Office Visitや予防の際には対象外となる）

- Co-Insurance：Office Visitや予防以外に関連した医療費における，保険加入者がDeductibleを支払った後の自己負担割合
- Out of Pocket Maximum：Co-Pay，Deductible，Co-Insuranceの年間自己負担額合計の上限

　図表4 - 16にあるとおり，米国では従業員自身が自分の状況に一番合っていると考えるプランを毎年選択することができる（Open-Enrollmentと呼ばれる）。例えば健康に自信があり，自分が病気にかかる可能性が低いと判断する従業員は，Deductibleが高いプラン（HDHP：High Deductible Health Plan）に加入する。HDHPプランは，相対的に保険料が安いためである。

　なお図表4 - 16にある，HSAとは，Health Savings Accountの略であり，HDHP加入者が使用できる口座を意味する。従業員または会社が一定金額をHSAに拠出し，この口座の中から医療費の自己負担を行う。HSA内で資産運用を行うこともできる。HSAへの入金およびHSA内の資産運用によって得られた利子は非課税となるメリットがある。

　図表4 - 15「マーケットプレイスで購入できる保険の種類イメージ（例：NY州）」において，オバマケアの最低限の給付水準（Minimum Essential Coverage）について説明したが，デューデリジェンスにおいては，医療保険プランごとに算出されるActuarial Value（数理的価値：医療保険の給付額を医療費総額で割った値の予測平均値）が，Minimum Essential Coverage[5]を満たしているかという確認を行う。図表4 - 16で，HSA Plan 3000のActuarial Value 71.6というのは，医療費の71.6％を保険でカバーし，28.4％が自己負担という意味である。マーサーでは，MedPriceと呼ばれる評価モデルに基づいて，Actuarial Valueを算出している。

　米国では，医療保険の他に，歯科保険や眼科保険も会社が提供していることが多いため，人事デューデリジェンスでは，これらの給付水準，負担コストについても同様に確認を行う。

5　オバマケアの最低限の給付水準は，「Actuarial Value≧60％」と定められている。

図表4－16　米国の医療保険プランの例

In-Network Benefits 提携医療機関ネットワーク内	Plan A 250	Plan B 500	HSA Plan A 1500	HSA Plan B 3000
Enrollment（#of employees） （加入者）	200	30	25	10
Deductible （年間自己負担額） 　*Single*（独身） 　*Family*（家族）	 $250 $750	 $500 $1,000	 $1,500 $3,000	 $3,000 $6,000
Out-of-Pocket Maximum （年間自己負担限度額） 　*Single*（独身） 　*Family*（家族）	 $1,500 $3,000	 $3,000 $6,000	 $3,000 $6,000	 $5,000 $10,000
Co-Insurance（自己負担割合）	0%	10%	10%	10%
Co-Pay（Office Visit） （自己負担額（診療）） 　*Primary Care Physician* 　（かかりつけ医） 　*Specialist*（専門医）	 $25 copay $50 copay	 $25 copay $50 copay	 10% after deductible	 10% after deductible
Emergency Room（救急医療）	$200 copay	$200 copay	10% after deductible	10% after deductible
Hospitalization 　*Inpatient*（入院）	0% after deductible	10% after deductible	10% after deductible	10% after deductible
Retail Rx Copays （処方箋 Copays） 　*Tier 1* 　*Tier 2* 　*Tier 3*	 $10 $30 $50	 $10 $30 $50	After deductible $10 $30 $50	 $10 $30 $50
Employee Contributions （保険料（従業員負担額）） 　*Employee Only*（従業員自身） 　*Employee + Spouse* 　（従業員自身＋配偶者） 　*Employee + Child*(ren) 　（従業員自身＋子供） 　*Family*（家族）	 $119.90 $252.68 $225.83 $370.78	 $107.80 $227.19 $203.05 $333.36	 $90.35 $190.40 $170.17 $279.39	 $74.90 $157.84 $141.07 $231.60
Actuarial Value（数理的価値）	91.2	86.5	77.9	71.6

Copyright ©2019 Mercer Japan Ltd. All rights reserved.

③ 生命保険／AD&D保険

事故により従業員が死亡した場合に，従業員の家族に支給される生命保険は，日本でも馴染みがあると思うが，海外ではAD&D保険（Accidental Death and Dismemberment insurance）というものが普及している。これは，事故により手足や視力を喪失した際に給付が行われる保険である。生命保険とAD&D保険が一体となって提供されていることが多い（図表4-17「生命保険／AD&D保険プランの例」参照）。

生命保険は，団体生命保険（GTL：Group Term Life）として提供されていることも多い。また団体傷害保険（GPA：Group Personal Accident）もよく見られる。これは事故により手足や視力を喪失した際の給付だけでなく，窃盗被害を受けた場合なども給付対象に含まれていることが多い。

生命保険／AD&D保険は，保険料の100％を会社が負担していることが多い。さらに付加給付を追加したい従業員は任意で追加の保険料を払うことで，補償内容を充実させることができる（追加保険料の100％を従業員が負担）。

図表4−17　生命保険／AD&D保険プランの例

Life/AD&D Plans （生命保険 / AD&D 保険）	Coverage （給付水準）
Basic Life/AD&D （生命保険 / AD&D保険（基本プラン））	
Carrier（保険会社）	X Life
Benefit（給付金額）	2x annual salary up to $700,000 （年収の2倍（上限 $700,000））
Employer/employee cost sharing （保険料従業員負担率）	100% employer-paid （100％雇用主負担）
Voluntary Life/AD&D （生命保険 / AD&D保険（任意付加保険））	
Benefit（給付金額上乗せ幅） 　Employee（従業員自身） 　Spouse（配偶者） 　Child(ren)（子供）	Increments of $10,000（$10,000刻み） Increments of 　$5,000（ $5,000刻み） Increments of 　$2,500（ $2,500刻み）
Benefit maximum（給付金額上限） 　Employee（従業員自身） 　Spouse（配偶者） 　Child(ren)（子供）	$2,000,000 $100,000 $10,000
Employer/employee cost sharing （保険料従業員負担率）	100% employee paid （100％従業員負担）

Copyright ©2019 Mercer Japan Ltd. All rights reserved.

④ 障害保険

　従業員が病気や怪我により，就業不能になった場合に，所得補償がなされるのが障害保険である。就業不能の期間が短期であれば（STD：Short-term Disability），長期であれば（LTD：Long-term Disability）と呼ばれる。LTDには，就業不能になってから受給開始までの待機期間（Elimination period）が通常設けられている（図表4−18「障害保険プランの例」参照）。STD，LTDともに，保険料の100％を会社が負担していることが多い。

　なお米国ではカリフォルニア州やニューヨーク州などでは，会社がSTDを提供することが義務づけられている。

図表 4－18　障害保険プランの例

Disability Plans （障害保険）	Coverage （給付水準）
Short-term Disability（STD） （短期障害保険）	
Carrier（保険会社）	X Life
Benefit（給付金額）	50% of base salary（基本給の50％）
Benefit maximum（給付金額上限）	$500 per week（$500/週）
Employer/employee cost sharing （保険料従業員負担率）	100% employer-paid （100％雇用主負担）
Long-term Disability（LTD） 長期障害保険	
Carrier（保険会社）	X Life
Elimination period（待機期間）	180 days（180日）
Benefit（給付金額）	60% of monthly earnings（月給の60％）
Benefit maximum（給付金額上限）	$9,000 per month（$9,000/月）
Benefit duration（給付期間）	Retirement Age（退職時年齢）
Employer/employee cost sharing （保険料従業員負担率）	100% employer-paid （100％雇用主負担）

Copyright ©2019 Mercer Japan Ltd. All rights reserved.

⑤　その他福利厚生

　福利厚生には，ここまで述べたもの以外にも，出張時の旅行保険，Company Car，健康診断，Gym Membership，Meal Voucher，食堂，従業員支援プログラム（EAP：Employee Assistance Program，健康づくり，医療相談等ができるホットライン），送迎シャトルバスなど，会社によって多種多様なものが提供されているが，これら1つ1つが人件費に占める割合は小さいため，デューデリジェンスでは優先順位の観点からすべて網羅的に分析するとは限らない。ただし，一部門の買収など事業譲渡の場合には，これら1つ1つについても，クロージングまでに同等の福利厚生を立ち上げる必要があるため，この

ような場合にはクロージングを見据えて，デューデリジェンスから1つ1つ細かく見る場合もある。

⑥ 出向者パッケージ

　買収対象会社に出向者がいる場合には，M&Aに伴い当人が売主側に帰任するのか，あるいは買主側に転籍するのかの確認をまず行う。そのうえで，当人の出向契約のデータ開示請求を行い，処遇条件の詳細を確認することが必要である。通常，出向者の処遇条件は，モビリティーポリシーに規定されていることが多い。図表4－19は，モビリティーポリシーの一例を示している。出向期間が短期の場合は，日当ベースの出張規定や短期派遣（Short Term Assignment）でカバーされることもあるが，欧米では，出向期間が3年から5年といった中長期にわたる場合に，グローバル／リージョナル異動ガイドライン（Global/Regional International Assignment Policy：IAP）が存在していることが一般的である。

図表4－19　モビリティーポリシー例

| Business Trip (出張) Per diem (日当) | Short Term Assignment (短期派遣) Per diem (日当) | Global International Assignment Policy (グローバル異動ガイドライン) |
| | | Regional International Assignment Policy (リージョナル異動ガイドライン) |

International Assignment Policy（海外間異動のガイドライン）

Copyright ©2019 Mercer Japan Ltd. All rights reserved.

M&A後も，買収対象会社で提供されている出向パッケージと同等の処遇条件を維持できるように検討するのが基本だが，ローカルの市場慣行と比べて処遇条件が手厚すぎる場合には，処遇条件の見直しを行う場合もある（現地の法令上，見直しが可能である前提）。

なお出向パッケージの基礎となる国際的に通用している体系として，購買力補償方式というものがある。これは，本国勤務を想定した場合に支給される給与から「本国生計費」を算出し，本国と出向先の物価・為替の差を考慮して，出向先でも同等の購買力を補償するという考え方である（図表4-20「購買力補償方式の考え方（原則）」参照）。

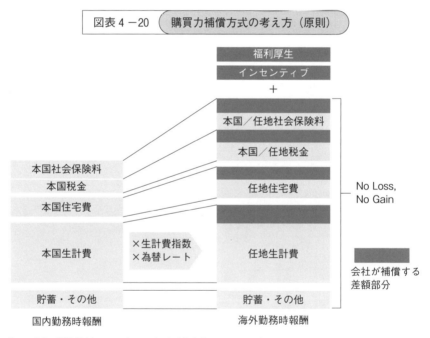

Copyright ©2019 Mercer Japan Ltd. All rights reserved.

(6) 雇用に関するポリシーと運用
① 雇用契約／就業規則

　従業員にとっては、報酬や福利厚生だけでなく、労働条件も重要な要素である。したがって、通常の人事デューデリジェンスでは、労働条件・雇用に関するポリシーと運用の実態についても確認を行う。労働条件・雇用に関するポリシーは、就業規則（欧米ではEmployment Handbookと呼ばれることが多い）に規定されている。

　労働時間（休憩時間）、有給休暇、病気休暇や特別休暇の付与日数および条件（未使用の休暇を翌年に繰り越せるか等）、残業代の条件等は、従業員のモチベーションに大きく影響を与える。M&A時に、労働時間や休暇の付与日数を、買い主の既存現地拠点の条件に統一を行おうとする場合には注意が必要となる。

　特に買い主が裁量労働制を適用している場合において、買収対象会社では残業代を支給されていた従業員が、買い主の裁量労働制を適用されることによって、手取り年収が下がる可能性がある。残業代は残業時間の発生ベースで支給金額が変わるため、どこまでを不利益変更として補償するかは議論が分かれる。影響を受ける従業員の残業代支給実績を確認のうえ、必要に応じて喪失分を金銭で補填することも検討する必要がある。

　労働条件の統合が生じない場合にも、買収対象会社の労働時間や休暇付与日数が、その国の労働法に則ったポリシーとなっているか、運用の実態も法令を遵守しているかという観点での確認が重要となる。例えば欧州では、EU指令により時間外を含めた労働時間の上限が、週48時間と定められている。中国においては、買収対象会社において、残業代の未払いが存在していることがあるため、残業代の条件、運用実態について特に注意して確認する必要がある。

　人事デューデリジェンスにおいて労働条件を確認する際には、就業規則（Employment Handbook）だけでなく、一般従業員の標準的な雇用契約の雛形（組合員、非組合員で種別が分かれていることが多い）、労働協約（CBA：Collective Bargaining Agreement）についても見る。またセベランス（解雇手当・離職手当）やNotice Period（退職時の通知期間のことを指す。雇用主が解雇する場合、従業員が自主退職する場合、それぞれ条件が異なる場合あり）

については，個別のポリシーが存在していることが多い。セベランス，Notice Periodともに勤続年数に応じて，条件が変わることが多い。各国ごとに，セベランスやNotice Periodの法定水準，市場慣行が異なるため，双方の観点で水準の確認を行う。

　一部門の買収など事業譲渡の場合には，従業員の個別同意を得て，売り主との雇用契約を解除し，買い主と新たに労働契約を結ぶことになる。したがって，事業譲渡の場合には，何もしなければ，既存のセベランスポリシーに基づいてセベランスあるいはPayment in lieu of notice（解雇予告期間に先んじて解雇が生じる場合の金銭補填）の支払いが行われてしまい，従業員の離職リスクを高めてしまう。

　実務的には，従業員の個別同意を得る際に権利放棄文書（No claim letter）等への署名を求めることで，そのような事態を回避することが多い。つまり，勤続年数に応じて給付条件が定められているプランやポリシー（セベランスをはじめとして，退職給付，長期勤続表彰（Long Service Award）や有給休暇の付与日数）がM&Aの際に適用されないよう，売り主の下での勤続年数を買い主の下でも通算する代わりに，以後給付について申し立てを行わない旨，従業員と合意するということである。

　労働条件を確認する際，一般従業員の標準的な雇用契約の雛形を見ると前述したが，経営陣あるいは優秀人材には，そのような標準的な雇用契約とは異なる個別の雇用契約が存在することが多い。米国においては，雇用主と従業員双方が，いつでも雇用関係を終了させることができる随意雇用（At will）の原則が前提になっており，必ずしもすべての従業員と雇用契約を書面で締結する必要はない（明示または黙示の契約形態が可能）。

　経営陣あるいは優秀人材との雇用契約（米国ではオファーレターの形式を取ることも多い）を見る際には，前述したセベランス（解雇手当・離職手当）やNotice Period（退職時の通知期間）に加えて，雇用契約期間，Company Car（社有車，リース），競業避止・引き抜き行為禁止条項（Non-compete and Non-solicitation）も確認すべき重要なポイントである。

② 労働協約／Works Council Agreement

　人事デューデリジェンスが始まってすぐの段階では，売り主に対して初期的なデータリクエストを作成して基礎情報を得る段取りを踏むことがよくある（案件によっては，買い主からデータリクエストを出す前に，まず売り主がまとまった基礎情報を出してくる場合もある）。このような初期的なデータリクエストを行う際には，各国における労働組合・労使協議会（Works Council）の有無を確認し，労働組合が存在する拠点については労働協約（CBA）の開示依頼を含めることが必須である。なおオーストラリアにおいては，労働協約はEnterprise Agreementと呼ばれる。

　労働協約では雇用主と従業員との間で労使交渉を行う事項が規定されており，定期的に更改される。労働協約に基づいて昇給の交渉が行われたり，労働協約において組合員固有の年金や福利厚生プランの処遇条件が規定されたりすることが一般的である。欧米においては，産業別労働組合に属していることも多く，必ずしも事業所単位で労使交渉が行われるわけではない。労働協約上では，一定期間の雇用主による解雇を禁止し，当該期間中に雇用主が解雇を行った場合には，当該従業員に対する追加の支払い義務を定める雇用保証が含まれることがある。

　欧州においては労働協約を補完するWorks Council Agreement（WCA：労使協議会協約）も別途存在する。WCAにおいては，労働協約でカバーしていない労働条件や労働環境について規定される。WCAはあくまで補完的な位置づけであるため，WCAと労働協約の間で矛盾がある場合には，基本的に労働協約の条項内容が優先する。

　100％株式買収の場合，労働協約およびWCAで規定されている処遇条件は買い主が踏襲することとなる。なお欧州においては，事業譲渡であってもTransfer of Undertakings（Protection of Employment）Regulations（通称TUPE，事業譲渡（雇用保護）規則））に該当する買収ストラクチャーである場合には，処遇条件を同様に買い主が踏襲する必要があり，少なくとも買収初年度に処遇条件を変更することはできない。

(7) 労務リスク
① 組合の状況および労働争議／訴訟

　デューデリジェンスでは年金債務等の財務的なリスクだけでなく，労務リスクの把握も欠かせない。係争中の労働争議や訴訟問題等の具体的な事案についてのリーガルの観点でのデューデリジェンスは法務アドバイザーが行う。人事デューデリジェンスでは，過去および現在における会社，労働組合・労使協議会（Works Council），従業員間の協力関係，コミュニケーションレベル，会社との間で抱える課題，買収後に買い主が負う制約の把握（過去のリストラに伴う合意済み事項等）を行う。

　法務アドバイザーは契約事項，法令順守，係争の法的解釈といった領域を担当し，人事アドバイザーは，前述した事項について，ローカルの市場慣行，実務的観点に照らして問題がないかという観点で確認を行う

　人事の観点での具体的な確認の例は以下の通りである。

- 時間管理に人的エラーが伴う場合は，入退記録と時間外労働時間のギャップ分析実施により債務を認識
- ハラスメント対応窓口や対策委員会の設置など，職場問題の発生状況および対策について把握

---

② リストラの影響分析

　本章**1**(6)②において，欧州の労使協議会（Works Council）について説明したが，ここでは労使協議会の役割についてさらに詳しく解説する。欧州では従業員に影響を与える決定については，経営陣が労使協議会と協議を行うことを求められる。経営陣だけでなく，従業員も会社の決定に関して意見を唱えることができる。

　特にドイツではこの従業員の権利が重要視されており，共同決定権（Co-determination rights）という呼称の概念が広く浸透している。例えばリストラなど従業員に影響を与える事業上の変更を行う際には，労使協議会に対して変更内容の通知を行い，Reconciliation of Interests[6]とよばれる労使協議

会との協議を行う必要がある。変更計画の背景や目的を説明のうえ、雇用主と労使協議会との間で合意文書に署名しなければならない（なお、買収契約の締結のみでリストラ等がない場合には、Reconciliation of Interestsは不要である）。

　さらに、リストラを実施する際には、上記Reconciliation of Interestsに加えて、ソーシャルプランと呼ばれる文書に、リストラにより生じる従業員の不利益の補償方法（セベランスの算定式等）の詳細を定め、雇用主と労使協議会との間で合意文書に署名しなければならない（リストラ時には、Reconciliation of Interestsとソーシャルプランの両方を同時に交渉するのが一般的である）。

　共同決定権（Co-determination rights）が無視されていると判断される場合には、決定事項が無効となる可能性があり、労使協議会は経営陣に対して申し立てを行うことができる。

　M&Aに伴い、一部拠点の閉鎖等のリストラを買い主が計画している場合には、リストラ実施に伴うコスト試算を検討しておくことが望ましい。マーサーでは、人事の観点でのリストラコスト試算についても支援している。人事の領域に限らずこのようなコスト試算では、継続的に発生するコスト（On-going cost）と一時的なコスト（One-time cost）に分けて考えることが基本となる。例えばリストラ実施によりコスト減となるOn-goingの人件費（報酬だけでなく、福利厚生コスト等も含む）や逆にコスト増となるセベランスやアウトプレースメント等の一時的なコストを考慮して試算を行っていく。なおデューデリジェンス段階では、報酬や福利厚生コストに関する個人別の具体的な水準までは基本的に開示されない。したがって、ローカルの市場慣行、実務的観点に基づき一定の前提条件を置いた試算を行うことのできる人事アドバイザーの知見が生きるところである。

(8)　人事機能・組織

①　人事機能・組織とオペレーションの確認

　100％株式買収であれば、基本的には人事機能、ペイロールやHRIS（人事

6　Reconciliation of Interest。直訳すれば従業員の利害の調整を指す。

情報システム）[7]。人事部門スタッフは買い主に承継される（ただし、子会社買収のケースは、必ずしもすべて承継されるとは限らない）。したがって、100％株式買収において、この項目はデューデリジェンスでの確認事項には入るものの、優先順位から考えると、デューデリジェンスで詳細に分析する必要性は高くない。

　確認すべきは、人事組織体制、グローバル・ローカルHRの役割、人員数、ペイロールやHRISの使用状況の把握（ベンダーに外注しているシステムを含む）といったところである。

　他方、一部門の買収など事業譲渡においては、人事機能、ペイロールやHRISの立ち上げが必要となり、人事部門スタッフも一部しか移管されないケースが想定される。特に買収対象会社において、共通機能としてのシェアードサービス、本社機能としてのCoE（Centers of Expertise）、事業部門機能としての人事ビジネスパートナー（HRBP：HR Business Partner）が存在している場合には、当該機能が一部売り主に残り、買い主に移管されないような状況もあり得る。従来の人事部門は機能ベース組織が一般的であった。現在はCoE、HRBP、シェアードサービスの三者による役割ベース組織の体制になっている会社が多く見られるようになってきている（図表4－21「機能ベース組織と役割ベース組織」参照）。

　M&Aにおいては、移管対象人事部門スタッフの現状の役割把握だけにとどまらず、人事部門スタッフの全部が移管されない場合には、買い主として確保すべき人事部門スタッフの要員分析を行わなければならない。また買収後に人事部門スタッフの役割が変わる場合には、新たな役割を明確にするための職務記述書（Job Description）の作成も必要となる。

7　HRISの例として、勤怠管理、業績評価管理、社内トレーニング、タレントマネジメント関連のシステムがあげられる。HRISの開発を内製化している会社もあれば、外部ベンダーのクラウド（SuccessFactors、Workdayなど）／ERPパッケージ（Oracle、SAPなど）を導入している会社もある。

図表4-21　機能ベース組織と役割ベース組織

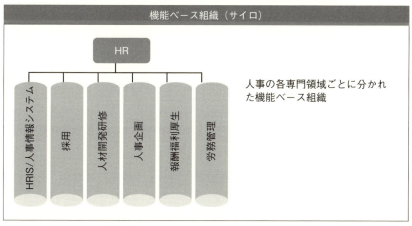

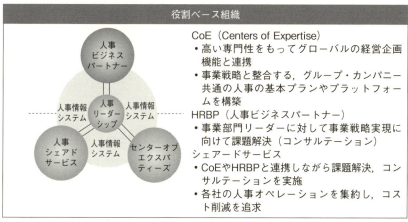

Copyright ©2019 Mercer Japan Ltd. All rights reserved.

　このように一部門の買収など事業譲渡の場合には，人事機能・組織とオペレーションの確認は，優先順位を高くしてデューデリジェンスで確認すべき事項に変わってくる。デューデリジェンスの時点で，クロージングを見据えて買収対象会社の人事機能・組織とオペレーションの現状を把握し，買収後の人事機能の在り方の方針を検討する必要がある。考えられる選択肢としては，以下の4つがある。

> 1．買収対象会社の現状と同様の人事機能をクロージングまでに立ち上げる
> 2．買い主の既存現地拠点の人事機能に統合する（買い主にシェアードサービスが存在する場合は統合しやすい）
> 3．クロージング後の一定期間はTSA（Transition Service Agreement：移行期間の業務委託契約）を締結して，売り主から必要な人事機能・サービスを提供してもらう
> 4．クロージング後の一定期間，移管対象従業員が売り主との雇用関係を維持し，買い主事業に出向するEmployee Leaseを行う

　通常，人事機能やペイロールの立ち上げには4～6か月程度を要するため，予定されているクロージングのタイミングに応じて現実的な選択肢を検討すべきである。TSA（移行期間の業務委託契約）を行う場合には，買い主は売り主に対して，サービスの対価を当然支払わなければならない（一般的に売り主はこのサービスフィーを高めに設定することが多い）。TSAはあくまで暫定的な移行措置であるため，買収後の人事機能の在り方の方針を早い段階で決定し，デューデリジェンス後に，必要な人事機能の立ち上げへと円滑に移行できるように準備しておくことが賢明である。

　ペイロール機能立ち上げにあたっては，移管対象従業員の給与情報だけでなく，個人別の福利厚生コスト（配偶者や家族のコストも含む），401kの拠出金など，様々な情報と連動させる必要がある。このように人事機能の立ち上げは即座にできるものではないため，買収後の人事機能の在り方の方針は早めに決定しなければならない。

　一般的な人事部門の役割としては，以下のものが想定される。移管対象の人事部門スタッフの現状の役割，誰がどのHRIS（人事情報システム）を管理しているか等を把握し，買収後に必要な人事業務を遂行するために十分な体制を確保できているかの確認が必要となる。

■組織設計，リーダー開発
　●要員計画・要員管理

- 人事企画
  - サクセッションプラン
- ■人材フロー関連業務（採用，異動・配置，評価，育成，退社）
  - 人材ソーシング，採用募集，応募者管理，インタビュー
  - オンボーディング・新入社員研修
  - 出向者マネジメント
  - 業績評価管理
  - リテンションプラン
  - セベランス／RIFポリシー
- ■給与管理
  - 報酬哲学，報酬ベンチマーク，昇給・賞与ファンド決定，ペイロールとの連動
  - 給与支給／勤怠管理
- ■年金・福利厚生制度マネジメント
- ■HRポリシー改定
- ■ペイロール・HRIS（人事情報システム）管理
- ■労使関係・組合対応
  - 労使間・従業員間の紛争調停，労働協約改定，従業員サーベイ
- ■タレントマネジメント
  - キャリア開発（Career Development）
  - ダイバーシティ・マネジメント
  - 研修・人材開発（Learning and Development）

(9) 人事制度

① 人事哲学（HRフィロソフィー）・人事戦略

　デューデリジェンスで実施する人事インタビューでは，対象会社の人事哲学について質問することが多い。図表4－22にあるように，本来は人事哲学のもとに人事戦略を決め，各種人事制度の設計の方向性を定めるのがあるべき姿である。人事制度は，企業としてのビジョン，経営戦略，人事哲学の実現を担保したものでなくてはならない。

図表4-22　人事哲学（HRフィロソフィー）・人事戦略

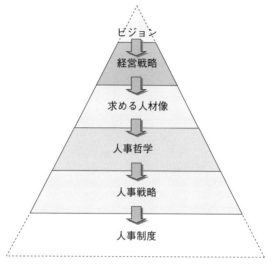

Copyright ©2019 Mercer Japan Ltd. All rights reserved.

　100％株式買収であれば，基本的には人事制度は買い主に承継される（ただし，子会社買収のケースは，人事制度が親会社に紐付いて承継されない場合もある）。したがって，デューデリジェンス時点で人事制度の詳細把握まで行う必要性は高くない。

　他方，買収後に人事制度の統合を考えている場合など，デューデリジェンスの時点で人事制度を把握しておきたい場合には，人事制度のコアとなる等級制度，報酬制度，評価制度の3つに焦点を当てて分析するのがよい。本章❶(1)において，図表4-5「人事戦略の10要素（処遇系と人材フロー系）」について紹介したが，等級，評価，報酬の位置づけを理解しやすいため再掲する。

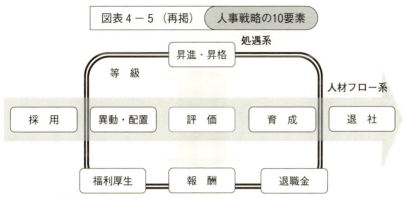

Copyright ©2019 Mercer Japan Ltd. All rights reserved.

等級制度：買収対象企業における社内の序列づけの基準は何か

報酬制度：買収対象企業では，どのようなことに対し報酬が与えられるか

評価制度：買収対象企業では，どのような人材が評価されるか

　この3つの制度は相互に密接に関係している。等級ごとに報酬レンジが決められて，実際の報酬は，評価の結果次第で，報酬レンジ内の上限～下限の間で変動すると考えると，その関係性がイメージしやすいと思う。

② **等級制度**

　等級制度の代表的なものとしては，以下の3つがあげられる。

職能資格制度：職務内容ではなく個人の能力によって序列が決まる

職務等級制度（ジョブグレード）：個人ではなく担当職務の難易度や大きさによって序列が決まる

役割等級制度（ミッショングレード）：職務内容だけでなく，その時々で設定する役割によって序列が決まる

　職能資格制度は，日本固有の制度であり，年功序列・終身雇用を前提として，

長年をかけてジョブローテーションなどを通じてジェネラリストを育成するうえで、日本企業で採用されてきた。職務等級制度は、職務評価の結果をもとに等級が決まるため、職責が明確であり、スペシャリストを育成するうえで、海外で採用されてきた制度である。役割等級制度は、職責を果たすための役割を、期待成果や行動指針等にもとづいて定義する制度であり、その時々の実態に応じて役割を設定できるため、日本では近年この制度を採用している企業も多い。

なお近年の海外企業（特に米国企業）では、ジョブグレードに加えて職種やポジションの概念も取り入れた運用となっているのが一般的である。

図表4－23は職能資格制度のイメージを図示している。海外ではジョブグレードが、等級制度の考え方の根幹にあるため、買収対象企業に職能資格制度を説明しても伝わりづらいことがあるかもしれない。買収を機に、等級制度をグローバルで統一することを検討する場合には、職務評価（ジョブサイズ測定）を行い、ジョブグレードベースの等級制度に移行する方向で考えるべきである。職務評価の方法については、75ページの**1**(2)のIPEを参照いただきたい。

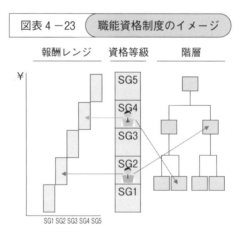

③ **報酬制度**

報酬の構造や報酬ベンチマークについては、既に本章**1**(2)で説明しているため、ここでは詳細な解説は割愛するが、デューデリジェンスの中で等級と報酬

の関係性という観点で，等級別の実際の報酬水準に大きなバラツキがあるかどうかの検証は有用である（図表4－24参照）。この例では，等級別の報酬水準がルールで定められた報酬レンジ内に収まっており，運用の実態に問題ないことが分かる。このような検証は，基本給，賞与，手当て等を含めた総報酬といった報酬の構成要素ごとに行うのがよい。

ルール上は等級別に報酬レンジが定められていたとしても，運用の実態がルールに沿っていないこともあるので，注意が必要である。例えば，買収対象企業が過去にM&Aを繰り返した結果，そのように大きなバラツキが生じる場合がある。

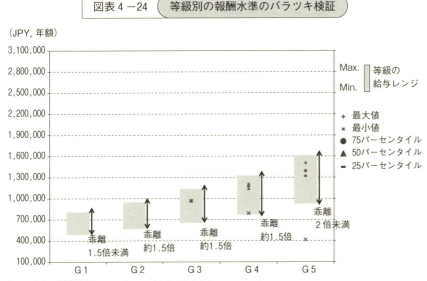

図表4－24　等級別の報酬水準のバラツキ検証

Copyright ©2019 Mercer Japan Ltd. All rights reserved.

④　評価制度

評価制度は，業績（会社業績，部門業績，個人業績），能力，行動などを測定し，報酬だけでなく，異動・配置，昇進・昇格，人材育成など，あらゆる人事制度と密接に関係する。評価はバランススコアカードに基づく目標管理（MBO：Management By Objectives）および行動評価の2面から測定される

ことが多い。

　デューデリジェンス時点で評価制度の運用実態や妥当性を把握することは困難である。なぜなら，個人のバランススコアカードなどのセンシティブな個人情報を，デューデリジェンスの段階で売主は開示しないからである。デューデリジェンスにおいては，評価の仕組みや評価者などのルールを確認するということになる。組織規模と比べて適切な評価制度が整っているか，評価が等級や報酬とどのように連動しているかといった観点で確認を行うのがよいだろう。

(10) 人事デューデリジェンス発見事項の買収契約への反映

　デューデリジェンスの後半には最終契約交渉が始まる。まず売り主側が買収契約書ドラフトを作成し，買い主側がそれに対するマークアップを行う。以降は双方でマークアップを継続していき，最終契約の合意へと至る。この最終契約交渉プロセスにおいては，売り主，買い主双方の法務アドバイザーが前面に立ち，実際の交渉を進めていく。各専門領域については，各アドバイザーがデューデリジェンスの結果を踏まえ，買収契約書ドラフトのレビュー，マークアップを分担して行う。

　人事の観点では，退職給付や福利厚生等の人事関連債務，報酬，人事課題，従業員の転籍に関する事項を中心に，人事デューデリジェンスの結果を条項に反映していく。

　なお買収契約書は，買収ストラクチャーによって呼称が異なるが，契約の基本構成は同一である。100％株式買収であれば，株式譲渡契約（SPA：Share Purchase Agreement），一部門の買収など事業譲渡の場合には，事業譲渡契約（APA：Asset Purchase Agreement）と通常は呼ばれる。図表4－25にレビュー例を示しているので，参照されたい。

図表4－25　事業譲渡契約（APA）のレビュー例

項目	APAドラフト	留意点・マークアップ案
雇用条件	● 少なくともクロージング後18か月間は，Buyerがすべての対象従業員に対して，同じかそれを上回る報酬と職責および同様の福利厚生を提供することとされている	● 労働協約（CBA）に規定されている現行プランを引き継ぎ，同等の福利厚生プランを継続することとなる ● 既存の労働協約更新のタイミング（2019年更新のものが1件，2020年更新のものが1件，2021年更新のものが1件）を踏まえると，APAドラフトで規定されている左記の文言の受け入れは，実質的には許容可能
年金 DCプラン	● クロージングに伴い対象従業員の個人口座に残高を支払う際，（権利未確定分が逸失しないよう）100％の権利確定を行う文言となっていない	● APAでは，クロージング時点で，対象従業員の401(k)の個人口座に残高を支払う際，権利未確定分が逸失しないよう，100％の権利確定を行うよう規定すべき ● 買い主は，売り主の401(k)プランからのローンのrollover（引き継ぎ）を認めるよう，売り主との交渉を検討することも検討（対象従業員の中で，過去制度より引き継がれたローンの利用者がいる場合） ● 401(k)プランの立ち上げには時間を要するため，APAにおいては，「クロージング後，可及的速やかに完了する（クロージング直後ではない）」という文言を規定するべき
年金 DBプラン	● 年金プランの債務は売り主に残り，買い主が債務を引き継ぐことはないとされている。移管対象従業員に帰属する債務についての情報は開示されていない	● APAでは売り主の下での過去の勤続年数と買い主の下での将来の勤続年数を通算せずに，別個に取り扱うと規定されているが，これは買い主にとっては好ましくない。買い主が早期退職時の給付金，権利確定を計算する際，買い主/売り主双方の勤続年数を通算して取り扱うことができるよう，売り主と交渉するべき ● 移行期間中に，年金の受給権が発生する受給待機者に関わるアドミ業務をどうするかについてAPAで規定すべき ● 労働協約に則って，DBプランを提供することになる場合には，DBプランの立ち上げに必要な時間を十分に確保できるよう，APAにおいては，「クロージング後，可及的速やかに完了する（クロージング直後ではない）」という文言を規定する必要がある
移管対象従業員の報酬	● 少なくともクロージング後18か月間は，買い主がすべての対象従業員に対して，以前と同じかそれを上回る報酬と職責および同様の福利厚生を提供することとされている	● 売り主により株式関連の長期インセンティブプランが付与されている対象従業員について，代替の仕組み（現金プラン（あるいはその他の方法））を売り主と同意しなければならない

退職者医療給付 (OPEB)	● 退職者医療給付 (OPEB) の債務の取扱いについて，規定されていない	● 退職者医療給付 (OPEB) の債務の取り扱いを規定するよう，APAを修正するべき ● 退職済みの受給者および受給待機者の債務については，売り主が引き継ぐように売り主と同意する必要がある
権利未確定の株式関連報酬の取り扱い	● 移管対象従業員に付与されている株式関連報酬の権利未確定分の取扱いについて，規定されていない	● 移管対象従業員に付与されている株式関連報酬の権利未確定分の取扱いについて，売り主と交渉の上，同意しなければならない

Copyright ©2019 Mercer Japan Ltd. All rights reserved.

事業譲渡（一部の事業切り出しを伴う買収）の場合には，事業譲渡契約だけでなく，前節でも説明したTSA（Transition Service Agreement：移行期間の業務委託契約）の中で，クロージング後の一定期間に売り主から提供してもらう必要がある人事機能・サービスの内容，サービス対価等を規定する。その他には，マイノリティ出資や合弁事業の場合には，株式譲渡契約・事業譲渡契約に加えて，株主間契約（SHA：Shareholders Agreement）[8] も締結される（P.109参照）。

① 買収価格の調整

　株式譲渡契約・事業譲渡契約の中で規定される条項のうち，価格調整条項は非常に重要である。Debt-like itemとして買収価格で調整すべき事項は本条項に含める必要がある。人事領域では，確定給付年金や退職者医療給付の債務は，必須で含める必要がある。ただし，デューデリジェンスの段階では，売り主が開示する確定給付年金や退職者医療給付の債務は簡便法で計算されていたり，計算時点で最新でなかったりと，債務の妥当性を検証するうえで十分な情報が入手できないことが多々ある。そのような場合には，「DBについては，あらかじめ双方が合意した計算方法によって，クロージング後速やかに債務の計算を行い，価格調整を行う」というような文言を規定することが一般的である。

---

[8] 株式の譲渡制限，取締役会の定足数・決議事項，Reserved Matters（事前同意事項：取締役会決議を行う前に少数株主の同意を必要とする事項），Deadlock（Reserved Matters等に関して各株主間で意見の対立があり，決議ができない場合のプロセスおよび解決方法を規定）といった条項がよく見られる。

② 表明保証への反映

　株式譲渡契約・事業譲渡契約で規定される条項の中では，価格調整条項に加えて，表明保証条項（Representation and Warranty）も非常に重要である。表明保証条項は，買収対象範囲に関する売り主の表明（デューデリジェンスで開示されたデータや回答を含む）が適切かつ正確であることを表明するものである。例えば，デューデリジェンスにおいて十分なデータを入手できなかった，あるいは回答が得られていない事項については，売り主に表明保証を求めるべきである。また売り主はデータの開示や回答を行っているものの，正確かどうか疑わしい事項についても，表明保証を求めた方がよい。

　表明保証条項内で表明されている事項について，クロージング後に不正確であったことが判明した場合，買い主から売り主に対して損害に対する補償（Indemnity）を求めることができる。実際に補償を求めることになった場合でも，売り主と係争を行うことになるため，補償がいつ認められるかという点については不確実性が残る。近年ではこのような不確実性を踏まえ，表明保証違反が生じた場合に備えて，デューデリジェンス期間中に表明保証保険を手配するケースが多くなってきている。大半のケースでは，表明保証保険を購入するのは買い主であり，売り主の表明保証違反により買い主が被る損失を補償する性質のものである（売り主が保険を購入する場合には，買い主から売り主に対して補償申し立てが行われて，売り主が被る損失を補償する性質のものである）。なお欧州では売り主が保険ブローカーの選定を主導するケースが多い（米国では買い主主導で保険ブローカーの選定を行うのが主流である）。

　表明保証保険の付保にあたっては，デューデリジェンスレポートおよび売り主の開示データは対象となるが，デューデリジェンスで検知されておらず，後になって判明した損失は保険の対象外となる。したがって買い主は，一般的にリスクが顕在化しやすい領域をデューデリジェンスで適切に見ること，十分なデータ開示を売り主に求めること，売り主による表明の正確性が疑われる事項については適切に表明保証条項でカバーすることを意識して，リスクヘッジを行わなければならない。

③ その他留意点

その他人事の観点では，誓約条項（Covenants）の中に規定される人事関連の個別の取扱い（Employee Matters等の名称で規定されることが多い）のレビューを行う。クロージング後の処遇条件の維持期間，「総体として同等の福利厚生を提供する（comparable benefits in the aggregate）」のような文言，組合や労使協議会（Works Council）との協議プロセス，移管対象従業員へのオファー提示プロセス，移管対象従業員リストの確定タイミング等，個別の重要な事項が規定される。

円滑な従業員移管，クロージング後の事業運営を行ううえで，買い主に対する制約となっていないか，買い主が担保したいリスクヘッジがカバーされているかといった観点でレビューを行い，適切なマークアップに反映していく。

デューデリジェンスは，デューデリジェンスレポートの作成のみに焦点を当てるのではなく，デューデリジェンスでの発見事項をいかに最終契約に適切に反映するかというところまでを見据えて実施することを常に念頭に置くべきである。買い主の意向やリスクヘッジを十分に反映した買収契約書が締結されて始めて，M&A成功のスタートラインに立てるのである。

2 経営者デューデリジェンス

経営者デューデリジェンスとは，CEO，CEO直下の経営陣，さらにその下の階層における重要従業員に対するデューデリジェンスのことである。主には，買収に伴って生じる各個人への金銭的・非金銭的な影響の分析，および必要に応じてクロージング後のリテンション施策の初期検討を行うことを指す。

なお，ここでは「経営者」デューデリジェンスという言葉を用いているが，意味するところは，買収後に対象会社を継続的に運営・発展させていくために必要な従業員について，買収後のリテンション施策検討につなげるための情報収集・分析を行うということである。したがって，対象は必ずしもCEOや執行役員といった経営層に限られるわけではない。

ディールの状況によっては，それより下のメンバー（シニアマネージャークラス等）にも重要な従業員がいる場合があり，彼らに対しても必要に応じて"経営者デューデリジェンス"を実施する。ただし，デューデリジェンスの段階では，対象会社の従業員へのアクセスが限られていることが多いため，ほとんどの場合は経営トップ（CEO）を中心とした情報収集を行うことになる。

続いて，なぜ経営者デューデリジェンスが必要かという点を説明しよう。これは，買収目的と大いに関連することである。

買収の目的の多くは，自社にない経営資源や市場の獲得である。必要な事業や資産が物理的・具体的に分かっている場合は，会社全体を買うのではなくて必要な部分だけを買収するということもあるが，これらを動かしているノウハウが人に付随していることは多い。

例えば，ある日本のジェネリックメーカーが新規事業進出の一手として，米国の創薬ベンチャーを買収するとしよう。この場合は，対象会社の研究施設や特許，商品のパイプラインや顧客を手に入れることはもちろん大事だが，それだけを手中に収めたとしても，当該事業の運営ノウハウが自社になければ，その後の成長はおぼつかない。よって，少なくとも買収後当面の間は，対象会社の経営陣をはじめとした重要な従業員をモチベーション高く継続勤務させることが買収目的の達成に極めて重要になると考えられる。

このように，モノやカネだけではなく，ヒトを買収後も継続してリテインすることが必要なのであれば，デューデリジェンスの一環として，経営者を含む重要従業員について把握・分析を行うことの重要性は高いと言える。

それでは，その日本の会社が，米国で永らく創薬事業を営んでおり，すでにある程度の規模の子会社を米国に持っている場合はどうだろう。おそらく買収の目的は，製品パイプライン・ラインアップの拡充・マーケットの拡大といったところにあると考えられる。すると，開発部門はともかくとして，対象会社の営業や間接部門は，買収後に縮小・買い手の組織と統合される可能性がある。この場合，営業担当役員や管理担当役員は，買収後必ずしもリテンションが必要とはいえない可能性がある。この場合は，逆に，これらのポジションをクローズする，現職者を解雇する，といったことが買収後に必要になる可能性が高く，そうした買収後の施策の実現可能性（フィジビリティ）を，あらかじめデ

ューデリジェンスの段階で把握しておく必要がある。

具体的には、経営者デューデリジェンスは、雇用契約内容・報酬水準のレビューと経営者インタビューによって行う。以下では、それぞれの概要を紹介する

(1) 雇用契約内容・報酬水準のレビュー
① 雇用契約のレビュー
ⅰ) 雇用契約の位置づけ

シェアディール、つまり売手が所有する株式を買い手に譲渡する取引であれば、株主が変更するだけで、対象会社と各従業員の現在の雇用契約がそのまま移管されるため、新たに雇用契約を結び直す必要は必ずしもない。逆に言えば、何もしなければ今の雇用契約をそのまま引き継ぐことになるため、内容を確認しておくことは重要である。典型的な例としては、株主が変更した後の一定期間は、自己都合退職であっても従業員に有利なセベランス[9]を受け取って退職ができる旨が雇用契約書に記載されている場合があり（いわゆるGood Reason条項）、クロージング後の離職リスクを高める可能性があるため、注意する必要がある（Good Reason条項については後述）。

なお、雇用契約がどのような形で成立しているかは、国や従業員の階層によって異なる。入社時に主要な雇用条件のみを記載したオファーレターにサインさせ、詳細は就業規則や労働協約に定めておく方法もあれば、詳細な雇用契約書を個別に締結している場合もある。特に労働組合があって集団的な労働条件が適用されることが多い伝統的な日本企業では、前者のパターンが多い。特に、新卒から管理職までほとんど内部昇格・昇進が一般的な会社の場合、取締役になるまで個別の契約書にサインする機会がないということさえある。

一方、人の出入りが多い企業（あるいは、転職が一般的な国・市場）では、労働条件を個人ごとに決定するニーズが高いことから、雇用契約書を個別に締結する場合が多い。こうした背景もあり、日本以外の国では、少なくともエグゼクティブ（上級管理職層・執行役員）とは個別の雇用契約書を結んでいるこ

---

[9] 従業員の解雇・退職に伴って支給される特別な報酬やベネフィットのこと。

とがほとんどである。

ⅱ）雇用契約書レビューの観点

　雇用契約書には，通常，雇用契約開始日，雇用契約期間，報酬，福利厚生，退職・解雇の条件，競合避止などが記載されている。経営者デューデリジェンスにおけるレビューのポイントは，規定されている労働条件がマーケット水準と照らして違和感がないかどうか，また買収成立によってどのような影響が生じるかを確認することである。このように書くと，基本的には一般従業員と同様に見えるが，買収の成立に伴う金銭的・非金銭的影響は一般従業員より相応に大きいと考えられることから，個人ごとにより詳細に情報を入手・分析することになる。なお，雇用契約書としての法的な要件を満たしているかどうかは，リーガルアドバイザーが確認する。

　各項目についての留意点は次のとおりである。

①雇用契約開始日・雇用契約期間：ポジションごとに雇用契約書が締結されている場合，必ずしも雇用契約開始日は対象会社における開始日を表していない場合がある。逆に，雇用契約書は入社時に一度締結したのみで，その後の役割や報酬の変更については，別添の合意書で行われている場合もある。買収後の体制によっては，途中で解雇することもあり得るので，雇用契約期間が有期なのか，それとも無期なのかという点はしっかり確認しておく必要がある。

②報酬：雇用契約書に記載されている報酬情報が最新であるかどうかは慎重に確認する必要がある。例えば，雇用契約期間が1年間で，以降両社から特に申し出がない限り雇用契約が継続するとされている場合，記載されている報酬情報は初年度のものである。その後も，報酬は毎年見直し（余程のことがない限りアップ）しているのだが，それは雇用契約書を見ただけでは確認できない。よって，最新の報酬情報は，雇用契約書とは別にリクエストすることが多い。

③退職・解雇の条件：デューデリジェンスの時点では，対象者の続投を前提としていたものの，買収後に前提が変わることはあり得る。仮に，解雇することになった場合には，どのタイミングで会社から通知する必要があるのか，という点はしっかり確認しておきたい。なお，会社都合，自己都合の場合それぞれの，

> Notice（通知期間）やセベランス（解雇手当・離職手当）などの条件は，マーケットで標準的な相場があるので，外部コンサルタントを活用して相場観と合っているかどうか確認しておくことが必要である。

　上記に加えて，エグゼクティブの雇用契約書をレビューするうえで重要なポイントとして，Good Reason（もっともな理由）による自己都合退職に関する条項があげられる。日本企業にはあまり馴染みがないが，特にアメリカを中心とした上場企業では，Change In Control（CiC：支配権の変更），つまり買収成立後の所定期間に，従業員が一定の条件を満たす自己都合退職（Good Reasonによる退職）を行った場合，通常より有利なセベランスを受け取れるという規定がされていることがある。典型的には，「XXマイル以上の転勤命令や報酬水準の切り下げ，役割範囲の変更等を理由とした自己都合退職の場合に，基本給と短期インセンティブ（STI：Short Term Incentive）のターゲット額の2倍〜3倍が支給される」といった規定がされているケースである。
　こうした条項が含まれている場合，クロージング後のエグゼクティブの離職リスクを高める可能性があるため，HRコンサルティングファームやリーガルアドバイザーを交えて影響を精査することが必須である。
　なお，買収後にGood Reasonによる退職に該当するような変更を買い手が予定していない場合も，規定によっては，Good Reasonに値するかどうかの判断そのものを従業員に有利に設定しているケースもある。いずれにしても，専門家によるレビューをしっかりと行うことが重要である。

② 報酬ベンチマーク
　ⅰ）報酬データの収集とベンチマークの実施
　先に述べた通り，雇用契約書にも報酬額は記載されている。しかし，毎年昇給していても雇用契約書を結び直すことは通常しないため，記載されている内容が最新でないことがある。そのため，何よりまず，最新の個人別の報酬額をセラーに請求することが必要である。なお，対象会社が上場している場合は，経営陣トップ数名の報酬情報は，決算報告書等に公開されていることがある。
　経営陣ないし重要従業員の報酬情報を入手したら，報酬ベンチマークを行う。

日本以外のほとんどの国では，管理職層も含めた転職市場が十分に厚く形成されているため，対象会社の規模（主に売上と従業員数）や対象ポジションが分かれば，現在の報酬を市場と比べると，どの程度の水準にあるかを確認することができる。これは，対象者のリテンション施策（後述）を検討するうえでの基礎情報になる。

なお，雇用契約の主体が母国におかれている駐在員を除いては，基本的に報酬はローカルマーケットで決まる。人材の流動化が大きく進展しているとはいえ，依然として国境はあり，国によって社会保障や所得税法の考え方は違うから，報酬水準が国をまたいで統合されることは当面ないと考えられる。よって，報酬ベンチマーキングでは，ローカルマーケットと比較した場合の水準の高さを確認する。

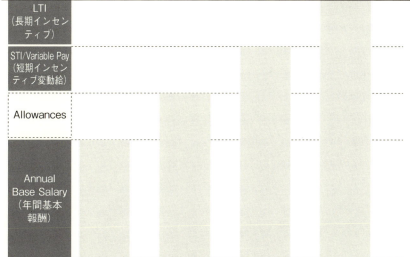

図表4−26　報酬の区分

ⅱ）ベンチマーク対象の選定と具体的な比較項目

マーサーでは，報酬を図表4-26のとおりに区分している。開示される情報にもよるがベンチマークは，基本報酬・短期インセンティブ（STI）・長期インセンティブ（LTI）のそれぞれの段階に分けて行うのが一般的である。

デューデリジェンス期間中の情報開示は限定的であるため，対象会社の規模をもとに，対象者の職務内容を，組織図上の位置づけや職務記述書等から推定して，対象とするベンチマーク対象を選ぶ。対象事業の特殊性から，業界・業種をより絞ったベンチマーク対象を選定することが必要であれば，そのような対応を取ることもある。

十分なデータ数があれば，マーサーの場合，通常市場データの25％ ile，50％ ile，75％ ile の3つのポイントでの報酬水準をレポートしている（場合によって10％ ile や90％ ile もレポートすることがある）。詳しい定義は統計の専門書に譲るとして，比較データを一番低いものから一番高いものまで並べたとき，低い方から数えて全体の25％に位置するデータが25％ ile，真ん中が50％ ile，高い方から数えて全体の25％に位置するデータが75％ ile と理解すればよい。よって，もし対象者の報酬水準が50％ ile と同じ程度であれば，概ねマーケット通りだと言える。

ⅲ）報酬ベンチマーク結果の受け止め

報酬ベンチマークを実施することで，対象会社の経営者の報酬水準が，マーケットに比べて高いのか，あるいは低いのかということが分かる。この結果は，当人たちの離職リスクを推定するうえでの重要な情報の1つになる。詳細については，「第5章 経営者リテンション」で述べる。

さて，対象会社の経営者の報酬ベンチマーク結果が明らかになると，買い手が日本企業の場合の担当者の第一声はたいてい「（対象会社のCEOの報酬が）どうしてこんなに高いのか？！」である。何に比べて高いのかというと，それは買収後に対象会社を指揮することになっている事業部長，場合によっては買い手企業の社長であったりする。

是非はさておき，日本の経営者の報酬水準は世界的に見てかなり低い水準にあるため，それよりも高いということは，あまり驚くべきことではない。図表

第4章　人事デューデリジェンス　**119**

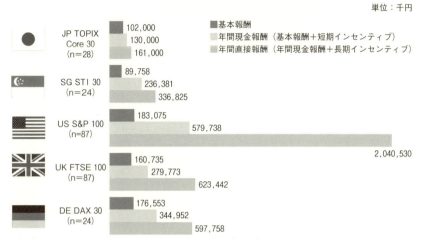

図表4-27　経営者報酬（CEO）：国際比較　各国の主要企業のCEOの総報酬水準

（出所）　MERCER Global Disclosure Database (GDD), Japanese Disclosure Database (JDD)
Copyright ©2019 Mercer Japan Ltd. All rights reserved.

4-27は，各国主要企業CEOの報酬水準を比較したものである。基本報酬はシンガポールよりも高いというデータになっているが，年間現金報酬（基本報酬＋短期インセンティブ），年間直接報酬（年間現金報酬＋長期インセンティブ）のいずれでも，他国に比べて低い。

日本でも最近は，株式による長期インセンティブの導入などが進み，グローバル水準に徐々に近づいてきているが，それでもかなり低い水準にある。筆者はこの背景には，次のようなことがあると考えている。

① 伝統的な日本企業では，いまだに新卒採用後の長期の社内選抜により経営者に長い時間をかけて上り詰めることが一般的になっている企業も多く，上級管理職〜経営者の転職市場が日本以外の国ほど発達していない。
② 中途採用による経営者補充を積極的に行おうとしても，日本語ができないと日本では経営ができないため，日本の閉じた市場の中で経営者の選抜が行われる傾向にある。

③　日本では経営層を一つの専門職というより，管理職の延長上に捉えているため，処遇の仕組み（特に変動報酬の比率）に大きな差がつかない（あるいは，仕事に貴賤はないという倫理観に基づき，差を大きくつけないことを美徳としてきた可能性もある）。

　いずれにしても，日本の経営者報酬はグローバルで見るとかなり特殊な状況にあるため，報酬の額面で比較すると，社内の序列感との間に不協和音を生じることは当面許容せざるを得ない場合が多いと考えられる。人事担当者としては，自社の報酬ポリシーや序列感を念頭に置きながらも，対象案件に合わせたフレキシブルな対応が取れるよう，社内における温度感を察知・調整しておく役回りが求められる。

　このように，報酬ベンチマークの結果は，基本的にはリテンション施策検討のための文脈でとらえるのが主ではあるが，人事担当者としては，もう一つ念頭に置いておくべきことがある。それは，対象会社の株式報酬の導入状況である。特に上場企業における長期インセンティブ（LTI）は，対象会社の株式により支給される仕組みになっている場合が多い。買収が成立して，対象会社の株式が非上場になると基本的にはこの手法はそのまま継続できないことになる。

　一方，買収契約書には，従業員（被雇用者という意味でExecutiveも含む）の金銭報酬やベネフィットの水準は，買収後一定期間は買収前の水準を維持する旨を盛り込むことが多い。よって買収後は，買い手の完全子会社（非上場）になるという前提であれば，水準を維持しながら他の制度に置き換える必要が生じるため，注意しておく必要がある。

　買収後の対応方法として，買い手に株式報酬制度があれば，それに置き換えることも考えられるが，子会社の経営者が見るべき企業価値をはたして親会社の企業価値で代替できるのかということや，税金関係の複雑さが増すこともあって実行されないことが多い。代わりによく行われるのが，キャッシュを支給手段とするプランを買収後に導入することである。

③　買収に伴うキャッシュインパクト（CiC条項等）
　買収によって，経営者が多額の金銭を手にすることがある。例えば，対象会

社の創業者がCEOに就いている会社であれば，本件買収の成立に伴って保有株式の売却代金がCEOに支払われることはイメージしやすいだろう。この場合の金額は，買収金額や対象者の保有株式比率によっては莫大になり，後述のリテンション検討にも大きな影響を及ぼす重要な点である。

これら保有株式からの清算金のほかにも，長期インセンティブ制度からクロージング時にまとまった現金が支給される場合がある。したがって，対象会社において株式による長期インセンティブ制度が導入されている場合は，特に付与済・権利未確定の株式報酬が買収成立に伴ってどのように処理されるのかを確認することが重要である。これは雇用契約書の添付書類に記載されている場合もあれば，長期インセンティブ制度のプランドキュメントに記載されている場合もある。

ケースによっては，長期インセンティブの権利未確定部分についても，買収が成立した場合は前倒しで権利確定する旨が定められている場合があり，これはバリュエーション上，対象会社からの現金流出としてとらえる必要がある。また，個人にとって受け取る現金が多額な場合は，離職リスクを高めることにもつながる。

さらに，PEファームなどが売り手の場合は，Exit（対象会社の上場や売却）に対する動機づけを目的として，Exit成功に合わせて特別ボーナスが支給される仕組みがある場合がある。対象会社からの現金流出になるという点でバリュエーション上も重要であるが，離職リスクの観点からも個人別の受領金額（買収価格に連動している場合が多い）をしっかり確認しておく必要がある。

④ 役員個人を対象とした保険契約

欧米などの先進国では先んじて普及しており，日本においても上場企業を中心に普及している保険に，会社役員賠償責任保険（Directors and Officers Liability Insurance：D&O保険）がある。D&O保険は会社役員の行為に起因して株主代表訴訟や第三者訴訟などにより損害賠償請求を受けた場合に法律上の賠償責任や争訟費用などをカバーする保険である。

買収に際して欧米などにおいては，買収契約書上でクロージング日前の役員の行為について，買い手または対象会社が防御し補償するという条項が盛り込

まれるケースが多い。また，役員が誠実に職務を行っている範囲において個人的な責任を追及された際に会社が補償することが会社の定款などで規定されている。この条項は買収や合併などにより株主の変更などがあった場合でも補償が確実に履行されるよう担保するものであるが，補償履行の確実性を高めるため，買い手または対象会社がD&O保険のテイルカバー（延長報告期間条項）を手配することを義務付けることも多い。

　D&O保険は一般的にCiC条項（支配権の変更）が含まれており，保険契約者に一定割合以上の支配権の変更があった場合にはその時点以後の行為が保険カバーの対象外となるのが一般的である（保険会社から事前に同意をえることで継続可能な場合もある）。もしくはカーブアウト案件などでは売り手が対象会社を含むグループ全体をカバーする保険を手配している場合が多く，クロージングと同時に売り手の子会社ではなくなるため，その保険カバーの対象から外れてしまう。

　D&O保険は損害賠償請求（クレームズ・メイド）方式の保険であり，役員の行為が行われた際に有効な保険契約があったとしても損害賠償請求を受けた際に有効な保険契約がない場合にはカバーされない。そのため，保険が有効であったクロージング日前の役員の行為であっても，請求がなされたのが保険失効後のクロージング日以後の場合はカバーされなくなってしまう（請求のおそれをクロージング日前に保険会社へ通知していれば，実際の請求がクロージング日以降であってもカバーの対象外とならない）。

　こうしたギャップを埋めるのがテイルカバーであり，クロージング日前の行為についてクロージング日以後一定期間中に受けた請求をカバーすることができる。テイルカバーの要件は買収契約書上で規定されており，多くの場合，現行のD&O保険のカバー内容を下回らないこと，期間は6年とすることなどが規定されている（日本においては会社役員の責任の時効を基に10年とするケースもある）。なお，こうした規定は対象国・案件によっても異なるため，リーガルアドバイザーに確認する必要がある。

　上記のようにD&O保険のテイルカバーについて規定がなされている場合でも，それをせずに現行のD&O保険をそのまま継続するという議論もある。特に単純な株式買収案件においては対象会社が保険全般もそのまま継続すること

が多く，D&O保険もそれら保険と同列に取り扱う傾向がある。また，日本においてはテイルカバーそのものがあまり認知されていないため，この現象は顕著である。しかしながら，クロージング前と後では利益の帰属先は異なり，D&O保険をそのまま継続することにはこれらを混在させることとなり，潜在的な利益相反や契約の継続性，コスト負担の公平性などについて問題がある。

なお，欧米などではD&O保険に加え，雇用慣行賠償責任保険（Employment Practice Liability Insurance）や企業年金等受託者賠償責任保険（Fiduciary Liability Insurance）などを含む包括化された保険となっている場合があり，これらも含めてテイルカバー手配が必要なのかは売り手やリーガルアドバイザーなどとの協議が必要である。

(2) 経営者インタビュー
① インタビューのセットアップ

雇用契約書や現報酬のデータから静的なデータ分析を行ったら，今度は対象会社の経営者にインタビューを行って定性的な情報を入手する。

ただし，このインタビューがスムーズに設定できるかどうかは，交渉全体の進捗状況による。具体的に言えば，買収交渉が順調に進み，概ねの買収価格や条件について折り合いがついてから，あるいは少なくとも折り合いがつくことが見えてきてからでないと，経営者本人と当人の処遇について話をする機会を持つことは困難な場合が多い。

特にCEOの立場は，ディールを株主の利益にかなうよう公正に判断・推進すべき取締役会が任命した執行役という立場と，買収成立後の経営者（従業員）としての個人の立場の2つを持っている場合があり，これらは相反することがある。分かりやすい例で言えば，オークションで複数の買い手が対象会社の買収価格を提示するとき，並行してCEO本人と彼・彼女自身の買収後の処遇内容を交渉することになれば，CEO個人としては買収価格が多少低くても，自分の処遇条件が高いものを選択したいという心理が働くことは十分にあり得る。

このような懸念から，特に上場会社の買収案件では，経営者本人と買収後の処遇について話をすることは，買収契約書に合意してからでないとできないと

される場合もある。このあたりは，国や個別案件の特性により判断が分かれるところなので，リーガルアドバイザーに意見を聞きながら進める必要がある。無論，完全なオーナー企業，すなわち対象会社の株式の保有者とCEOが同じであれば，通常こうした問題は生じないと考えられる。

このように法的な留意点はあるものの，買い手がCEOを含む経営陣のリテンションが買収の成功に不可欠だと考えているのであれば，それは早期に売り手に伝えておき，然るべきタイミングになったら，経営者インタビューがすぐ実施できるように申し入れをしておく必要がある。

② インタビューの対象者と確認ポイント

インタビューの対象として，まずCEOは必須であろう。初めから，買収後の体制には現職CEOは不要であると買い手が決めていて，早期にCEOを解雇する明確なプランがあったとしても，一定の引継ぎ期間のリテンションは必要な可能性がある。仮に，ディールの目的に照らしてCEOのリテンションがまったく不要であったとしても，現在の組織体制に照らしてCEOを飛ばしてインタビューを行うことは不自然だし，少なくともCEOとインタビューをしないことによるメリットはないだろう。

CEO以外については，ディールの目的や買い手が考える買収後の体制に照らして，必要だと考える相手とのインタビューを申し込めばよい。

ディールの目的によっては，CEOではなく営業や技術部門のメンバーのリテンションが最重要ということもあるから，その場合は営業責任者や技術責任者とのインタビューを設定する。また，複数の経営メンバーにインタビューすることで，それぞれの共通点や相違点も把握することができるので，チームとして一体感があるかどうか，といったことをある程度推測することもできる。

チームとしての一体感もあればよいというものではなく，例えば，CEOが連れてきたメンバーが経営メンバーの大半を占めており，CEOがやめれば芋づる式にやめてしまうといった想定リスクが明らかになることもある。

なお，インタビューは，マーサーでは各国の報酬専門家が行う。買い手が参加したいという場合もあるが，基本的には専門家単独で行うことが効果的だと考えている。

これは，経営者インタビューの目的が，経営者本人の個人的なキャリア観やディールの受け止めを確認することで，総合的な離職リスクを推定するということにあるためである。この点において，もし買い手が同席していると，ディールを成立させるという責任と個人的な関心（買収後の個人の処遇）の板挟みになり，ストレートなコメントができない可能性がありえる。

　インタビューでの代表的な確認のポイントとしては次があげられる。

---

① 経営戦略と組織戦略
② マネジメントチームの構成・各自の役割，意思決定の仕方
③ マネジメントチームにおける重要ポジション・重要人物
④ 報酬戦略
⑤ カルチャー
⑥ その他

　経営者インタビューの目的は，究極的には残留意思とその条件の確認であるが，だからといって，いきなりあなたはクロージング後辞めますか？　と聞いても正直な回答が得られるとは限らない。少なくともCiC（change in control，支配権の変更）をトリガーとして支給される様々な金銭的なインセンティブや保有株の売却代金は，本件が無事にサイニングしたうえで，クロージングしなければ，手に入れることはできない。

　よって，何らかの買収交渉が続いている段階であれば，対象会社のCEOは，それが買い手に期待されている限りにおいて，常に今後も継続勤務する旨を表明するものだと思った方が良い。また，本当に継続勤務する意向があったとしても，それは常に条件次第であるということを忘れてはならない。

　インタビューを通じて新たに重要な従業員・ポジションが特定された場合は，改めて最新の雇用契約・報酬情報の開示を請求する。それぞれの離職リスクを想定したうえで，場合によってはリテンション施策の対象とする可能性があり，そのための基礎情報の収集が必要なためである。

　ここまでで得られた，報酬・リテンションインタビューからの情報を踏まえて，買収後の報酬パッケージを策定していくが，これについては「第5章　経

営者リテンション」で後述する。

3 カルチャーデューデリジェンス

　カルチャーに対する理解が人それぞれ異なるため，カルチャーデューデリジェンスといっても具体的に何を調査するのか理解が難しい。そこで，敢えてM&Aにおけるカルチャーを例えるならば，天気である。地球上どこにでも天気があり，天気予報がある。カルチャーデューデリジェンスは新しい土地に出かけるときに，まず天気予報を調べる，そして求められるアクションに対する仮説建てを行うことに近しい。実際に雨が降るかどうかは後にならないとわからないが，十分と思われる情報を事前に得ることにより，起こりうる事象に対するアクションプランが策定できる。しかし，海外企業買収時に言語の違いや民族的な違いでカルチャーを片づけてしまうと，買収後の対応に四苦八苦することになるのである。
　一見，実態がなく，日本固有の問題と捉えがちなのであるが，実際にグローバルM&Aの現場においては，言語・民族・地域を問わず起こり得る問題なのである。
　民族的文化や地域性というのは，常時存在するものであり，物事の考え方の根幹となるものである。そこに企業という集合体ができることにより企業文化が生まれる。M&Aで顕在化するカルチャーイシューに起因するものは，この企業としての集合体が作り出す企業文化・風土の差異なのである。そのため，異なる企業という集合体がM&Aを通じて一つ屋根の下に収まることにより，カルチャーのギャップが顕在化するのである。
　買収時および買収後の運営に影響を及ぼす可能性のあるカルチャーの問題については，報酬・福利厚生・人事制度等のデューデリジェンスと同様に買収前に対象会社の企業文化を検証し，買収後のカルチャーインテグレーションに向けた準備を行うべきである。

(1) カルチャーとは？

　さて，カルチャーの定義とは何だろうか。M&Aにおいて広範に指す意味合いとしては，組織文化としたが，その実際の定義は人により千差万別である。同様の質問を違う人に尋ねると全く違う答えが返ってくるものである。国語的な解釈が適切であれば難しい課題ではないのだが，関係する企業や人によってプロセスや環境が大きく異なるM&Aの現場では一切役に立たない。

　なぜカルチャーに対する認識が人それぞれ異なるのだろうか。民族や地域性と解釈するとそれで終わりなのだが，つまるところカルチャーとはヒトの意識や経験の集合体なのである。そのため，集合体であるヒトや，集まった意識や経験が変われば，自ずとカルチャーは変わる。ただし，その際に各々のカルチャーが異なるため，そこにギャップが生じ，業務プロセスや意思決定の弊害となる。

① カルチャーの原理

　弊社では，カルチャーの原理をドライバー，行動，結果の3点が影響することによって成り立つものと定義している。これは，従業員の行動原理と結果に相関関係があるとの考えのもと，事業目標を達成するために必要となる行動や行動原理の分析を行う。そして，達成目標から逆算し，あるべき行動をとるためのドライバー「動機」を特定し，望まない結果を呼ぶ可能性のあるドライバーは排除するというプロセスを示している（図表4-28）。

図表4−28　組織文化としてのカルチャーの原理

Copyright ©2019 Mercer Japan Ltd. All rights reserved.

　カルチャーが生まれるプロセスをイメージしてみたい。例えば，創業家企業のA社は，創業者であるX氏の経営者としての行動モデルが企業の成功体験とされていた。X氏は，会社が創成期だった当時から「利益を出すのはお客様の期待に応えることで必然的に生まれるもの」との信念のもと，自ら積極的に営業を行い，多少の赤字は厭わず事業を行ってきた。そのため，事業モデルとしては，必ずしも人件費効率が良いと言われる部分だけではなかったが，企業全体としてX氏の行動が成功モデルとして根付いていた。また，X氏の言葉が引用されることにより，X氏が退任した後も成功モデルとして語りつがれている。

　このX氏の功績が作った成功モデルが，会社としての結果を出し，同社内で評価される指標となっていくのである。そうすると必然的に物事の行動原理が導かれ，「こうすると社内では評価される」「こうあるべき」という考え方が構築されていく。考え方が構築されることにより，必然的に業務プロセスや求められる結果が決まっていくこととなる。

　読者の企業にも「うちの会社ではこうやるもの」という業務プロセスがない

だろうか。多くの場合，通常の業務ルーチンや考え方まで落とし込まれているプロセスについて，なぜこうなっているのかと考える機会はそう多くはない。しかし，M&Aの現場においては，この暗黙のプロセスや行動原理について，紐解くことが必要なのである。

(2) M&Aにおけるカルチャーの影響

　ここで少し考えてみたいのだが，単一企業の持つカルチャーは単一なのだろうか。例えば，読者の企業における営業部門と人事部門では，カルチャーは同じだろうか。多くの場合，「それは違うね」と思われるだろう。あくまで単純化した例示であるが，営業部門がより結果に対して自発的に動くことを求められるのに対し，人事部門では，より各部門との連携プロセスを円滑に進めることを求められることが多く，集積される意識や経験は全く異なるのである。

　部門間の違いはどの企業も一定程度あるだろうが，過去に事業譲渡や統合を行った企業では，従業員の出身母体によってカルチャーが異なる場合がある。この場合，同一部門でもカルチャーが異なる。こうなると，クロスボーダーM&Aを行い買収した会社との統合を図る際に厄介である。買収対象のカルチャーと自社のカルチャーとの比較論だと思っていたら，実は中身は複数のカルチャーが混在していたということになる。こうなると適切に統合新社の有るべき姿を定義して落とし込まない限り，現場の混乱は避けられないのである。

　では，国内M&AとクロスボーダーM&Aでは，何が違うのだろうか。今後日本国内でも外国人人材の活用等による職場環境の変化により国内と海外の区分が意味をなさなくなることも考えられるが，ここでは国内M&AとクロスボーダーM&Aにおける特徴を明確化するためにあえて単純化して解説する。

① 国内M&A

　日本企業同士のM&A案件であり，「in-in」と称されるものである。日本企業同士のM&A案件では，カルチャーはさほど問題にならないと思われがちであるが，海外企業の買収時と同様にM&Aの成功要因の重要な要素と考えるべきである。なぜならば，日本企業の場合，クロスボーダーM&Aに比べて，買

収後の組織統合や経営統合を企図する場合が比較的多いからである。

　第3章の**3**「買収後の統合モデルの整理」の説明の際にインベストメント・モデル（投資型），アシミレーション・モデル（片寄型），インテグレーション・モデル（対等統合型）の3種類の解説をしたが，カルチャーの要素が顕著に表れるのが，アシミレーション・モデルとインテグレーション・モデルである。インテグレーション・モデルを志向するファイナンシャル・バイヤーであれば，スタンドアローンで経営を行い，カルチャーの問題には手を加えなくて成立する場合があるが，組織統合・経営統合を企図する場合は，お互いの企業が培ってきた企業文化やモノの考え方の違いの問題に直面するのは避けられない。

　具体的に統合検討時に顕在化するのは，業務プロセスの違いであるが，それはその企業が培ってきた経験や従業員の意識が作り出してきたものであり，本来のカルチャーの本質ではない。そのため，業務プロセスは統合したが，実際に現場では分かりあえないという事象が起こる。ただし，日本企業同士の統合であれば，言語の問題や民族的違い等の問題がないため，カルチャーというものを言語化せずとも暗黙知として共有が図られ，大きな問題として顕在化しない場合もあるだろう。この点が，海外企業買収時のカルチャーを語る際との大きな違いである。

(3)　クロスボーダーM&A

　日本企業が海外企業を買収する，または被買収側となる場合のクロスボーダーM&Aにおいても，カルチャーの問題を避けて通ることはできない。

　「統合するならば必要だと思うが，買収後の対象会社は，スタンドアローンで運営し買収前と大きな変更はないため，カルチャーの問題はさほど問題にならない」という話を耳にする。はたして本当にそうなのだろうか。特にシナジーを企図せずとも買い手企業の稼ぎ頭ビジネスになるのであれば良いかもしれないが，そもそもコントロールプレミアムを上乗せして買収するM&Aでは難しい話である。通常買い手から被買収会社の経営に直接関与しないスタンドアローン型を企図する場合においても，本社からのガバナンス目的での幹部人財の派遣や，本社ガバナンスプロセスの導入やシナジー実現に向けた協働プロジ

ェクト等が発生するものである。

　ここで業務プロセスの融合・統合の問題が発生するのは国内M&Aと同じだがクロスボーダーにおいては，カルチャーを起因とした問題によってシナジーの遅れや業績未達等の状況が起こり得る。例えば，カルチャーをおざなりにしたことで発生した従業員の不安感が引き起こす生産性の低下やトップ同士での不和によるプロジェクトの中止・遅延等である。クロスボーダーM&Aにおいては，言語・環境・国籍や民族等の文化特性が顕著に表れるため，相違点が発生しやすく，ここに手を打たない限りは組織構造は統合できても「人や意識の集合体」としての統合は難しいであろう。

(4) デューデリジェンス段階での検証方法とその対応

　では，デューデリジェンスでカルチャーは検証できるのか。答えはイエスである。カルチャーが買収後の事業運営や生産性に影響を与える事項であることが理解できれば，デューデリジェンスで検証しない理由はない。

　M&Aにおけるカルチャーの重要性に対する認識は，M&A経験者の中では理解されていることであるが，具体的にアクションをとっている企業は少ないのが実情である。実際に買収後の統合を企図しており，カルチャーの統合を成功要因としている企業は，デューデリジェンス段階から内部・外部インタビュー，過去の意識調査結果，および外部の公知情報を通じて対象会社のカルチャーの把握に努めているのである。

　では，ここでデューデリジェンスを通じて判明したカルチャーの事象について解説する。

図表4－29　(例示) 人事考課結果が業績と連動していないケース

- 典型的なベル型の正規分布曲線を示しておらず，対象会社の全体業績は良かったものの，従業員の人事考課結果（35％の評価が「目標以上」または「トップパフォーマーである」）と整合していない

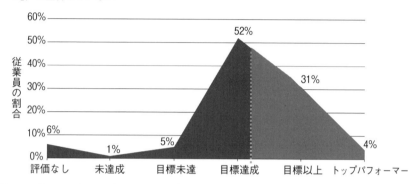

*Mercer-Say vs. Do in M&A: Exhibit I. (Authored by C. Pearman)
Copyright ©2019 Mercer Japan Ltd. All rights reserved.

　図表4－29は，実際の案件に基づくものであるが，対象会社の報酬データが業績連動型報酬の目的に沿っていなかったというものである。本件では，対象会社の経営陣は，「パフォーマンス重視のカルチャー」であると主張していたが，それに反してデータは全く異なる結果を示している。図表で示されているが，対象会社の人事考課結果は，期待していた典型的なベル型の正規分布曲線を示しておらず，対象会社の全体業績は良かったものの，従業員の人事考課結果（35％の評価が「期待を上回る」またはトップパフォーマーである」）とは整合していないことが分かる。

　この案件では，買い手は対象会社のパフォーマンス重視のカルチャーが自社カルチャーと整合する点だと捉えており，シナジーの源泉と考えていたのである。しかし，実際の結果は異なるものであった。

　図表4－30では，セールス部門（対象会社の従業員の19％）を除くと，全体的に一貫性の欠如が見られており，トップパフォーマー達は，評価に見合う報酬を得ていなかったのである。なぜなら，「期待以上」と評価された従業員は，「トップパフォーマー」と評価された人よりもさらに全般的に高いスコアを獲

得していたからである。

　評価が低い従業員に対してペナルティーが課されることはなく，「未達」と評価されたサービス＆メンテナンスおよびサプライチェーン部門の従業員は，平均を大きく超える賃金を得ているということが「パフォーマンス重視のカルチャー」の真逆であることはお気づきであろう。この後の詳細精査によって，対象会社では離職率を改善するために報酬水準の改善を行ってきていたのだが，この一律改善がカルチャーの停滞を招き逆転現象を引き起こしていたのである。

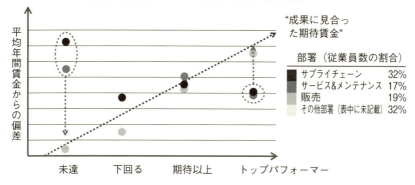

図表4-30　（例示）評価結果と報酬が連動していないケース

・「期待以上」と評価された従業員は，「トップパフォーマー」と評価された人よりもさらに全般的に高いスコアを獲得しており，「未達」と評価されたサービス＆メンテナンスおよびサプライチェーン部門の従業員は，平均を大きく超える賃金を得ている

*Mercer-Say vs. Do in M&A: Exhibit II.(Authored by C.Pearman)
Copyright ©2019 Mercer Japan Ltd. All rights reserved.

　念のため申し上げたいのだが，業績と連動した報酬制度の設計（Pay-for Performance）自体は，カルチャーの問題ではない。このケースでは，業績重視のカルチャーが買い手にとって特に重要であったため，「業績重視のカルチャー」を検証するうえでの問題として検出されたのが，報酬の問題だったのである。

(5) M&A現場の実態

　M&A現場においてカルチャーという要素は，手つかずにされていることが多い。それは，カルチャーが非財務的要素として軽視されてきたことに他ならない。しかし，2018年度にグローバルで実施した弊社のカルチャーリサーチでは，カルチャーの問題に起因して買収後の財務目標の達成に失敗したと回答した回答者が30％いたのである。また，67％の回答者はシナジーの遅れを経験したと回答している。合計4,000件以上のM&A案件に携わった1,438名の回答者の回答を基にしており，カルチャーが非財務的要素として無視することが事業リスクにつながるということが明確になったのである。

　カルチャーという言葉一つをとっても，個々の理解が異なるのは致し方ない。しかし，M&A経験者が増えるほど，カルチャーのようなライジングイシューへの経験値が蓄えられ，対応が求められることに注意が必要である。買収時のデューデリジェンスで可能な限り実態の検証を行い，買収後の事業運営に向けた基盤構築に向け，先手を打つことが重要である。

4　年金デューデリジェンス

　本節では，人事デューデリジェンスにおける年金を取り上げる。

(1) 年金の分類とM&Aにおける課題の種類

　まず，「年金」という言葉の定義について整理しておきたい。ここでの「年金」は，給与・賞与といった処遇に加えて，会社が社員に与える福利厚生の中で，退職や長期勤続をもって社員が享受することができるものを広く指す言葉とする。

　すなわち，一般には年金は毎年一定額の金銭を支払うこと，あるいはその支払いを受け取る権利を指すが，本章での「年金」は，そうしたものに限らず，下記のような福利厚生を包括的に取り扱う言葉とする。

- 年金制度

- 退職金制度
- 長期勤続褒賞制度（例えば30年といった一定の勤続期間に到達した際に記念品・金一封を支給する制度）

以下では，特段の断りがない限りは，年金は「年金」を意味するものとする。

① M&Aにおいて検討を要する年金と課題の概要

年金にも様々な種類があるが，最も代表的かつ重要な分類は「会社が従業員に対して将来の年金給付支払いの債務を負うか否か」という点である。この観点から，以下のような種類に分けられる。

種類（日本語）	種類（英語）	特徴
確定給付型	Defined Benefit（DB）	会社は社員に対して将来の年金給付の支払い債務を負う
確定拠出型	Defined Contribution（DC）	会社は社員に対して将来の年金給付の支払い債務を負わない

下記にそれぞれの種類の典型的な設計例を示す。
- DB：会社は社員が退職した際に，基本給×勤続年数を一時金で支払う。
- DC：社員それぞれに資産運用口座を設定し，毎月基本給の5％を資産運用の原資として与える。社員は在職中にそれを運用し，退職した際に口座の資産残高を引き出す。

人事デューデリジェンスにおいて，より重要なのは，DBである。

DBを持つ会社は社員に対して将来の年金給付を支払う債務を負っており，その金銭的な負担は買収時点では確定させることができず，可能な限り妥当な見通しを立てて，予想される債務や取り得る手立て（例：制度変更）を買収価格や事業計画に織り込んだうえで買収を妥結させなければならない。

DCであればこのような将来の債務にかかる不確実性はないため，毎月の会社の負担額を（制度変更が予定されていればそれも加味して）人件費の一部として買収価格に適切に織り込むことができれば良い。ただし「DCであれば一

安心」とはいかない事例も昨今増えており，その代表的な事例である米国DCについては後の4章**4**(3)③（143ページ）で詳しく取り上げる。

年金も給与・賞与といった他の処遇と同じく人件費の評価・予測とその買収価格への反映を適切に行うことが人事デューデリジェンスの主眼となるが，一般にはDBがある場合にはその複雑度が増す。

② 人事デューデリジェンスにおいてなぜアクチュアリーが必要なのか？

年金が存在する場合の人事デューデリジェンスにはアクチュアリーの関与が重要である。アクチュアリーとは，主に年金・保険の分野で活躍する将来の不確実性を取り扱うための確率統計・法律会計の技法の専門家のことである。例えば，DBは会社にとってのその将来の支払債務が不確実であるがために，その最良な見通しの策定に確率統計の理論が用いられ，その見通しに基づきDBが適切に運営されているかをチェックする社会的な機能として法律会計の枠組みが整備される。これらのすべてに精通するのがアクチュアリーであり，その関与がなければM&Aにおける年金の取扱いが不完全なままに案件がまとまってしまうこともある。

DBの存在は把握しているが，その精査において財務・会計情報に頼り過ぎてしまい，適切な人事デューデリジェンスを怠ることがよく散見される。会社の財務諸表といった資料は「現状の継続を前提とする」ことが多いが，M&Aにおいて事業のテコ入れを図るように，年金もその内容を改めて見直し最適なものに変更することは十分に可能，かつ，検討の価値がある事柄である。

以下に，年金にかかる「浅いデューデリジェンス」と「適切なデューデリジェンス」の対比を示す（図表4-31）。

図表4-31　年金の適切なデューデリジェンスで実施すべきこと

	デューデリジェンス／最終契約交渉	クロージング準備	ポスト・クロージング
一般にカバーされる項目（浅いデューデリジェンス）	現行制度の継続を前提に会計上の数値を精査　　　　　　　　　　　　　　・年金債務の網羅性の検証　・制度内容の正確な理解　・役員制度，規定外制度などの把握　・年金債務の妥当性の検証　・計算前提（割引率など）の検証　・将来の費用・キャッシュフローの予測	・クロージングBSの確定と価格調整	
更にカバーすべき重要事項（適切なデューデリジェンス）	・M&Aに伴う年金制度の変更を織り込んだ財務インパクトの把握　・年金・退職金の清算　・年金制度の分割・権利義務承継　・上記に関する検討内容を買収価格およびDA／TSAへ反映	・TSAでの対応の交渉　・新制度の設立準備（クロージング日以降の場合もあり）　・代替制度の設計ベンダー選定　・当局への申請／従業員説明　など	・新制度の実施　・年金ガバナンス体制の構築

Copyright ©2019 Mercer Japan Ltd. All rights reserved.

(2) 一般的な年金デューデリジェンスの検討ステップ

　以下では，先に述べたような「適切なデューデリジェンス」をどのように実施していくのか，実際の検討ステップについて説明する。

| 図表4−32 | 一般的な年金デューデリジェンスの検討ステップ |

ステップ	内容
（対象となる事業の特定）	✓ 買収対象および人事デューデリジェンス実施対象拠点を決める
対象となる年金制度の特定	✓ 年金制度および年金に類似する制度（退職後医療給付・長期勤続褒賞）の一覧と規程文書およびそれ以外に制度が存在しないことの言質を得る ✓ 公開情報から一部の制度の情報が分かることもある
年金制度の立ち上げ・運営の方針決定	✓ 制度内容や運営体制の変更の必要性がないか，確認する ✓ 典型的には，年金制度の切り出し，DBからDCへの変更，等が挙げられる
価格の影響の有無の判定	✓ 財務諸表およびグローバル連結決算の基になるActuarial Report（DBの会計上債務・費用の評価報告書）から「あたりをつける」 ✓ Actuarial Reportで捕捉できない影響を加味する
影響額の推計および買収価格への織り込み	✓ 買収価格へ織り込む債務・費用の評価値の仕様を定めて，Actuarial Reportや個人データから「概算する」 ✓ 「どうせ外れる」ので，買収価格の調整が肝となる
買収価格の調整	✓ 買収価格の調整に織り込む金額の種類，評価方法，評価者（アクチュアリー），評価値の合意プロセスを買収契約に明記する ✓ クロージング時点（あるいは将来の然るべき時点）での債務・費用の「正確な」値をここで確定させる
（新制度の設立・運営）	✓ デューデリジェンス期間あるいはサイニング〜クロージングの間に，新制度として設立が必要なものはそのための対応項目とタイムラインをロードマップとして整理しておく ✓ ロードマップに沿って円滑にクロージング後の体制を開始する

一直線に進むことはほぼなく，行きつ戻りつしながら完遂する

Copyright ©2019 Mercer Japan Ltd. All rights reserved.

① **スコープに含まれる事業・国・拠点と年金制度の特定**

　まず，M&Aに関係する年金制度の特定が必要である。案件の対象となる拠点のうち，人事デューデリジェンスを実施する部分を重要度に応じて設定する。

その中で，1）年金が存在するか，2）存在するならDB・DCいずれの種類か，を確認する。この段階では，売却者が年金の一覧を準備していることもあれば，1つ1つの拠点について就業規則を読み解き，年金が存在するようであればその規程文書（年金給付の内容を定めた文書）を請求して精査をしていく。

② **年金制度の運営方針の決定と買収価格への影響の推計**

　先のステップでどの国・拠点にどのような年金が存在するか把握できたら，次はそれを現状維持とするか，何らかの変更を加えるべきか，検討する。変更を加えるべき状況の典型例として，1）切り出し，2）DBからDCへの変更，が挙げられる。

　会社の一部事業・資産を買収する，あるいは，コングロマリットから会社を買収するときに，年金制度がその会社・コングロマリット共通のプラットフォームで運営されており，年金制度の分割が必要となる場合がある。これが年金の「切り出し」である。年金の切り出しには各国固有の法令があり，制限の如何によっては想定以上の債務を負ったり，想定以下の積立資産しか引き継げない，といった事態が生じ得る。こうしたリスクは，各国の事情に明るいアクチュアリーを関与させたうえで，後述する買収価格の調整を適切に手当てすることで軽減するのが重要である。

　また，買収スキームや各国の法令によっては，M&Aの最中あるいは直後に制度を変更することが可能な場合がある。こうした機会を活かして，会社にとって負担の大きいDBをDCに変えるという策を講じることによって，買収後の企業価値の向上に寄与することがままある。

　このような検討を経たうえで，買収価格への影響を算定する。上述した通り，今ある年金を必ずそのまま受け入れないといけない（あるいはそのまま受け入れることできる）わけではないので，買収後に年金制度をどうするのかを決め，それによって会社の将来の債務がどのように変わるかを見定めて，買収価格への影響を算定していく。

　このとき，複雑度の高い案件であれば，1つではなく複数のシナリオを作って，何が自社にとって最適か，どのように交渉を進めてどこまでなら譲れるか，

ということも事前に検討しておく。

　ここでカギとなる資料の1つに「Actuarial Report（数理計算報告書）」がある。年金を財務諸表・連結決算に織り込む際，特にDBについてはアクチュアリーがその将来の債務の性質・規模を評価して会社に報告することが通例となっており，その内容がこの資料に詰まっている。DBの債務・リスクを正確に見積もるためには，詳細な個人データに基づき計算を行うのが理想的だが，デューデリジェンスの段階でそこまで資料が揃うことは稀有であり，このような既存の資料であたりをつけながら，メリハリをつけて段々と状況の解像度を上げていく，というのが実務上のコツである。

　また「Actuarial Report」は存在しないが，潜在的な債務・リスクが存在する年金というものもある点には留意が必要である。その一例として，複数事業主制度・DC類似制度がある（後述(3)②参照）。

　年金の債務・リスクを買収価格へ織り込む際には，1）人件費の一部として費用に織り込む，2）債務を推計し企業価値から控除する，という2つの方法が一般的である。後者は金銭的なインパクトが目立ちやすく，したがって，交渉の重要な争点となる場合が多い。以下でその取扱いの重要なポイントを説明する。

③　買収価格の決定メカニズムの設定

　年金の債務・リスクを買収価格に織り込む際に，買収契約の調印とそれに基づく案件のクローズに時間のズレがある，ということが大きな問題となる。年金の債務・リスクはその時の金利といった経済状況を勘案して推計されるのが一般的で，その前提が時々刻々と変わっていくため，買収契約の調印時の推計と案件のクローズ時の推計で異なる結果が導かれることが多い。むしろ，完全に一致することはあり得ず，必ず過不足が生じることとなる。図表4-32で「どうせ外れる」と書いたのはそのことを指している。

　そのため，案件のクローズ時点で年金の債務・リスクを再算定し，買収価格を調整するメカニズムを契約に織り込まなくてはならない。買収契約の調印時にどれほど良い条件が勝ち取れていようと，最終結果はこの部分によっていかようにもひっくり返すことができるため，最も注意を要する部分であり，買収

契約の一言一句にわたって厳しい交渉を重ねることもしばしばである。

このメカニズムでは企業価値から控除される債務を再算定する取り決めにすることが多く，下記のような点を関係者合意のうえで書面に落とす。

- 再算定される債務の定義と計算方法
- 再算定を行う主体（買収者・売却者いずれかが再算定を行い，片方がその結果を精査して納得すれば承認するというプロトコルを取ることが多い）
- 再算定のスケジュールと期日
- 調整された買収価格の決済方法

ここでも，契約の文言の詳細について交渉が想定されるため，交渉の論点と重要度を事前に分析したうえで，交渉に臨むべきである。

なお，上場企業の買収は，こうしたクローズ時の買収価格の調整が行えないことが多く，相対での取引に比べて難易度の高い案件となりやすい。これは後の章でもう少し詳しく取り上げる。

④　契約調印後・クロージング後に必要となる対応

契約の調印が済めば，後はその定めに従いクロージングの準備を進めていき，その後は自社の事業・法人としてデューデリジェンスのときに計画したことを実際に行動に移していくだけである。ここが絵に描いた餅とならぬよう，デューデリジェンスの段階で検討していることの実現可能性やそれを上げるための施策を，専門家であるアクチュアリーを巻き込み逆算して確かめておくことが重要である。

(3) 年金デューデリジェンスにおいて特に留意すべき論点

ここまでは，年金デューデリジェンスのエッセンスを，一般的な事例を想定して述べてきた。次に，個別具体的に，特に注意すべき論点や難易度が高いケースを紹介する。

① 年金債務の「適切」な評価

　DBには債務・リスクがあり，その金銭的な影響を買収価格に反映するべきであることは，先に(2)②・③で述べた。このときには会計基準に準拠した債務を用いることが非常に多い。会計基準が客観的である程度信頼のおける決め事だという社会通念と，そうした考えに基づき実務上の慣習が出来上がっているのだと個人的には考えている。

　ただし，少なくとも年金の分野においては，会計基準は決して完全なものではなく日々改善に向けて専門家が議論を重ねているというのが現状である。次に取り上げる複数事業主制度などは会計基準の限界の好例である。

　また，会計基準は，投資家等の外部関係者に会社の財務情報を比較可能な形で開示するための共通ルールという性質上，年金の持つ不確実性・リスクを必ずしも十分に考慮しているものではない。例えば，DBの運営を保険会社といった金融機関が会社に代わり引き取るバイアウトという取引が欧米諸国で昨今発達しているが，この際に用いられる債務の算定基準は，リスクプレミアムを考慮して会計基準に基づく結果より数％～数十％高いというのが一般的である。

　適切な年金債務の評価のあり方は，対象となる年金や案件の置かれている状況により変わるが，盲目的に会計基準に準拠することが，必ずしも正しくないこと，また買収を行うものにとって不利益を生じさせ得ることは念頭においておくべきである。こうした事柄をゼロベースで創造的に考えるのは，アクチュアリーの十八番である。

② 複数事業主制度・DC類似型制度

　先に「Actuarial Report」や会計基準の限界（前述(2)②，(3)①）に言及したが，押さえておくと有意義だろうと思われる話題として，複数事業主制度・DC類似型制度の概要に触れておきたい。

　複数事業主制度は，2社以上の会社により運営される年金制度で，それらの会社が資本関係を有しないとき（例：業界横断型の年金制度）は制度の設計がDBであっても，会計上はDCとして扱うことが許容される。なぜなら，複数社で共同運用している資産の適切な配分が分からないため，それぞれの会社に帰属するネットの債務がきちんと定義できないからである。つまり，潜在的な

債務・リスクはあるのに，会計基準に則る限りはそれがなかったことになるわけだ。

DC類似型制度というのは，例えば一般的なDCでは社員・会社が拠出した運用原資を，どう運用するかが社員に委ねられる代わりにその運用結果に応じた給付しか受け取れない（したがって，会社としては運用原資の提供以上の負担はない）ところ，運用利回り・給付額に下限保証が付いているなどして，会社の潜在的な負担がゼロではない制度である。こうした制度をDB・DCのどちらとして扱うかは，会計基準によっても見解が分かれており，その潜在的なリスクの大きさ・蓋然性をしっかり理解し分析するという原点に立ち返って，一般的なDBと同様に買収価格への反映を何らか検討することが望ましい。

これらの制度は，会計基準での扱いに結論が出切っていない（あるいは会計基準の種類によって見解が割れたままになっている）分野であり，筆者が会計基準を信頼し過ぎないことの重要性を先に強調した所以である。

③ 米国DC制度

年金デューデリジェンスと銘打ちながら，実際にはその紙幅のほとんどをDBに割いた。これは実際の実務で問題となるのは，債務・リスクの大きいDBが圧倒的に多いからである。ただ，日系企業もM&Aに習熟しつつあり，案件が高度化している昨今，DCについてもしっかりデューデリジェンスをする例が増えてきている。その中で，遭遇する可能性の高いと思われる米国DCについて説明したい。

米国DCはその関連法例から401(k)制度とも呼ばれる。これは一般的なDCと同様，社員に固有の資産運用口座を設定して，社員・会社が運用原資を一定のペースで拠出していくもので，会社としては運用原資を提供した後は特に債務を負うものではない。

しかし，米国DCには非差別要件（non discrimination requirements）といって，資本関係を有する会社群が実施しているDCの内容に一定の制限がかけられる。これは，米国DCが税優遇のある制度であることに鑑み，所得の高い社員ばかりが利益を享受しないようにするために設定されているルールである。その詳細は複雑であるため割愛するが，主眼は所得の高い社員とそうでない社

員でDCの活用度合いに大きな差が出ないようにする，というものである。

　そのための検証を定期的に実施することが求められるのだが，資本関係のある会社群単位での実施であるから，買収した会社も対象となる。このときに，従来は保たれていたバランスが買収を契機に大きく崩れるという例がある。

　特に，新規事業分野への進出あるいは既存事業の先進化を図る買収の場合，自社の既存米国拠点の処遇が被買収会社のそれと大きく水準を異にする，ということがよくある。米国ではDCが広く普及しているので，この問題を避けて通れる案件は少ない。DCだからといって気を抜かずに，本件を念頭において，デューデリジェンスやその後の対応にあたる必要がある。

④　上場企業の買収

　前述(2)③においてクローズ時の買収価格の調整について，その意義と重要性について述べたが，上場企業の買収においては，買収価格の調整を行う株式の譲渡元が一意に特定できないため，買収契約の調印後に再度の調整を行うのが現実的ではない場合が多い。

　買収契約の調印時に，どこまで正確にかつ保守的に年金の債務・リスクを分析し切れるかにかかっており，ただそうした状況を売却側も見越しているため，買収の難易度が高まり，買収価格に織り込める年金の債務・リスクに限界があることと覚悟を決めて取り掛かる必要がある。

(4)　年金デューデリジェンスにおいて大切なこと

　ここまで，年金デューデリジェンスの問題意識，一般的な検討プロセス，実際の案件において特に留意を要する点を説明してきた。

　このテーマの締め括りとして，筆者が年金デューデリジェンスの成否を分けると考えている要因について紹介したい。図表4－33に示した通り，下記が三位一体となって，ディールチームの中で年金に関して正しい検討がされ，適切に実行されることが肝要である。

- M&Aの視点：M&Aという状況における課題を扱う以上，その詳細に通じていることは前提条件である
- 年金の視点：対象となる年金およびその関連法令やその示唆をよく理解しなければ適切な策を講じることはできない（専門家であるアクチュアリーの関与が望まれる）
- 人事の視点：年金を総報酬の観点から捉えて，制度の変更や実施の段取り・スケジュール（例：従業員コミュニケーション）を，給与・賞与といった処遇，評価・等級などの人事諸制度の文脈の中で引けるかどうか

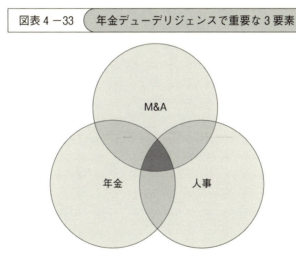

図表4－33　年金デューデリジェンスで重要な3要素

　年金は一般にはニッチでややこしい分野であり，クロスボーダーディールであれば日本だけでなく海外の状況についても精査をして，判断・行動しなければならない。一方で，その金銭的なインパクトは時に非常に大きく，交渉の最重要論点の1つになることもしばしばである。

　そして，その取扱いは上述した要素が1つ欠けても最高のものにはならない。案件・課題の難度・性質に応じて，経験豊かな人事アドバイザーを起用して，ディールチームの能力をこの3点から適切に補うことで，事業成長に向けて

M&Aを最大限に活かす必要がある。

第5章

経営者リテンション

1 経営者リテンション方針

(1) 経営者リテンションは必要か

　経営者リテンションとは買収目的の達成に向けて重要になる対象会社の経営者に買収成立後も継続勤務をしてもらうように各種施策を検討することである。

　まず，経営者リテンション施策が必要かどうかということを整理したい。実際に，買い手にとって初めてのクロスボーダーの買収案件や，経験が少なかったりする場合は，こうした根本的な疑問を持たれることが多い。

　具体的には，次のような質問を買い手側のディールチームから受けることがある。「今回はシェアディールである。いわば単に株主が変わるだけで，買収後も現在の雇用関係・条件が継続される。それにもかかわらず，なぜ特別なリテンション施策を検討しなければならないのか？」といった内容である。リテンション施策にはコストがかかるので，できればなしで済ませたいという考えは十分に理解できる。

　しかし結論から言うと，経営者リテンション施策が必要かどうかの検討は，いかなる場合も必要である。ただし，その検討を経て，経営者リテンション施策をなんら講ずる必要がないという結論に達することはあり得る。結果としてのアクションが同じだとしても，検討のプロセスを踏むことが重要であり，初めから根拠もなしに経営者が辞める可能性はないと決めつけて，リテンション施策の必要性の検討すらしないことは，お勧めできない。

　主な理由は2つある。1つは，日本以外の国では経営者・シニアマネジメント層の転職マーケットは，日本よりはるかに発達しているからである。M&Aが実施されたタイミングで，エグゼクティブは，対象会社に継続勤務することと転職することを，同じように天秤にかけると考えたほうがよい。さらにM&Aによって，オーナーが他国の企業に代わる場合，新社に対するガバナンス体制や，新社におけるマネジメント体制に対する不安などから，勝手がわかる自国企業に転職するほうがよいと考えることは大いにあり得ると考えるべきである。

もう1つは，ケースによっては，ディール成立に伴って経営者が多額の金銭的メリットを享受する場合が少なくないからである。金銭だけに動機づけられて人が働くものではないのはもちろんであるが，数十億円単位の現金を手にしながら，CEOがそれまでと同じような意欲で会社の業績達成に向けて全身全霊で業務に取り組むだろうと考えるのはいささかナイーブすぎるだろう。

　このように説明すると，対象CEOと直接交渉にあたっていたディールチームから，「買収交渉中に，現経営者が買収後も継続勤務をする」と力強くコメントしていた，という話が出てきて，やはりリテンション施策の検討の必要はないのではないか，という方向に社内の議論が流れやすくなる場合がある。

　もちろん，経営者がクロージング後に去るかどうかは，様々な条件が複合的に絡み合って決まることなので，結果的に残る可能性は否定しない。だが，現経営者は，本件交渉がまとまり，サイニングに至り，クロージングにたどり着いてようやく，支配権の変更（CiC）に伴う各種清算金や株式の売却代金を手に入れることができるのであり，交渉途中に買い手が不安になるようなことを言うことは通常考えられない。よって，交渉中の発言をもとに辞める心配がないと結論づけることは，性急であろう。

　このように，まず重要なことは，対象会社のエグゼクティブは，クロージング後に辞めるかもしれないという前提で考えることである。

(2) 経営者に残ってもらう必要があるのか

　論点として欠落しがちなのが「現在の経営陣をリテンションする必要があるのか。あるとすれば，誰にどの程度の期間残ってもらう必要があるのか。それはなぜか」ということである。

　日本企業が買い手の場合，現職の経営者の続投は必要という前提でスタートすることがかなり多い印象がある。しかし，本当に必要かどうか，必要だとしてもどの程度の期間が必要か，ということは買い手としてよく考えて，あらかじめ決めておくほうがよい。

　具体的なリテンション施策については後述するが，リテンション施策の典型例として「リテンションボーナスの付与」がある。これは，クロージング後一定期間を継続勤務すれば，いくらかの現金を支給するという約束を取り交わす

方法である。いわば少し先に人参をぶら下げる方法で，多くのケースで，対象者を継続勤務させるために一定の効果を発揮する。

しかし，注意しなくてはならないのは，途中で買い手の考えが変わった場合である。対象者を会社都合で解雇することになった場合は，リテンションボーナスは全額支給や在籍期間分で支給とすることが多い。よって，当初はどうしても残ってほしいと考えてリテンションボーナスの対象としたものの，対象エグゼクティブのパフォーマンスが想定外に振るわなかったという場合，その解雇のコストは高くつくことになる。

とかくディールの最前線に立っている事業部や経営企画を中心とするディールチームは，対象会社の経営陣とのコミュニケーション機会が多いこともあり，彼らをクロージング後も続投させることを当然の前提として考えてしまうことが多い印象がある。

しかし，ディール中に接触した感触がどんなに良好であっても，対象会社の経営陣が買収後も残るかどうかは別問題だと考えたほうが良いというのは前述のとおりである。ディール中に接している相手が見せているのは，本件交渉を株主にとって好条件でまとめるための顔であり，個人としての考え方はまた別のところにあってもおかしくない。

また，そもそも買収した事業の性質や経営者の能力・報酬水準などによっては，必ずしも続投させることが買い手にとって最善ではない場合もあるということを念頭に置いておく必要がある。

例えば，M&Aの目的が自社にない経営資源や市場を獲得することであれば，少なくともCEOを含む経営陣を一定期間リテインすることが必要だと考えるだろう。しかし，マーケットや顧客の獲得を主たる目的としたM&Aで，すでに自社の拠点が近くにあり，管理部門の統合が早期に可能だと考えられるケースでは，営業出身のCEOやマーケティング部門の執行役員は重要かもしれないが，管理部門の執行役員は，リテンション対象外としても良いかもしれない。

ここでリテンションの対象外にするというのは，必ずしも解雇するという意味ではない。積極的なリテンション施策（例えば，リテンションボーナスの付与）の適用対象外にするという意味である。ただし，クロスボーダーM&Aにおいては，何らかのリテンション施策を講ずることは一般的に行われているた

め，リテンション施策の適用外にするということ自体が，対象者に対するメッセージになるという点は認識する必要がある。具体的には，買い手は，対象者を「リテンションする必要がないと考えている」あるいは「リテンション施策を講じなくても辞めないと考えている」というメッセージが伝わると考えられる。よってリテンション施策の適用対象外になったメンバーについては，実力があれば，早晩他の活躍機会を求めて対象会社を去る可能性が高くなると考えられる。

2 経営者リテンション施策検討の切り口

　経営者をリテンションする必要性という大筋が決まり，リテンション施策の対象とする者の範囲・リテンション期間が決まったら，経営者デューデリジェンスを通じて得られた情報をもとに，具体的に提示する報酬パッケージの検討を行う。
　報酬は条件交渉なので，必ずこれが正解というものはないし，前出の通りリテンション施策を導入したからと言って辞めないとは限らないが，ここではいくつかの類型をご紹介する。

(1) 買収時に多額の現金支給があるとき
① 買収によって多額の現金支給が生じる背景
　経営者報酬には，現金報酬と株式報酬（制限株式，ストックオプション，等）がある。株式報酬は，長期インセンティブに用いられていることが多く「①すでに権利が確定しているが未行使の部分」と「②まだ権利が確定していない部分」に分けられる。さらに，創業社長に代表されるように，報酬とは別に「③保有株」からの配当を受け取っている場合もある。
　これらの情報は，上場企業であれば，少なくともCEOを含む数名についてはアニュアルレポート等での開示が義務づけられており，デスクトップデューデリジェンスの段階で，概ね把握することが可能なことがある。例えば，米国

上場企業の場合，Proxy Statement上で経営トップ5人（Named Executive Officers）の報酬情報が開示されている。これを見れば，通常の基本給や短期インセンティブ（STI）・長期インセンティブ（LTI）のターゲット水準に加えて，支配権の変更（CiC）に伴って精算される株式報酬についても少なくとも昨年度時点での情報は把握することができる。図表5－1は，開示情報をもとに情報を整理した例である。

図表5－1　支配権の変更（CiC）における株式報酬の精算額

タイトル	①権利確定済株式報酬 Vested Stock Awards	②権利未確定株式報酬 Unvested Stock Awards	合計
CEO	$27,000,000	$15,000,000	$42,000,000
CFO	$8,000,000	$4,000,000	$12,000,000
XXX担当執行役員	$5,000,000	$3,000,000	$8,000,000
YYY担当執行役員	$800,000	$3,000,000	$3,800,000
ZZZ担当執行役員	$700,000	$2,000,000	$2,700,000
合計			68,500,000

*株式報酬の精算とは別に，③保有株売却に伴う精算金も生じる場合がある
Copyright © 2019 Mercer Japan Ltd. All rights reserved.

　買収が成立した際，これらの「①権利確定済・未行使の株式報酬」「②権利未確定の株式報酬」「③保有株」のそれぞれがどのように取り扱われるのかということは非常に重要なポイントである。
　まず「③保有株」については，対象会社を100％現金で買収する場合であれば，全額現金として支給されることになる。例えば，保有比率が5％で買収価格が100億円なら，クロージング時点で経営者は5億円を手にする。創業社長の場合は，保有率がさらに高いこともあるので，多い場合には数十億円といった単位のキャッシュが経営者の手元に入る。
　続いて，「①権利確定済・未行使の株式報酬」について考えてみよう。これは前出の③と同様の扱いになると考えてよい。権利確定しているということは，

既に対象者が保有している状態にあるので，権利行使を止めることはできないと考えられる。例えば1株1,000円で買収する場合，対象者が権利行使価格500円のストックオプションを持っていれば，1株当たり「(1,000円－500円)×ストックオプションの個数」に相当する現金が経営者の手元に入る。

　最後に，「②権利未確定の株式報酬」についてである。これは，様々な取扱いのパターンがあるので，まず株式報酬制度のプランドキュメントをしっかりと精査する必要がある。大抵の場合は，支配権の変更（CiC）が発生した場合の株式報酬の取扱いがプランドキュメントに明記されている。権利確定日が到来していなくても，付与された報酬はすべて権利確定するというのが最も従業員にとって有利な（買い手にとって不利な）規定で，逆に権利確定日が到来していないものはすべて無効とされている場合もある。その中間として，経過分については比例按分で権利確定させる，とされている場合がある。

　こうした株式報酬の取扱いは，買収価格に直接的に影響することから財務アドバイザーやリーガルアドバイザーも真剣に調査をする点であるが，HRの観点でも，クロージング後の対象者の離職リスクを測るという観点で，しっかりと確認すべきである。

　なお，PEが保有している企業の場合，株式上場や売却，いわゆるExitに向けて経営者・重要従業員を動機づけるため，エグジットボーナスという仕組みを導入している場合がある。これは株式やストックオプションによるものもあれば，別途現金として対象会社から流出する設計になっている場合もある。いずれにしても，買い手が直接・間接に負担すべきコストとなるので，財務アドバイザーやリーガルアドバイザーの協力を得て，しっかり確認する必要がある。また，こうした制度によって，対象者が，買収成立時にどの程度のキャッシュを受け取るのかということは，離職リスクを把握するうえで重要なポイントである。

②　想定される影響と対応の方向性

　対象者のキャリア志向や性格，年齢などにもよるものの，一般的にいって，数十億円のキャッシュを手にすることになれば，対象会社を辞めてリタイヤするか，それを元手に何か他のビジネスを始めたいと考えるのが自然であろう。

言うまでもなく，買収時に多額の現金が支給される場合の離職リスクは相当に高いと考えるべきである。
　こうした状況下で，クロージング後に，経営者に少なくとも一定期間継続勤務をしてもらう必要があるとすると，対処方法としては，大きく2つのアプローチが考えられる。
　1つは，離職リスクを高める原因は，一度に多額に現金が支給されることにあるので，クロージング時点で本来精算・支給されるはずの金額を繰り延べ，さらには買収後の業績に連動して増える形にして，継続勤務への動機づけを図ることである。典型的な方法はアーンアウトである（図表5－2）。業績を上げる自信がある経営者にとっては魅力的に映るリテンション施策といえるが，クロージング時点に一括でもらえるはずであった株式の清算金を後ろ倒しにする提案となることから，通常は相当難しい交渉が想定される。また，少数株主がいる場合は，大株主である経営者本人との交渉だけでは済まない可能性もあり，さらなる交渉の複雑化・長期化が想定される。
　もう1つの方法は，リテンションボーナス（クロージング後一定期間の継続勤務を条件に支給されるボーナス）を付与する方法である。ただし，いずれにしても多額の現金を受け取る以上，クロージング後，長期間にわたってリテンションすることは無理があると考えられる場合が多い。そこで，後任の育成もしくは採用を前提として，バトンタッチまでに必要な期間残ってもらうという前提で，クロージング後6か月～1年程度後の在籍を条件として支給されるリテンションボーナスを付与するといった例がみられる。
　なお，リテンションボーナスの設計にあたっては，支給対象者，リテンションボーナスの金額，リテンション期間，支給形態，支給条件（一定期間のみの在籍を条件とするのか，一定の業績目標の達成を条件とするのか，等），等を検討する。このうち支給額については，基本給の何倍といった形で各国での相場観が形成されている。この相場観は，経営層の中でも一定程度認識されていることがあるため，リテンションボーナスを提示する際には，そうしたマーケットプラクティスを考慮して設定した旨を説明するとよい。

第5章　経営者リテンション　**155**

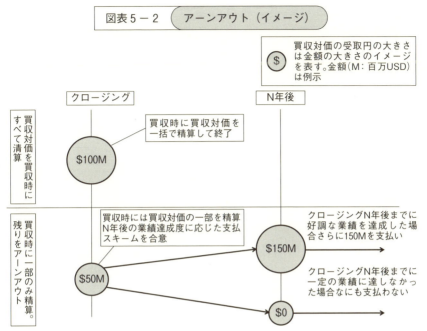

③　その他の留意点

　前出のとおりPEが保有している企業の場合，株式上場や売却，いわゆるExitに向けて経営者・重要従業員を動機づけるためエグジットボーナスという仕組みを導入している場合がある。これは，文字通り会社のExitによって制度が終了・精算されるため，当該制度の対象になっていた重要従業員を，クロージング後も中長期にわたってリテイン・動機づけする必要があるのであれば，代替制度の導入を検討する必要がある。

　会社の上場や売却に向けてのモメンタムと，買収成立後に事業会社の子会社になってから期待される会社の成長スピードは異なるため，この代替制度の設計は，当然ながら従来とは異なってよい。通常は，代替となるインセンティブを，当該国におけるマーケットプラクティス（付与水準，支給カーブ，等）を勘案して導入することが多い。

(2) Good Reason条項があるとき
① Good Reason条項とは

特に米国上場企業において，主要経営陣の雇用契約書にGood Reason条項が含まれていることがある。Good Reasonとは，直訳すれば"もっともな理由"である。よってGood Reason条項とは，支配権の変更（CiC）があった後に一定の条件のもとで自己都合退職をした場合に，通常よりも有利なセベランス（解雇手当・離職手当）を受け取って退職できる旨を定めた条項である。

具体的には，米国上場企業のCEOで，「基本給＋賞与のターゲット額」の2～3倍といった水準である。米国上場企業のCEOであれば，報酬（基本給＋賞与のターゲット額）が5M USD程度というケースもあるから，およそ10～15M USDが一時金として手に入るという計算になる。

このことは，対象会社経営陣の報酬が自社の社長より高いことに驚いた買い手の交渉担当者をさらに仰天させることもあるが，米国企業においては比較的よく見られる条項である。典型的なGood Reason条項の内容としては，図表5－3を参照されたい。また，米国上場企業をイメージした「Good Reason Severance（Good Reasonにより退職した場合の解雇手当）」の計算方法の典型事例を図表5－4に示した

図表5－3　Good Reason条項（例）

- CiC（支配権の変更）後，24ヵ月間に，本人の責めに拠らない事由・あるいはGood Reasonにより退職した場合は，**支配権の変更が生じる直前の基本給（年額）及びターゲット賞与（年額）の2倍を支給する**
- Good Reasonとは，以下のいずれかの事象が生じた場合をさす。ただし，対象エグゼクティブが，Good Reasonによる退職の通知を行ってから30日以内に事象が解決された場合は，その限りではない
  1. 職責の大幅な縮小：対象者が，支配権の変更が生じる前と異なる職位，職務，職責にアサインされるなどし，エグゼクティブとしての地位の性質や責任範囲が大幅に縮小することになった場合
  2. 基本給の減少：支配権の変更が生じる前と比べて，基本給が下がった場合
  3. インセンティブ及びその他福利厚生制度水準の低下：支配権の変更が生じ

る前と比べて，現金や株式によるインセンティブの額や総合的な福利厚生水準が下がった場合
4．（50マイル以上の移動を伴う転勤）：支配権の変更が生じる前の勤務地から，50マイル以上離れた場所への転勤を命じられた場合

Copyright © 2019 Mercer Japan Ltd. All rights reserved.

図表5－4　CiC後の所定期間にGOOD REASONにより退職した場合の解雇・離職手当の計算例

タイトル	基本給	ターゲット賞与	支給条件	Good Reasonによる退職を行使できる期間（CiC Protection Period）	計算式	CiC解雇手当額
CEO	$950,000	$1,187,500	本人の責によらない事由による退職，あるいはGood Reason	CiC後，2年間	2x(基本給＋ターゲット賞与)	$4,275,000
CFO	$510,600	$382,950	同上	同上	2x(基本給＋ターゲット賞与)	$1,787,100
XXX担当執行役員	$400,000	$300,000	同上	同上	2x(基本給＋ターゲット賞与)	$1,400,000
YYY担当執行役員	$410,000	$307,500	同上	同上	2x(基本給＋ターゲット賞与)	$1,435,000
ZZZ担当執行役員	$450,000	$337,500	同上	同上	2x(基本給＋ターゲット賞与)	$1,575,000
合計						10,472,100

Copyright © 2019 Mercer Japan Ltd. All rights reserved.

② 買い手としての対応

　経営者の雇用契約にGood Reason条項があった場合，クロージング後の離職リスクが高まる可能性がある。

　無論，いくつかの条件を満たす必要はあるものの，自主的に退職をしても10億円単位の現金がもらえるのだから，クロージング後に条件に抵触しそうなことが少しでもあれば，何らかの理由をつけてGood Reasonによる退職を図ろうというインセンティブが働きやすいと考えられる。

　この場合，それでも対象者にクロージング後も継続勤務して欲しいという場合は，「Good Reasonによるセベランス」という，いわば「辞めた場合にもらえるお金」を取り上げて，リテンションボーナスという継続勤務をすればもら

えるお金に置き換える交渉をすることが有効である（なお，Good Reasonの定義によっては，買収前に確約された後払い報酬であると見なされる場合があり，リーガルアドバイザーによっては，これを変更することは事実上できないという見解を示すことがある。交渉実施にあたっては，関係するアドバイザーの意見を十分に確認することを推奨）。

　図表5-5に，リテンションボーナスの設計イメージを例示した。例えば，クロージング後1年間にGood Reasonによる退職を発動することで10M USDがもらえるのであれば，この権利を放棄してもらい，替わりに2年後に在籍していれば5 M USDを支給する（リテンションボーナスを付与する）という交渉を行う。

　この場合のリテンションボーナスの水準は，マーケットにおける相場観に則って設定する。なお，Good Reasonによるセベランスは，一定の条件が達成されない限り支給されないのが通常であり，権利放棄の替わりに付与するリテンションボーナスは必ずしもそれと等価にする必要はない。ただし，リテンションボーナスの金額については当然ながら交渉の対象になる可能性が高いため，予めどの程度の水準までであれば認めるのかという予算を想定しておくことが迅速・スムーズに交渉を進めるうえでは重要である（予算枠については，「**3**リテンション交渉」で後述）。

図表 5－5　リテンションボーナスの設計（イメージ）

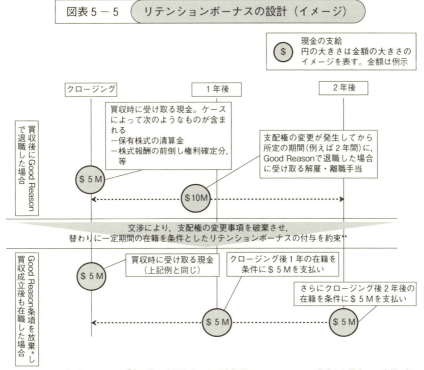

* Good Reason条項：ここでは「支配権の変更発生から所定期間にGood Reasonで退職した場合に，多額の解雇・離職手当を受け取ることができる旨を定めた条項」を指す
**案件によっては，Good Reason条項の放棄を交渉することの法的なリスクが著しく高いと判断される場合がある。その場合は，Good Reason条項を放棄させないまま，リテンションボーナスの付与を行うこともある。当然ながらリテンション効果は著しく削がれる

Copyright © 2019 Mercer Japan Ltd. All rights reserved.

(3) 報酬水準・構成に著しい市場との乖離があるとき

　人事デューデリジェンス（HRDD）の一環として報酬のベンチマークを行うことは先に述べた。本項では，報酬ベンチマークの結果によって，いくつかのパターンを例示し，具体的に考えられる対応方法を解説する。

　まず，現行報酬の水準も構成もマーケットと比べて大きく変わらない場合について述べる。この場合は，買収後も同等の報酬水準を維持することを基本線と考えてよい。特に株式買収の場合は，株主が変更するだけで，各従業員（経営者を含む）との雇用関係は継続するので，クロージング以降，新たな雇用条

件・処遇パッケージを提示しなければ，現状が維持される。少なくともいままで，その報酬で働いてきたわけであるから，買収した後も役割が変わらないのであれば，原則としては報酬も変更しないことは合理的である。

ただし，経営者デューデリジェンスを踏まえて把握した離職リスクの度合いによっては，リテンションボーナスを追加で支給する検討をしたり，基本報酬部分（基本報酬＋ターゲット賞与＋ターゲット長期インセンティブ）についても，今後の期待を込めて，やや上げる方向で調整したりすることは考えられる。また，結果的に報酬を変更しない場合であっても，買い手から正式に経営者や重要従業員にコミュニケーションして，双方納得するというプロセスは踏む必要がある。

上記の場合を除くと，報酬ベンチマークの結果は，次の3つのパターンに分けられる。なお，厳密に言えば，基本給，年間現金報酬（TCC），年間直接報酬（TDC），いずれの段階でのベンチマーク結果が，マーケットと比べて高いのか低いのかということによっても対応の方向は分かれるが，ここでは簡略化している。よって，特に注記がない限り，本項においては，年間直接報酬；基本報酬＋ターゲット短期インセンティブ＋ターゲット長期インセンティブ（TDC）での比較を指すこととする。

- 現行報酬水準が，マーケットと比べて高い
- 現行報酬水準が，マーケットと比べて低い
- （現行報酬の水準は，マーケットと大きく変わらないが）報酬の構成比率が異なる

① 現行報酬がマーケットと比べて高い場合

例えば，買い手が，各国のエグゼクティブの報酬水準は，対象国におけるマーケット50％ileを基本に検討するという報酬ポリシーを持っていたとしよう。買収対象会社のCEOの報酬水準がマーケットの90％ile近い水準にあった場合，どのように対応するかを検討する。

もちろん，買い手としての報酬ポリシーを明確にして，それに沿って検討を

進めることが原則ではある。しかし，少なくとも対象者のリテンションを前提として考えるのであれば，報酬を下げる提案をすることは選択肢にはなりえない。報酬を下げる提案をすることは，相手に退職を促すメッセージと考えるべきである。また，先に述べたGood Reasonの条件のひとつに，「報酬の引き下げ」が含まれていれば，対象エグゼクティブがGood Reasonによるセベランス（解雇手当・離職手当）をもらって辞めるための直接的なきっかけを与えることになりかねない。

買い手の論理としては，対象者の報酬が高いのであれば，下げたいと考えるのは理解できる。例えば上場会社を買収した場合，対象会社CEOの役割が実質的に縮小することは多い。これは，買い手が対象会社をガバナンス・コントロールするために，従来のCEO権限の一部を買い手本社に引き揚げたりするためである。すると，現職の役割を前提として行った報酬ベンチマークで現行報酬が高いという結果が出た場合，買収後の役割を想定すれば，現行報酬はさらに高ぶれすると想定される。

それでも，対象者のリテンションを前提とするならば，現状維持が最低ラインである。対象者の立場で考えれば，今までより低い報酬で，新しい（海外の）株主のもとで働くより，現在と同等以上の報酬を支払ってくれる自国の企業で働くほうが成功確率は高いと考えて，離職するのが合理的な判断であろう。

もし，何らかの事情で，現状維持の提示すらできないという場合は，残念ながら対象者のリテンションそのものを諦めたほうがよい。対象者の報酬水準が高いということは，言い換えれば，もっと低い報酬水準で，標準的なレベルの後任を探してくることができるということでもある。この場合は，後任を速やかに探すことを前提として，短期的なリテンションに切り替えて検討を行うことが現実的と考えられる。

② **現行報酬がマーケットと比べて低い場合**

次に，対象者の報酬水準がマーケットより低い場合について考える。例えば，買い手が重要だと考えているポジションの現職者が，マーケット25％ile相当の報酬しかもらっていないとするとどのように対処すべきか。

まず，報酬水準がマーケットと比べて低いからと言って，一概に離職リスク

が高いとは言えないし，クロージング後の報酬を引き上げる必要はない。一般的に，報酬はポジションに対して一定のレンジで決まるが，個人ごとの報酬は当然ながら個人の経験や能力を踏まえて決定されており，マーケット水準（例えば中央値）と比べて低いことにはそれなりの理由があることもある。典型的には，現在の職位に昇格して間もない場合などが考えられる。

　報酬データが，CEOへのリテンションインタビューの前に開示されていれば，なぜ対象者の報酬水準が低いのかは，インタビューでの重要な確認事項のひとつである。その職務についてからの年数が短いといった理由であればよいが，対象会社のなかであまり評価されていないという場合は留意が必要である。この場合，買収後の離職リスクが特に高くなければ，現状維持とすることで基本的には問題がないと考えられる。もっとも，現職者があまり評価されていないとすると，中長期のリテンションを前提とすることが最適かどうかは再考の余地があるだろう。

　対象会社がPE傘下にある場合，通常の報酬項目（基本報酬＋短期インセンティブSTI＋長期インセンティブLTI）以外に，エグジットボーナスなど売却によって支給が発生する仕組みが導入されている場合があることは先に述べた。この場合，Exitに向けて強力に動機づけることを目的として，通常の報酬項目からの支給額が意図的に低い水準に抑えられていることがある。この場合は，クロージング後の報酬水準は，マーケット水準を念頭に引き上げる方向で調整することが期待される。

　特に，マーケットでは一般的であるにもかかわらず長期インセンティブが入っていないことが原因で報酬水準が低く抑えられているといったケースでは，中長期の業績目標達成に向けた動機づけを目的として新たに長期インセンティブを導入することはよく行われる。ターゲット報酬額としては，増えることになるが，長期インセンティブは所定の最低限の業績目標を達成しない限り支給がされないため，いたずらに固定費が増大する事態は避けることができる。また，長期インセンティブでは，業績評価期間（通常2〜3年間）が終了した後の支給日時点での在籍が条件となるため，対象者のリテンションに対しても効果が期待できる。

③ （現行報酬の水準はマーケットと大きく変わらないが）報酬の構成比率が異なる場合

　基本報酬，短期インセンティブターゲット，長期インセンティブターゲットの構成比率のことを「ペイ・ミックス」という。一般的に，短期インセンティブや長期インセンティブといった変動報酬の比率が高いほど，業績達成に向けた動機づけが強く働くと言える。

　ここでの変動報酬とは，所定期間における業績の達成率に応じて受け取る報酬額が変動する報酬項目を指している。日本企業においては，賞与と言っても業績に拠らず一定月数分が支払われることが事実上の下限として設定されている場合があるが，日本以外の企業においては，最低限の業績を達成しない限り，全く支給されないのが普通である。

　さて，対象会社の経営陣の変動報酬の比率が，マーケット水準より高かった場合はどのように考えるべきか。もちろん，その背景を確認する必要はあるが，買い手にとっては，変動賞与の割合が高い方が，会社業績との連動性を高く保つことができるので，基本的には都合が良いと考えられる。この場合，クロージングのタイミングで，あえてペイ・ミックスをマーケットにあわせて調整しようと試みる必要はないだろう。

　問題は，基本報酬の割合が高い場合である。やはりまずは，CEOへのインタビュー等を通じて経緯を確認する必要があるが，リテンションを前提とするのならば，報酬の引き下げは難しい。どうしても基本報酬と変動報酬の割合を調整したいのであれば，同時に対象者の総現金報酬（基本報酬＋ターゲット短期インセンティブ＋ターゲット長期インセンティブ）をやや増額するのであれば，受け入れられる余地はあると考えられる。

(4)　その他

　ここまで紹介した通り，金銭的なリテンション施策としては，基本報酬＋短期インセンティブ＋長期インセンティブの調整・変更に加えて，リテンションボーナスを活用することがある。

　リテンションボーナスは，クロージング後一定期間（1〜2年程度）の継続勤務を条件に所定の金額の支給を約束するという形式が一般的である。言い換

えれば，所定期間を在籍していれば，それだけでパフォーマンスに関わらず支給されるということになる。もし買い手に交渉力があり，対象者のパフォーマンスを見極めたいといった考えがあれば，在籍のみならず一定の業績達成を条件として付加したり，さらには，業績の達成度によって支給額が変動するような設計にしたりすることも可能である。

　また，リテンションボーナスの支給タイミングは，必ずしも1回とは限らず，2年間にわたって1年経過ごとに半分ずつ支給するといった場合もある。より強力なリテンション効果を期待するのであれば，リテンション期間終了後に一括支給とすることが最もよいが，金額の大きさと待つべき期間の長さのバランスを考えて，十分魅力的な形態とする必要がある。

　リテンションを強力に発動するため，株式譲渡契約（SPA）のクロージング条項として，特定の人材がクロージング時点で在籍していることやクロージング時点で，新たな雇用契約に合意していることを条件とする場合がある（いわゆるキーマン条項）。しかし，究極的には，各従業員の勤続是非は，それぞれの自由意思にゆだねられることになるため，売り手としてコントロールが効きづらいこうした条項を盛り込むことは，よほど買い手の交渉力が強くない限り難しい場合が多い。特にオークションプロセスの場合は，最終の候補者として選ばれるまでは，セラーの交渉力が圧倒的に強いため，織り込みは難しいと諦めるか，もしくは，独占交渉権を得てから株式譲渡契約（SPA）のマークアップ段階で具体的な反映を交渉するのが賢明と考えられる。

3　リテンション交渉

(1) 推奨される合意タイミング

　オファーする内容が決まったら対象者とオファーミーティングを持って，リテンション交渉を行う。タイミングとしてベストなのは，ディールのサイニングが行われる前である。

　わかりやすい例としては，売り手がPEファームでCEOが，そのPEに招聘

されて業績を上げてきたようなケースが挙げられる。売り手であるPEファームにとってのゴールはサイニング（および、その先のクロージング）であるから、買い手にとってCEOのリテンションがサイニングするうえでの重要な条件であるということであれば、CEOの説得に多かれ少なかれ協力的になってくれる可能性が高い。

これがサイニング後になると、売り手としては所期の目的を達成してしまった後であるから、協力を得るのは難しくなると考えられる。むしろ、実力のあるCEOであれば、PEファームとしては次の他案件でその手腕を発揮してほしいと考えて、暗に引き抜きを働きかけるようなことさえ考えられる（もちろん、買収合意契約書には、一定期間の引き抜き防止が条件に入れられることが一般的であり、明示的にそのようなことは行われることはない）。

最終的には職業選択の自由は当人にあるので、売り手であるPEとて、現職CEOのリテンションを確約することはできないため、CEOの続投がサイニングにあたっての前提条件であることを強調しすぎることで、特にオークションプロセスにおいては、買い手が不利になる可能性はある。しかし、本当に本件の成功にとって現職CEOのリテンションが不可欠なのであれば、それが確約できないままにオークションプロセスに勝つことは本末転倒だと割り切るべきである。

このように、交渉過程のパワーバランスの変化や駆け引きを考えると、サイニングより前にクロージング後の継続勤務について少なくともCEOから合意を取りつけておくことが望ましい。実際には、特にオークションの場合は、CEOを含む経営陣個人の報酬情報が開示されるのは交渉が大詰めに向けた後半以降になることが多いため、具体的なオファーパッケージの決定・提示・合意は時間的に間に合わないこともある。この場合も、口頭でも握手でも構わないので、サイニングまでに何らかの継続勤務に向けた意思表示を得ておくことが重要である。

具体的には、新報酬パッケージの主要項目をまとめた書面を提示して合意する。これは、リーガルドキュメントではないので、当事者のサインは必要ではないし、法的な拘束力も持たないが、あくまでも両者とも内容を確認したことを表すために、サイン欄を設ける場合もある。

そして，ここでの合意事項を前提として，サイニング後速やかにリーガルドキュメント（雇用契約書，等）のドラフトに入るのが一般的な流れである。

なお，タームシートには，変動報酬（インセンティブ）の支給水準（業績目標を達成した場合に受け取れる報酬額）を示すにとどめ，具体的な業績評価指標や業績目標の高さは示さないことが一般的である。また，支給水準についても，ターゲット水準（ターゲットとなる業績目標を達成した場合に支給される水準）のみを示して，閾値や最大目標値を達成した場合の支給額については提示しないこともある。これは，サイニング前後の非常に限られた時間でそこまでの議論を詰めることが現実的に難しいためである。

一方で，買収後の事業計画については，CEOとクロージング後の報酬に関する交渉をしている時点で，既に明らかになっているはずである。買収価格はこれをもとに決定されており，これが達成されないと，買い手は買収の所期の目的・目標を達成できない。よって，インセンティブの詳細設計についても，買収の前提となった事業計画をベースにしっかり煮詰めていく旨を，CEOとあらかじめ合意しておくことは，非常に重要である。中には，買収が成立したとたん，買収交渉において買い手に提示された事業計画は諸般の理由から達成困難であるとして計画変更を申し入れてくるケースもあるため，初めに事業計画の前提を両社で確認しておくことは，買収後のガバナンス・コントロールの基礎を築くうえで，大切なポイントである。

(2) 交渉のポイント

交渉にあたっては，まず報酬のパッケージそのものは大事であるが，それを誰がどのように伝えるかということは，それと同等かそれ以上に重要である。

具体的には，買い手のプリンシパル（代理人ではないという意味でのプリンシパル，買収後にCEOの上司となる人物）が，対象会社のプリンシパル（CEO）に対して直接オファーする機会を持つことが大切である。プリンシパル（Principal）同士の議論の場であることから，「P to P Meeting」と呼ぶこともある。

この場で，買い手のプリンシパル自ら，自社の成り立ちや哲学を紹介したり，買収後の事業成長に向けた期待を情報交換したりすることで，これからこの新

しい株主と一緒にやっていくと楽しそうだとか，わくわくする感じを共有できるかどうかということが，リテンションの成功にあたって非常に大事な要素のひとつである。

　無論，魅力的な金銭報酬パッケージを用意しておくことは大事である。ただこれは必要条件というべきもので，これだけでリテンションを確約することはできないと考えたほうがよい。また，報酬パッケージの説明に際しても，ただ淡々とスクリプトに沿って報酬パッケージの項目を説明することは望ましくなく，そこにどのような思いを込めたかをしっかりと説明することが大事である。

　例えば，ペイ・ミックスを変更し，LTIの新規導入を提案するのであれば，その理由をあわせて説明する。買収後のチャレンジングな業績目標をぜひ達成して欲しいからかもしれないし，買収時に清算されるExit Bonusの代替として，中長期目標に連動するインセンティブが必要だと考えたから，という場合もあるだろう。なお，オファーミーティングで報酬に関する専門的な質問が出た場合に備えて，必要に応じて自社の人事部門や人事コンサルタントを同席させてもよい。クライアントによっては，各国の経営者報酬の専門家をオファーミーティングに同席させるケースもある。

　さて，クロスボーダー案件では，ここで言語の問題が生じることがある。CEOの上司となる事業トップは，事業のプロであるが，英語の巧者ではないという問題である。

　この点は，実はあまり問題にはならない。オファーミーティングでは，買い手の適切な立場の人から，重要な点をもれなくしっかりと伝えることが大事である。よって，プリンシパルの英語力が充分でなければ，遠慮なく代理人・通訳を同席させて対応すればよい。自分の言葉で伝えることは大事ではあるが，内容を正しく伝えることが最も大事であり，優秀な代理人・通訳を通じてコミュニケーションをとることに何ら引け目を感じる必要はない。

(3)　事前の社内調整と予算枠取りのすすめ

　P to P Meetingが，周到な準備と優秀な通訳のおかげで，とてもよい雰囲気で終わったとしよう。事業の展望を，腹を割って話し合うことができたし，数々のチャレンジはあるものの，CEOはその計画にしっかりコミットしてい

ることも分かった。報酬パッケージについては，その場では正式な回答がなかったが，この雰囲気なら問題ないだろう……。

そのように考えて帰国の途に就くと，空港でCEOからメールが届く。これは，CEOから報酬パッケージについても了承したという連絡かと思って見てみたら，実は，長いカウンター提案でうんざりした，というのは，しばしば聞く話である。

基本的に，報酬はその人のビジネスパーソンとしての値段を表していて，その会社にとどまるにしても，転職をするにしても，非常に神経質になるものである。提案した報酬パッケージがそのまま受け入れられることはまれであり，相手は必ず交渉をしてくると考えておいたほうが良い。

カウンター提案の内容は，CEO自身の処遇に関してのみである場合もあるし，CEOを含むエグゼクティブチームメンバー全員の処遇に関することである場合もある。大抵の場合は，増額を提案してくる場合が多いが，重要なことは，それは対象会社のコストになるという点であり，少なからず業績目標の達成を難しくする方向に働くということである。リテンション施策に伴う費用は対象会社から出ることになるので，事業計画達成とのバランスを取るために，最小限の対象者に最小限のリテンション施策を講じようとするのが通常のCEOの思考回路である。

その意味で，もしCEOのカウンター提案の内容が，個人別の報酬額の調整が主で，エグゼクティブチームの報酬総額としては，当初提案の枠内に収まっていれば，基本的には受け入れて問題ないと考えられる。買収後もCEOが従来通りCEOとして残留するのであれば，買収後の事業計画の達成に責任を持つということである。その事業計画達成のために必要な人材の配置・リテンションは，基本的にはCEOの責任において実施すべきといえる。当然，CEOは業績達成に必要なチーム編成，各人の動機づけのポイントを知っているはずであり，リテンション予算の総枠は買い手として把握する必要があるものの，配分については，CEOの意見を大いに取り入れるべきである。むしろ，買い手としては，素案となるリテンション施策と全体の予算を伝えて，あとはCEOに検討させるというスタンスで臨んでも良いかもしれない。

一方，カウンター提案の内容が報酬総額の増加を伴うものであれば，背景・

理由をCEOに確認したうえで，予算が適切かどうかを買い手として判断することになる。

ここで，カウンター提案をうけて予算を引き上げることを再度，経営会議にかけるなどといったプロセスを踏んでいたら，ただでさえ時間が限られる交渉後半の時間を決裁プロセスに費やしてしまうことになる。また，CEOとしては，買い手のPrincipalに提案をしている以上，速やかに判断がなされることを期待していると考えられる。ここでの判断の遅れが，買収後の経営のやり方・スピード感への不信感につながり，せっかく今後の事業について意気投合できていたのがすっかり拍子抜けした感じになってしまってもいけない。

言うまでもなく，Principalといえども，会社のガバナンスルールを無視して即決できるわけではない。そこで，現実的にお勧めしているのは，事前にある程度のレンジで，新報酬パッケージ・リテンションにかかる予算を押さえておくことである。

マーサーでは，ディールの規模別に必要となるリテンションボーナスの規模を調査したデータを保有している。これによれば，ディールの規模とリテンションボーナスの総額予算は正の相関がある。具体的には，買収価格が上がるにつれて，リテンションボーナスの対象者やリテンションボーナスの総額は増加する傾向がある。

重要なことは，交渉相手であり，買収後の部下でもあるCEOに足元を見られないよう，カウンターに対して速やかに適切に対応して，早期に合意し，視点を買収後の事業計画の達成に向けさせることである。

(4) 買い手の報酬ポリシーの明確化

報酬交渉を行う際には，ロジックも大事だが，最後の砦は，買い手の「報酬ポリシー」である。

報酬ポリシーとは，各地域・階層・職種等に関する報酬設定に関する基本的な考え方のことである。報酬は，ローカルマーケットで決まるため，グローバル横通しで，階層ごとに額面でいくらと設定することは基本的に難しい。よって，報酬ポリシーというのは，各ローカルマーケットの報酬水準に対する相対的な位置づけで設定されることが多い。

あまり法外な申し出をしてくるCEOに対しては、この報酬ポリシーを示し、それを逸脱する決定は会社としてできないことをハッキリと伝えるべきである。

前出の「経営者デューデリジェンス」で、対象会社の経営者の報酬水準が明らかになると、買い手が日本企業の場合の担当者がその水準の高さに驚くということを述べた。この点、日本の経営者報酬は世界的に見るとかなり特殊なため、報酬の額面で比較した場合に、社内の序列感を維持することが難しくなるのはある程度許容せざるを得ないことである。しかし、ローカルマーケットと比しても法外な水準を要求するのであれば、それは許容しがたい。

実際には、大手グローバル企業を除くと、日本企業では明文化された「報酬ポリシー」を定めているケースはあまり多くないように見受けられる。その場合、相手にはいままで報酬ポリシーがあったかどうかはわからないわけだから、「自社の報酬ポリシーでは、マーケット中央値（50％ile）を基準とすることになっている」などと原則を決めて交渉に臨めばよい。

どうしても買い手が対象者をリテンションしたいのであれば、おのずから交渉上の立場は弱くなるので、想定より高い報酬水準で妥結せざるを得ないこともある。それでも、支払う分に見あうアウトプットを相手が出してくれるだろうか、という観点で高所からの判断で妥当だと言えるのであれば、それでよい。

通常、報酬はターゲット（所定の目標を達成した場合に支給される基準額）で示すので、あまりにターゲット報酬が高くなるようであれば、サイニング・クロージング後に議論することになるインセンティブ制度の目標設定の難易度を調整して、結果としての支給額を常識的な範囲に抑えるように調整することはテクニカルには可能である。ただし、議論の基準点となるのは、買収時に前提としていた事業計画とすべきであり、調整の範囲は限定的にとどまる可能性がある。

実は、クロージングしたとたんに、買収交渉時に話していたことを完全に別枠として扱い、買収時に前提としていた事業計画そのものを反故にしようとする経営者も中にはいる。このようなことを未然に防ぐためには、オンボーディングが重要となる（第6章「経営者オンボーディング」で詳述）。

4 ポスト・リテンション期間の対応

　シビアな交渉を経て，ようやく経営者が継続勤務に合意し，ディールも無事にサインに至った。多くの会社では，このタイミングで，ディールの検討チームからPMI検討チームに移る。買収効果を実現するためには，事業の専門的な知見が必要だから，事業部からの参加メンバーがいれば続投・あるいはメンバーが補強され，次第に，本社経営企画や本社人事の手を離れて，事業部主導に移っていく。

　良くも悪くも事業部は，事業視点でものを考えやすい。事業としての売り上げ・利益を最大化する使命を帯びているのだから当然のことだが，中長期的な事業成長に不可欠な人材のリテンションやアトラクション，モチベーションの維持向上に対する感度は相対的にやや低くなる。よって，例えば，リテンション施策に合意したので，これで安泰，対象経営者は喜んで継続勤務してくれるということを当然の前提条件と考えてしまう傾向にある。数億円のリテンションボーナスを2年後にもらう約束でOKを出したのだから，安泰だろうと考えたくなるのも無理はない。

　ここで，経営企画部や人事部としては，冷静に事態を捉えておく必要がある。新報酬パッケージに合意したというのは，当面その条件で働くということに合意したということである。リテンションボーナスを上回るサインオンボーナスを提示されれば，離職を促す金銭的誘因は充分に生じ得る。言うまでもなく，人が働く理由は金銭的な動機づけだけではないし，不謹慎な話だが，不慮の事故で突然いなくなることだってあるので，人の離職タイミングは広い意味で制御不可能である。

　リテンション施策は辞めるリスクを下げるための施策であって，これがあれば必ず継続勤務することが約束されるという性質のものではない。よって，リテンション施策を導入したからといって，辞めないと安心するのではなく，その間に次の手"プランB"を考えておくことが重要である。

　実際に，上場企業の買収案件で，十分に魅力的なパッケージを用意して合意

したものの，CEOがリテンションボーナスの支給を待たず，より大きな上場企業へと転職していった例もある。

　このプランBを考えて準備しておくことには別の狙いもある。新規事業を買収した時点で，買収先の経営者を当面リテンションするという意思決定はやむを得なかったとしても，その先その経営者自身を継続勤務させることが，グループ業績全体への貢献を考えたときに，最もよい選択肢とは限らない。今後毎年行われる報酬更改交渉において，買い手をなるべく優位な立場に持っていくためにも，対象者を交代可能な状態にしておく，つまり後任のあてをつけておくということは非常に重要なことである。

　具体的には，①買い手から駐在員を派遣する，②下の階層の経営幹部から登用する，あるいは，③外部から採用する，という3つの方法が考えられる。いずれの場合も，現職者が離職してから対応を取っていたのでは遅いので，予め対応方法を想定して準備しておくことが重要である。

第6章

経営者オンボーディング

1 経営者オンボーディングとは？

　経営者リテンション施策の必要性は，M&Aのコンテクストの中で広く知られるようになったが，経営者オンボーディングについては，まだ浸透していないのが現状である。しかし，経営者オンボーディングは，買収後の対象会社・事業を運営するうえでの重要な要素である。

　本章では，M&Aにおける経営者オンボーディングの重要性について解説する。M&Aの際には対象会社の従業員に対して適切なコミュニケーションを行い，従業員の不安感を払拭し，生産性の低下等の副次的に発生しうる下振れリスクを軽減することが必要である。対象会社の経営者およびリーダーシップチームに対しても同様に適切なコミュニケーションを行うとともに，買収後の新組織の針路および航路の確認，そして新株主の事業運営手法や業務プロセスに関する理解を得ることが重要である。

(1) オンボーディングの考え方

　新入社員が入社した際には，多くの企業でオンボーディング・オリエンテーションが行われる。その目的は，新たに組織に参画したメンバーが活躍できる環境を作ることである。そのために，組織の説明，業務の内容・プロセス，慣習等々の様々な事項についてオリエンテーションや実習を通じて刷り込んでいく。これは，M&Aで新たに買い手グループに参画した経営者やリーダーシップチームにも例外なくあてはまる。

　経営者リテンションと混同されやすいのだが，経営者リテンション施策は，あくまで買い手が必要と考える買収後の一定期間の自主退職リスクを軽減することが本来の目的であり，リテンションボーナス等のリテンション施策は買収後の活躍を促すことを主眼にして提供されているものではない。ただし，コントロール・プレミアムを上乗せして買収した企業の買収後の業績成長，そしてリテインした経営者の活躍・更なる成長を促すためには，リテンション施策から一歩踏み込むことが必要である。

オリエンテーションとは少し趣が異なるのだが，買収後の対象会社の成長や経営者の活躍を促すためには，適切にリーダーシップチームを新たな株主が率いる船にオンボード（乗船）させ，両社が同じ目標地点に向かって舵を切るということが大事である。

(2) 目　的

　経営者オンボーディングとは，買収後の継続勤務に同意した経営者に対して株主側の買収後の事業計画，意思決定プロセス，業務プロセス，慣習，カルチャー等を理解させ，買収後の新組織・意思命令系統の中で活躍できる環境を作ることである。

　経営者オンボーディングにおける肝は，リテインした経営者が同社のマネジメントを行い，株主は適切なガバナンス体制の構築を通じたコントロールを行うことである。そのため，経営者が適切に買い手のやり方に納得してオンボードできていない場合，買い手の定めた目標に進んでいない，目標は変わらないが定めた航路が違う，そして最悪の場合買い手の手法に納得せず退職をする場合もある。

　無論，そんな経営者はやめて頂いて構わないという見方もあり，正しいと言えよう。ただし，ここで重要なのは，このような事象が買収後発生してしまった場合，本来プレミアムを回収するためにも高い業績目標に向かって成長すべきはずが，買収後の2年間の業績が上がらず当初の事業計画未達成ということにつながる可能性がある点である。この機会損失は非常に大きく，避けるべきである。結果論的なヒトの問題にしてしまっては，成長がない。せっかくリテインした経営者であるからには，活躍できる環境を前もって準備することが何よりも重要である。

(3) M&A現場での実際

　実際に日本企業が海外企業を買収するクロスボーダーM&Aにおいては，依然として買収先企業の経営者・リーダーシップチームのオンボーディングが適切に実施されている場合は少ないように思われる。日本企業の中にも海外企業の買収を通じて成長を遂げてきている企業はあるが，市場全体では，やはりリ

テインした経営者を適切に活躍させる手法を構築している企業はまだ少ないのが現実である。そのため，リテインした経営者とのコミュニケーションがうまく取れない場合や，マネジメントに関する手法やプロセスに対する相互理解が得られない等の問題に直面した際，言語の問題や文化の問題，さらにはヒトの問題と捉えて，問題の本質について追及せずに片づけてしまうのである。

ここは日本企業がグローバルでのM&Aを今後展開していく際に，ボトルネックとなり得る程の大きな課題である。

図表6-1　日本企業に散見される事象・問題

事項	散見する事象	問題
業績目標の合意	●交渉の結果，当初の業績目標値より低い目標で合意 ●リテインした経営者から，目標達成が苦しくなると外部環境の変化やモチベーションへの影響等の理由で引き下げ交渉をしてくる	●買収時に設定した事業計画の未達 ●投資コストが回収できず，結果として高値買い
インセンティブの支払い	●業績が悪くインセンティブが出ないため，重要人物が辞める危険性について対応を求めてくる	●本社からガバナンスが効いておらず，現地側の判断で特別ボーナス等を支払ってしまう ●インセンティブの本来の意味がうやむやになり，結果的に業績悪化だが経営者はきちんと報酬を受け取っている
業績目標の意味合いや組織運営手法	●対象会社の経営陣が，親会社の企業グループや中期計画における買収先の位置づけ／業績の必達度合をわかっていない ●合意した目標数字は「希望的観測に基づく達成目標」なのか，それとも投資コストを回収するために「最低限必要な絶対目標」なのか理解できていない ●親会社の経営管理手法や用語を十分理解していない(説明していない)：Value，事業計画，予算，業績予測，KPI，インセンティブなど	●そもそものスタートラインが揃っておらず，買収後一定期間の後に発覚し，大きな機会損失となる ●互いの運営手法の理解度の低さから，業績目標達成への動機づけや促しが上手く機能していない
現地経営者への依存	●現地のことは現地に任せるという号令のもと，経営者の資質よりも，日本側の本社の事情を汲み取る人間が評価される	●代わりがいないため，現地に依存するものの業績も上がらない ●本社の意向を汲み取ってくれる人物のため，代えづらい
担当駐在員への依存	●現地に派遣している駐在員の役割を明確にせず，当該人物の頑張り，能力，資質に依存してしまう ●上手く回っているが，成功例のモデル化ができていない	●ヒトに依存しているため，体制変更が起きると状況が一変してしまう

Copyright © 2019 Mercer Japan Ltd. All rights reserved.

2　クロスボーダーM&Aでのオンボーディングの難しさ

　クロスボーダーM&Aでの経営者オンボーディングは，国内M&Aに比べて難易度が高いと言ってもよいだろう。無論，言語の問題やその他の外的要因の影響がないというのは嘘になる。しかし，困難な買収・売却交渉を経て一定程度の信頼感や少なくとも期待感は持っていることが多く，適切な環境を整えることさえできれば，言語，民族性，慣習等の問題は解決できるものである。
　クロスボーダーM&Aの特徴は，仕組み，環境，カルチャーの3要素の違いによって，構成されていると言えるだろう。

(1)　仕組みの違い

　まずは，業務プロセス・意思決定プロセス等のハード面での仕組みの違いである。この点は，クロスボーダーM&Aのデューデリジェンスの中では，検証されないことが多く，サイニング後に早期に手を打たないとおざなりになってしまう危険性の大きい領域である。
　例えば，対象会社A社はよりカスタマーと直接対話する営業職やエンジニア職への権限移譲を行っており，そうすることにより常に変化するマーケットのニーズを即座に把握し対応することが，付加価値の創出や競合他社との差別化につながると考えていた。また，カスタマーの声を直接リーダーに届けられるよう，組織をよりフラットにすることを心がけており，従業員がいつでも上司と対話ができるオープンドアポリシーを重視していた。
　一方，買い手の日本企業は現会長が創業者であり，日本市場におけるブランドの認知度も非常に高く，ブランド力の高さが会社の価値創出の根源であった。そして，組織体制は現会長をトップとした明確な組織階層が確立しており，同様に組織内でのコミュニケーションの原則が明確に設けられていた。
　この買い手が対象会社A社を買収し，いざ買収後の運営を始めてみると，デューデリジェンス時点では明確に整理できていなかった点がいくつも浮き彫り

になる。買い手は，対象会社に対してよりプロセス重視の明確なコミュニケーションプロトコルを要求し，かつ意思決定プロセスに関しても，買い手側の意思決定プロセスをそのまま適用しようとしたのである。しかし，買い手側のプロセスは対象会社の経営陣にとって，自社に当てはまらないものであり，意思決定スピードが遅れることを懸念していた。さらには，買い手側のプロセスを導入することにより，自社が培ってきた他社との差別化による競争優位性を失うことを懸念し，強く反発するのである。

この結果，対象会社の業績は思ったように伸びず，経営者・リーダーシップチーム内での退職が相次いで発生しはじめた。結果として，良かれと思ってやったことが，経営陣の足かせとなってしまった。

どちらが正解か不正解かという話ではなく，この例は買収後の組織の在り方に関する意思疎通が図れていなかったことと，対象会社の現状に対して買い手の理解度が低かったことが招いた結果である。

(2) 環境の違い

クロスボーダーM&Aでは，異なるバックグラウンド，住環境，言語環境で生活してきた経営者と同じ目標を持って，歩み出さなければならない。この際には，やはり互いの違いについて理解しあうということが非常に重要である。ともするとカルチャーの話のようにも聞こえるのだが，ここで述べる点は組織文化としてのカルチャーとは異なることに留意が必要である。

日本でのコミュニケーションと同様に，「言わんとすることは分かってもらえるだろう」「事情は汲み取ってくれるだろう」といった暗黙知を前提としたコミュニケーションは，理解してもらえないと思った方が良いだろう。特に明示的なコミュニケーションを前提とする欧米の文化に対しては，日本の暗示的なコミュニケーションは，良くわからないものである。場合によっては，はっきりとしない，明確に物事を言わないことが，自信がない等の誤った受け取り方をされることすらある。

では，上手く伝えられないのであれば，どうするのか。言語的な問題であれば，重要な会議やミーティングには通訳を使用すれば良い。自分の口で伝えることが重要なのは，疑うべきものではないが，言語レベルの問題という，本質

と無関係のところがネックになるくらいであれば，重要な場面では，コミュニケーションの誤りがないように通訳を使用するのは何らおかしなことではない。局面や場面の目的に合せて，適切に見極めることが必要である。

　言語の違いや外的環境による違いは合わせることが非常に難しい。正しくは，合わせることが目的ではないのである。お互いの違いを理解し，賛同できるところは賛同し，意見が異なる部分については，異なることを理解するということが重要なのである。英語でいうならば，「Agree to disagree」ということである。

(3) カルチャーの違い

　組織文化としてのカルチャーの違いについては，非財務的要素として具体的なアクションを取らないことがしばしば見受けられるが，カルチャーというものは組織の在り方の根源をなすものであるため，経営者オンボーディングの際に重要となる要素である。

　カルチャーというと従業員意識調査サーベイ等がよく対応策として出てくるが，経営者オンボーディングのコンテクストの中では，新組織のリーダーとしてリテインしたリーダーがどのような行動をとるのかという点にカルチャーの肝がある。

　カルチャーの考え方については，第4章において触れているため割愛するが，買い手企業と対象企業でカルチャーが異なるということはクロスボーダーに限らず起こり得ることである。

　ただし，ここで重要なのはいずれかの企業のカルチャーを変えるということではない。買収後の新会社・組織において求められるカルチャーについて明確に定義し，相互理解を図ることが最も重要である。新組織において求められるカルチャーについての議論をせず，プロセスや制度の統合を比較分析しても，最も重要な新組織としてあるべき形との整合性がとれないことには，効果は低い。

　新会社としての組織カルチャーはどういったものなのかを明確にし，現状から目指す姿に変化するために具体的にどのようなアクションが必要なのかを明らかにすることにより，リテインした経営者と買い手の考え方，そして未来絵

図を摺り合せる。

3 仮説の構築

　オンボーディングを実施するにあたり，デューデリジェンスやデューデリジェンス以降に明らかになった事項を踏まえた仮説の構築が必要である。手ぶらで同じ会議室の席に座ったところで得られる効果はせいぜいランチミーティング程度を抜けないであろう。起こりうる事象を予測し，仮説立てを行い，それに対して必要なオンボーディング手法を特定することが必要である。

(1) カルチャーの問題

　デューデリジェンスの段階において，カルチャーデューデリジェンスを実施し，新組織におけるカルチャーの在り方について，何らかの仮説立てが行えると望ましい。しかし，デューデリジェンスの段階でカルチャーを検証していない場合においても，経営者オンボーディングのアプローチとして，カルチャーの問題に対する仮説立ては可能である。

　例えば，対象会社は，パフォーマンス重視のカルチャーであり，年齢や勤続年数等に関わらず，業績・評価ベースで従業員の昇進や報酬等を決定していた。そのため，組織も比較的フラットであり，上司が部下より年下であることも当たり前に起こりうることとされていた。一方で，業績重視の評価に伴い，人材の流動性も非常に高く，人材リテンションが課題となっていた。

　買い手企業においては，年功制度がまだ根強く残っており，個人の業績に基づく評価よりも長期間での勤続や経験等を踏まえた総合的な評価を行っており，短期間での昇進等はあまり見られなかった。また，買い手ではチームワークを非常に重視しており，個人業績に加え部門や会社業績等も踏まえた評価を行い比較的評価や報酬の個人差は生まれにくい環境にあった。

　このようなケースの場合，新組織の目指す姿によってカルチャーの在り方が大きく異なるのである。対象会社のリーダーシップからは，買い手のプラクテ

ィスは自社には適用不可であるという見方をする可能性がある一方，買い手目線においては，対象会社のカルチャーは買い手側のカルチャーと相違するものであるため，相容れない。

　一見すると水と油のようなカルチャーなのだが，重要なことは新組織における在るべき姿を見極めるという点である。そのため，現状の相違点にのみ焦点を当てた議論ではなく，目指す姿を見極め，そこに到達するためにはお互いのカルチャーをどのように活用し，融合できるかを検討することが重要である。

(2)　ビジネスに関する問題

　より事業運営のコアである経営の考え方やプラクティスの違いが尾を引く場合もある。散見される問題として，買収時に業績目標は伝達し理解を得たはずなのだが，様々な理由をつけて後から業績目標の下方修正を迫る場合がある。これは，実際に大きな外部環境の変化によって変更を余儀なくされる場合もあるが，必ずしもその限りではない。

　この問題の根源は，対象会社の経営陣が親会社を甘く見ている可能性もあれば，自身のインセンティブ報酬の支払い確率を担保するためにしたたかな交渉をしてくる可能性もある。ただ，そういった問題以上に，業績目標の意味合いを十分に伝えきれていない場合があることに注意すべきである。

　まず，買い手から提示した業績目標は，「希望的観測に基づく達成目標」なのか，それとも投資コストを回収するために「最低限必要な絶対目標」なのかという点である。前者であれば，内部事情や業績状況によって，今後適宜見直される可能性があるものであり，対象会社経営者から目標の下方修正を求められることもあるだろう。しかし，後者である場合，本来買収した際に想定していた必達目標である最低限の目標を達成できないのであれば，当該経営陣の資質を問われる。場合によっては雇用の継続に影響するところである。

　このような目標の意味合いの齟齬が起こる原因として，対象会社の経営管理手法や用語を十分理解していない（説明していない）ことが実際に見受けられる。例えば，Value，事業計画，予算，計画，業績予測，KPI，インセンティブなどの単語それぞれを，対象会社ではどのような意味合いで使用しているかを明確に理解しないまま，予算や計画として数字だけ合意する場合に起こりう

る。

　安易にBudget＝予算として，買い手のプラクティスに沿って物事を進めることは危険なのである。こういった理解齟齬による機会損失は非常に大きく，本来適切なオンボーディングの場を持つことにより防げた現象である。

4　アラインメントの強化・目的意識の共有

　カルチャーやビジネスの考え方の違いや問題に対して，両社のリーダーシップチームの目的意識や考え方を統一させる必要があるのである。そのためには，両社の重要幹部が集まったうえでワークショップ等を行うことが効果的である。

(1)　リーダーシップ融合ワークショップ

　リーダーシップ融合ワークショップとは，買収先の幹部層と買い手の幹部層が一堂に会し，半日から1日程度，両社のリーダー層の価値観や意思決定プロセス，あるいは行動パターンや思考パターンを共有しながら，お互いのリーダーシップカルチャーの理解を深めるものである。実施のタイミングはクロージング前，つまり100日プラン検討のキックオフ前が望ましい。

　この中で，通常の業務プロセスや言葉の意味あいなどの事業運営における重要論点を適切に盛り込み，買収後の統合・シナジープロジェクトを率いる幹部が互いの経営理念や事業運営手法を理解するということが重要である。

　M&Aのような大きな組織変革においては，変革を経営トップが主導するということが最も大事なのである。例えば，事業運営等の話はよりワーキングレベルで片づけるといった話も良く聞くのだが，ワーキングレベルでは所詮業績目標の合意等はできないため，まずは経営トップ層での相互理解を図り，そのうえで既存のレポーティングラインを活用し情報を伝達する方が効果的である。

　なによりも，対象会社では既存の指揮命令系統があるため，そこを活用することが無駄な労力やミスコミュニケーションのリスクを排除し，かつ対象会社のリーダーからメッセージを出すことにより，より建設的に既存組織に理解共

有を図ることが可能である。

(2) カルチャーワークショップ

　カルチャーワークショップとは，リーダーシップ融合ワークショップの切り口の1つとご理解頂くと整理が早い。事前に整理した仮説がカルチャーに起因する部分がより大きいのであれば，カルチャーを切り口としたワークショップを通じて両社の意識合わせを図ることが合理的である。

　カルチャーに焦点が当たるということは，比較的大きな差異が認められる，もしくは買い手が求める新組織のカルチャーと対象会社のカルチャーに乖離がある場合だろう。この求めるカルチャーとの乖離の部分に対して，何がどう違うのかを明確にし，具体的アクションに落とし込む必要がある。そのためには，事前に両社のリーダーに対してサーベイやインタビューを行い，自社の現状と新組織として在るべき姿を明らかにする。その結果から，両社の目線は合っているが目指す姿には達していない部分やそもそも両社の考えるあるべき姿が異なる点を明らかにする。

　この結果について，ワークショップにて紐解きを行い，相互理解を深め，目的を共有する。そして共有した目的に到達するために，具体的に100日プランのアクションとして組み込めるものや，より長期的にアクションを起こすものについて整理する。

　両社のリーダー陣を通じて紐解いて出てきたアクションプランをワーキングレベルに伝達することにより，明確な理由に基づく指示が可能となり，両社の実務者から構成されるタスクフォースでの実務がスムーズに運ぶ。

　最後にあえて強調させて頂くが，買収後1〜2年後に問題が顕在化してから対応するのでは機会損失が大きすぎる。そのため，経営者リテンション施策の実行の後に速やかにオンボーディング施策の検討に進み，クロージング前には対象会社の経営者のオンボーディングを完了することが重要なのである。

第7章

Do by Close
（サイニング以降必要なタスク）

本章では，サイニング以降クロージングまでに必要なタスクについて述べる。実際のディールでは，サイニング時の合意事項やストラクチャー，個々の事情に応じて異なり，ここでは広く，クロージングまでに行う必要がある従業員コミュニケーション，ガバナンス体制の検証・構築および，資産買収や子会社買収のケースで実施の可能性があるスタンドアロンイシューへの対応，経営者報酬の対応について詳述する。

1 クロージングで何が起きるのか？

実際にクロージングで何が起きるのか。一般的には一部の例外を除き，クロージング日に買い主から売り主に対して買収の対価である金銭の支払いが実行され，対象会社あるいは対象事業の所有権は買い主へ移行する。すなわち，クロージング日の翌日（Day 1）より従業員は買い主グループ傘下の従業員となるため，このタイミングで買収対象会社・対象事業の従業員を受け入れる準備が完了している必要がある。

(1) サイニング以降の時間軸

サイニング以降，クロージングまでの時間軸は，ディールにおいて千差万別である。サイニング以降クロージングまでの期間において，買収契約によって定められるクロージングの前提条件（クロージングコンディションあるいはConditions Precedent（CP））を充足することが求められ，通常CPには法的に買収を成立させる要件，とりわけ法的に必要最低限のもののみが記載されることが多い。この中には，競争法や対外国投資審査等が含まれ，クロージングまでの期間はこれらの審査に要する期間を目安に設定されることが多い。すなわち，人事関連のタスクは原則予め定められた時間軸に則して実施することが求められ，それが短期間となることがままある。一方，クロージングまでに実施が必要な人事関連タスクは，ディールストラクチャーに応じて複雑性，難易度および優先度が異なるため，サイニング時点で今後の作業についての目星や準備

を可能な限り整えておくことが肝要である。

次に，ディールストラクチャーに応じた留意点について述べる。

① ディールストラクチャー別の留意点

前述の通り，ディールストラクチャーに応じて，クロージングまでに実施が必要な人事関連タスクは異なる。以下の図表に，そのまとめと，本項においてその概要を示す（図表7－1）。

図表7－1　ディールストラクチャー別の人事関連タスク

買収対象	株式買収：Share Deal		事業（資産）買収：Asset Deal	
	独立した会社	子会社・グループ会社	自動承継	個別承継
従業員コミュニケーション（一般的なもの以外）	一般的になし	人事制度に変更がある場合	法的な転籍時コミュニケーション	雇用条件の提示
スタンドアロンイシュー　影響の大きさ	一般的に小さい	場合によって大きい	大きい	
スタンドアロンイシュー　組織・機能面	一般的になし	親会社や親会社傘下のシェアドサービスに依存した機能がある場合は補充が必要	売主会社や売主会社傘下のシェアドサービスに依存した機能の補充が必要	
スタンドアロンイシュー　人事制度・インフラ面	一般的になし	親会社に依存した制度がある場合はDay 1までに代替制度の設計・立上げが必要	売主会社に依存した制度がある場合はDay 1までに代替制度の設計・立上げが必要	
経営者報酬	株式関連報酬がある場合，置き換えが必要	●株式関連報酬がある場合，置き換えが必要 ●親会社・売主会社に制度を依存していた場合，売主における就業期間分の精算が必要		
ガバナンス体制の構築	見直しが必要			

注：上記は一般的な例で，個別案件により詳細は異なる
Copyright ©2019 Mercer Japan Ltd. All rights reserved.

② 株式買収のケース

一般的にM&Aをイメージする場合，株式の買取りによる買収を思い浮かべることだろう。株式買収と一口に述べても，人事関連のタスクからの観点からは，①独立した企業の株式買収と②子会社・グループ会社の株式買収である。いずれのケースにおいても各論は後述するが，特に②子会社・グループ会社の買収について注意が必要である。なぜならば，②のケースでは親会社の人事制

度やシェアードサービスに依存している場合があり，それが買い主の受皿会社やグループ会社において代替可能でない場合，サイニング後，移行期間中においてもサービス提供を受けられる契約（TSA：Transition Service Agreement（移行期間の業務委託契約））を締結し，一定期間親会社・売主企業よりサポートを受け続けなければならないためである。その対応もままならない，あるいは，TSAでカバーすることが一般的でない制度やサービスであった場合，クロージングまでに対象会社・事業において代替制度・機能を構築しなければならない。

　また，同様に子会社・グループ会社の買収のケースで留意しなければならないのが経営者報酬についてである。親会社や売主企業のインセンティブ制度に，対象会社・事業の経営陣が参加している場合，クロージング日が決算期と異なる場合，一般的にクロージング日までの勤続分については売主負担，クロージング以降の勤続分については買主負担となるため，両者間で支払い負担の取り決めをしておくことが必要である。通常は，こうした経営者報酬は，財務諸表上に引き当てられているため，クロージング時の貸借対照表において調整を行えば大きな問題とならないが，引き当てられていなかった場合の対応あるいは，売り主がクロージング日を以って精算する意向である場合がある。これらの対応の可否や売り主の意向については，デューデリジェンスの段階で見極めや合意が必要となる。

③　資産買収のケース

　資産買収あるいは事業買収のケースでは，株式買収とは異なり対象となる会社のすべての資産・負債ではなく，特定の事業に関わる資産・負債のみを買収するディールストラクチャーである。その際，対象となる事業の資産・負債は買収契約において定義される。

　一方，従業員はこれらの資産・負債には含まれないため，従業員は買主企業あるいは新会社へ転籍させる必要がある。従業員転籍のプロセスは各国の労働法によって異なるため，ディールに携わっているリーガルアドバイザーに詳細な確認が必要であるが，グローバルに複数国にわたる資産買収である場合，その国の数だけ異なった転籍プロセスが発生し，場合によっては買い主の深い関

与が必要である場合があるので特に注意が必要である。

　また，子会社・グループ会社を買収するケースと同様に，売主企業の人事制度（経営者報酬制度を含む）やシェアードサービスを利用している場合は移管の対象とならず，前述の子会社・グループ会社を買収するケースと同様な扱いが必要である。

　なお，両者に共通するが，対象会社・事業のガバナンス体制の見直しが必要である。M&Aは対象会社・事業にとってオーナーが変わる大きな転換期であるため，意思決定の仕組みや，事業運営の可視化を行うにはまたとないチャンスである。これはどのようなディールストラクチャーに関わらず，サイニング時点で，どこでどのように意思決定が行われているのか現状把握を行い，買い主のポリシーに従って意思を注入しなければならない。

2　従業員コミュニケーション

　M&Aは売り主と買い主の間の取引であり，公表日，すなわちサイニング日までは，両者の一部のメンバーを除き秘密裡に行われる。この一部のメンバーには，対象会社等の経営陣のメンバーが含まれていないこともあり，公表日を以って初めてディールの存在を知ることとなる。こうしたメンバーはディールに長く携わっているメンバーにとっては既に当たり前となっている買収企業，被買収企業，買収の目的等についてゼロからキャッチアップしなければならないため，適切なタイミングにおいて適切なコミュニケーションが必要となる。

　当然買収後の事業を運営するのは従業員であるため，従業員の士気が下がってしまえば，買収検討時の事業計画の達成は遠のき，事業価値を下げてしまう要因ともなり得る。高額な出資を行って買収した企業・事業であればあるほど，事業価値の適切なコントロールには従業員へのコミュニケーションは重要となる。

(1) M&Aにおける従業員に対するコミュニケーション

　ここで，M&Aにおける一般的な従業員に対するコミュニケーションについて述べる。従業員とのコミュニケーションにおける鉄則は，意思決定されていないことは伝えない，実現性の低いコミットはしないことであるが，本項では従業員とのコミュニケーションは大きく，①サイニング時のコミュニケーション，②クロージング時のコミュニケーションおよび③経営陣とのコミュニケーションに大別する。①および②が時系列に着目しているのに対し，③のみ対象者に着目しているが，経営陣はその他の従業員とは異なったタイミングと内容のコミュニケーションを行うことが肝要であるため，異なった区分を行った。

① サイニング時のコミュニケーション

　本章はサイニング以降クロージングまでの人事関連タスクを取りまとめている章であるが，ここでサイニング時のコミュニケーションも取り扱う。理由は，以下のサイニングからクロージングまでの各タスクは原則買い主向けに記述しているものの，サイニング時のコミュニケーションは，売り主より買い主に関与を求めるケースもあり，また，逆に買い主が売り主に関与をリクエストし，サイニング時から対象会社・事業の従業員に影響を及ぼすことが可能なこともあるからである。

　サイニング時のコミュニケーションは，公表日において原則売り主の経営陣が対象会社・事業の従業員に対して従業員説明会等を通じて行うものである。対象会社・事業の規模に応じて，対面での説明，ビデオ会議の利用やその併用等の手法をとることもある。説明の内容は，買収が起こるという事実と，買主企業の紹介，買収の目的，質疑応答等である。ここに，売主企業との合意事項に応じて買主企業がコメントを添えることや，買主企業からのウェルカムメッセージを送ることもある。

　国・地域によっては，サイニング時あるいはサイニング前に労使協議会ともコミュニケーションが必要なこともあり，同様に売り主より買い主に関する情報提供を求められる場合がある。

② クロージング時のコミュニケーション

前述の通り，クロージングを以って対象会社・事業の従業員は買い主の傘下となるため，クロージング時のコミュニケーション（Day 1コミュニケーション）は買い主が主体となって行う必要がある。従業員は，新たな企業グループ入りをするにあたって，新しい環境で働ける期待感やリストラされるのではないかといった不安など個々に様々な思いを抱いている可能性があり，こうした不安を軽減し，今後に対する期待を醸成することが重要である。図表7－2において，一般的なクロージングに向けたコミュニケーションロードマップを示す。

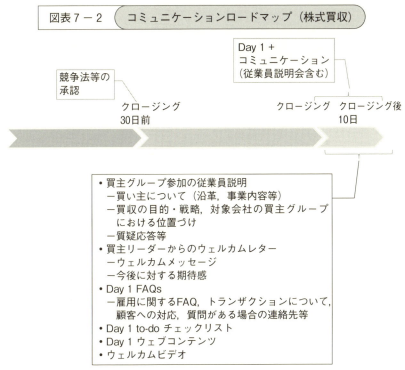

図表7－2は株式買収における例であり，サイニングからクロージングまでの間に対象従業員との交流が少ないケースを想定している。資産買収における

ケースは，クロージング日前に従業員説明が必要なケースがあり，詳細は「(2)従業員転籍のコミュニケーション」を，一部子会社・グループ会社買収のケースについては「(3)その他の従業員コミュニケーション」を参照されたい。以降は，株式買収におけるクロージングコミュニケーションについて詳述する。

クロージング時の従業員コミュニケーションにおいて最も重要となるのが，買主グループからの従業員説明であり，可能な限りクロージング後速やかに対象会社・事業の各拠点において実施する必要がある。その際，説明を行う主体者は，買収対象の規模に応じて事業を統括する者やそれ以上の執行役員等が直接行うことが望ましい。この際，従業員説明は以下の点を含んでいるとよいと思われる。

- 従業員を買主グループへ歓迎するメッセージ
- 買い主に関する説明（沿革，事業内容，グローバルの拠点等）
- 買収の目的，買収対象の買い主における位置づけ，戦略等
- その他の買収対象に対する決定事項
- 質疑応答

また，各従業員に配布する資料もあり，併せて事業部門や総務部門も巻き込んで事前に準備をしておくことが必要な項目もある（図表7－3）。

最後に，サイニング時と同様に，クロージングまでに労使協議会や労働組合に対する説明が求められる場合がある。これらは，サイニング時と同様原則売り主の責任で行われるものであるが，各地域の慣習等により異なるため，当地における慣習を参照されたい。

図表7－3　従業員コミュニケーションにおける配布資料等

資料名	概要
買主リーダーからのウェルカムレター	買い主の代表者等リーダーから従業員に向けた歓迎のメッセージが記載されたレター
Day 1 FAQ	買主グループでの就業を開始するにあたってのFAQ
Day 1 to-doチェックリスト	電子メールアドレス，名刺の変更に必要な手続き等の連絡
Day 1 ウェブコンテンツ	買主グループへの移行にあたって，各種ステータスや必要手続き等がアップデートされるウェブサイトを作成することがある
ウェルカムビデオ	対象会社・事業の拠点が世界各地にある場合等，買主リーダーからのメッセージのビデオを撮影し，共有することが推奨されるケースもある

Copyright ©2019 Mercer Japan Ltd. All rights reserved.

③　**経営陣とのコミュニケーション**

　経営陣とのコミュニケーションについては，第5章❸「リテンション交渉」も併せて参照されたい。経営陣はその他の従業員と異なり，買収が合意された時点，場合によってはサイニングを待たずに可能な限り速やかにコミュニケーションを行うことが重要である。経営陣とのコミュニケーションの内容は，従業員に対してクロージング時に行うものと近しい内容とはなるが，より事業経営に踏み込んだ内容とし，経営陣メンバーを，今後の買い主の事業戦略に巻き込める内容とされたい。説明の主体者は，クロージング後対象会社・事業の経営者の直接上司となる者が行うことが望ましい。

　経営陣に対しては，リテンションボーナスやクロージング後の報酬提示を行うこととなるが，このタイミングにあわせて経営陣とのコミュニケーションを実施すると，今後の事業の全体像と，その実現に対する対価が対となって提示され，経営陣メンバーを買主側に抱き込む（Buy-in）ことができる可能性が高まる。このBuy-inに成功すれば，前述のクロージング時における従業員説明会等においても，経営陣を買い主の一員として参加を促せれば，従業員の不安感の軽減においてより効果が高まる。

(2) 従業員転籍のコミュニケーション

前項でも述べた通り，従業員転籍のコミュニケーションは株式買収とは異なるステップが必要となる。一般的に転籍プロセスが発生するケースは，資産買収のケースであり，対象拠点や従業員数が多ければ多いほど，複雑かつ煩雑なプロセスとなる。また，従業員の転籍プロセスは，各国の労働法において自動転籍となるケースと自動転籍とならないケースで区分され，同一国であっても報酬や雇用形態の違い，あるいは，一度に転籍する人数によって扱いが異なるケースもあり，現地の労働法を詳細に確認する必要がある。ここでは，各国の労働法については論じず，自動転籍のケースとそれ以外のコミュニケーションについてのみ述べる。

① 自動転籍の従業員に対するコミュニケーション

欧州連合のTransfers of Undertakings Directiveあるいは英国におけるTransfers of Undertakings (Protection of Employment) Regulations 2006（通称：TUPE）に代表される自動転籍に関する労働法は，欧州諸国の労使協議会とのコミュニケーションを中心として発展してきた歴史がある。欧州以外にも，日本の労働承継法やアジア，南米において類似の法規制もあり，資産買収にあたって従業員の雇用を守るよう定められている。

自動転籍によって雇用関係が買い主に移管される際のコミュニケーションは，特に欧州では労働者団体単位で説明会が行われ，クロージング前の決められたタイミングで従業員説明が行われる。このタイミングは，各国の労働法あるいは労働協約上の定めに従われる。自動転籍の際，従業員に対する転籍の説明責任は主に売り主にあり，買い主は，サイニング時と同様に自社の説明やクロージング後の処遇条件等情報提供が求められる。Day 1コミュニケーションの際は，従業員説明会，リーダーからのウェルカムメッセージやFAQの提供等，株式買収時と同様なコミュニケーションが行われることが望ましいが，既に転籍時にコミュニケーションが行われていることもあり，従業員説明等は簡素に行われるケースもある（図表7－4）。

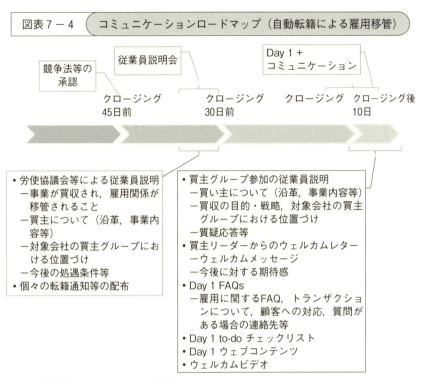

Copyright ©2019 Mercer Japan Ltd. All rights reserved.

② **自動転籍以外の従業員に対するコミュニケーション**

　上記の自動転籍による従業員移管に関する法規制がない地域，あるいは，自動転籍の対象ではなかったが，従業員移管が行われるケース（買収対象事業以外の事業からの移籍等）が本項に該当する。自動転籍以外の従業員移管に関しても各国で異なる労働法上の規制が存在するが，一般的には売り主との雇用関係を終了し，買い主において新たな雇用関係が開始される。あるいは，売り主，買い主および従業員との三者契約によって雇用関係を移管することがある。特に，雇用関係を終了してしまうと，売り主における就業期間が承継できず，年金制度やその他の福利厚生制度上不利な扱いとなってしまうケースでは，後者の手法がとられることがある。

　自動転籍以外の従業員コミュニケーションでは，自動転籍のケースと同様に，

クロージング前に従業員説明会が行われることが必要となる。タイミングは，各地の労働法に定められていることもあれば，買収契約の定めに従って実施するケースもある。自動転籍以外の従業員移管に関しては，売り主あるいは買い主どちらの責任によってコミュニケーションを実施するか，法的に定めがない場合は両者で合意される。

一般的には雇用を受け入れる買い主が実施するケースが多いが，従業員移管は発生するものの，例えば買い主の本体から子会社やペーパーカンパニーへ資産や従業員を移管し，買い主が株式買収で事業を買収するようなディールストラクチャー（取引形態）では，買い主が従業員の雇用の受け皿でもあるので，買い主が主体となって実施するケースもある。

自動転籍以外の従業員に対する従業員説明会では，自動転籍の際と同様に，雇用関係の移管や買主グループの説明を実施するが，それ以外に，個々の転籍に関するオファーレター，転籍同意書，雇用契約等を配布し，サインの期限や返却方法等についても説明を行わなければならない。自動転籍以外の転籍は，これまでとは異なり雇用関係の移管に従業員自身の同意が必要なため，新しい処遇条件の提示や買主企業に対する質疑等，納得してもらうために事細かな説明が必要となり，説明会の準備に多くの工数をかける必要がある。

晴れて転籍が決定した従業員に対しては，クロージング日以降にDay 1コミュニケーションを実施するが，ここまでこれば，内容は株式買収や自動転籍の従業員と同様の扱いとなる（図表7－5）。

第7章　Do by Close（サイニング以降必要なタスク）　**197**

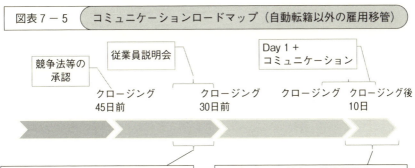

図表7－5　コミュニケーションロードマップ（自動転籍以外の雇用移管）

Copyright ©2019 Mercer Japan Ltd. All rights reserved.

(3)　その他の従業員コミュニケーション

　サイニング以降，クロージングまでの従業員コミュニケーションに関する大枠はこれまで述べた通りである。それらは，サイニング，クロージングあるいは転籍に関する説明等，M&Aディールの性質上不可避となるマイルストンに沿ったコミュニケーションであるが，本項ではこのようなマイルストンに依らず，ケースバイケースで起こり得るコミュニケーションについても紹介する。原則，従業員に対しては身の上に大きな変化が生じ得る際にはコミュニケーションが必要であるが，特にサイニングからクロージングまでの期間発生しうるのがクロージング後の処遇の変更に関するコミュニケーションである。

　処遇条件の変更については，先述のTransfer of Undertakings（TUPE：事

業譲渡（雇用保護）規則）等では転籍後の変更に制限があり，また，買収契約上もクロージング後数年間は処遇条件の維持が義務づけられていることが多い。

ただし，後述のスタンドアロンイシューが発生する場合には，従業員規模や保険契約の主体者の変更に伴って，実際に売り主と全く同一の処遇条件を買い主が用意することは困難な場合が多く，包括的に同等な条件（Comparable in aggregate）を準備することとなる。

スタンドアロンイシューの詳細については後述するが，処遇条件の変更に関するコミュニケーションは，転籍などに伴う従業員説明会の際に，同時に実施可能であれば実施することが望ましい。ただし，従業員説明会の際に，買い主における処遇条件の分析が完全でない場合や，代替制度の準備が整っていない際は，改めてクロージングまでに従業員に説明を行う必要があり，転籍の説明時には，同等の条件を準備するとしておかざるを得ない。クロージング前に処遇条件の説明を行っておくことが特に大事なのは，クロージング日の翌日（Day 1）を以って，医療保険や年金制度等の福利厚生制度が適用可能となっている必要があるからであり，従業員に対する説明と，加入手続きの実施には，クロージング前に一定程度のリードタイムを持っておくことが必要となる。

従業員の受け皿となる会社に既に各制度が準備されている場合は，新入社員と同じ要領で手続きが進められるが，新会社の設立あるいは，受皿会社では条件が合わず，新たな保険制度や年金制度を設立する場合は，相応のリードタイムが必要となる。福利厚生制度や年金制度の変更のみならず，経営者に対するインセンティブ制度の変更や，株式関連報酬から現金制度への変更等，買い主の意向が決定次第，速やかにコミュニケーションが必要である。

3　スタンドアロンイシューへの対応

本項で述べる人事関連のスタンドアロンイシューは，場合によってはクロージング後の従業員の生活に直接かかわる項目もあり，会社と従業員の信頼関係にも影響する非常に重要なトピックである。準備や導入に時間がかかるものも

あることから，サイニングからクロージングまでの各人事関連タスクの中でも高い注目が必要である。人事関連のスタンドアロンイシューについてはまず，どのようなものか，どのようなケースで発生するか，および，どのように対応すればよいか，の3点から述べる。

はじめに，人事関連のスタンドアロンイシューとは，買収する対象会社・事業が，親会社または売主企業と共有している医療保険等の福利厚生制度，人事チーム等が提供する機能，人事情報システム等のIT/給与計算のシステム等が，対象会社・事業が売主グループから外れることにより，提供が途絶されることである。子会社やグループ会社であれば，親会社が傘下企業に保険制度，シェアードサービス，ITシステム等を提供していれば発生し，資産買収であれば，単一の法人内で事業体独自の制度や機能が存在することは珍しいため，発生しうる。これらは，元々の制度やチーム，システムの帰属先が親会社か対象会社，対象事業のいずれに帰属しているかを確認することによってデューデリジェンスの段階で特定しておくことが肝要である（図表7－6）。

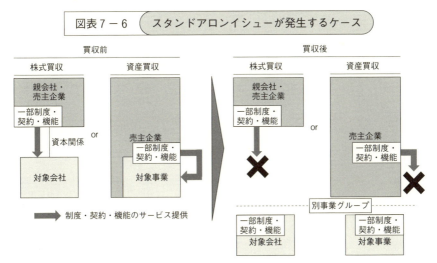

スタンドアロンイシューの発生が特定されれば，TSA（移行期間の業務委託契約）により売り主にクロージング後もサービス提供を受け続けること，あ

図表7－7　スタンドアロンイシューへの対応―方針

オプション	概要／必要プロセス
TSAを活用する	・クロージング後，売り主との合意のうえ制度や機能のサービスを一定期間継続 ・DAのサイニングを迎える前に事前に売り主がTSAに含める意向があるかも確認しておく ・売り主とクライアントとの間で締結されるTSAの提供業務一覧表の中に，必要項目が反映されているか確認する
売主企業が事前に新設（要交渉）	・サイニング前後の時点で，明らかに新設が必要な制度，機能または新規雇用が必要な人物がいる場合，売り主と交渉のうえ，新会社に新設，譲渡（移管・移籍）してもらえるケースがある ・クロージングまでは売り主の新設プロセスの進捗を確認しながら，必要に応じて必要な手続きを進める
買い主がクロージングまでに新設	・売り主の既存の福利厚生制度を基調として，必要な制度のデザインを行い，ブローカー等を通じて調達・新規契約を行う ・新規雇用が必要な人物のオファーを作成し，候補者に提示する

Copyright ©2019 Mercer Japan Ltd. All rights reserved.

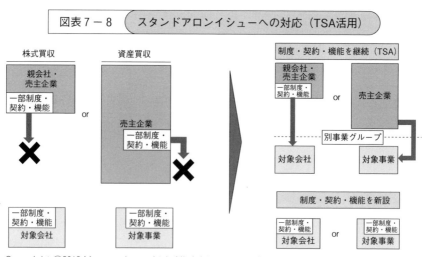

図表7－8　スタンドアロンイシューへの対応（TSA活用）

Copyright ©2019 Mercer Japan Ltd. All rights reserved.

るいは，売主企業がクロージングまでに新設することをリクエストし，いずれも困難である場合，買い主がクロージングまでに新設する主に3つの対応策が取れる。なお，TSAにより売り主によるサービスの継続に合意ができても，一時的なものでありいずれは買い主側で新設することが必要である（図表7－7，図表7－8）。

続いて，買い主による新設を行うケースを想定し，各論について触れていく。

(1) 福利厚生制度

従業員の福利厚生制度に関するスタンドアロンイシューは，クロージングまでに解決ができなければ各種医療保険等がクロージング以降適用されなくなり，既往歴がある場合等生活に支障を来す可能性さえある。

新設にあたっては，現状従業員に適用されている各制度の把握と，具体的な条件の現状分析を行うことが必要である。ここで，買い主側で受皿会社が同一国内に存在する場合，対象会社・事業の保険制度と比較を行い，処遇条件の差異分析を行い，同等以上の条件であれば，そのまま既存の制度に従業員を受け入れるのが，最も簡便な方法となる。もし，条件が対象会社・事業より劣後する場合，いったん既存の制度に従業員を受け入れたうえで差異を補填することも可能である。

一方，差が大きく補填が難しい場合や，その他の理由により受け入れが困難な場合は売り主での制度と同等の制度を新設し，従業員に適用することとなる。なお，既存拠点に対象会社・事業と同等以上の制度が存在していたとしても，受け入れる保険会社の許容量や地理的な要因で受け入れることができず，新設せざるを得ないケースもある。既存拠点がない場合は，当然これまでと同等な新制度を設立することとなる（図表7－9）。

図表7-9　福利厚生制度に対する対応

既存拠点の有無	福利厚生制度の条件差	対応策
既存拠点あり	対象会社・事業と同等以上	従業員を既存拠点の制度に受け入れ
既存拠点あり	対象会社・事業の制度より劣後	従業員を既存拠点の制度に受け入れた上で差異を補填
既存拠点なし	既存の福利厚生制度なし	売主の福利厚生制度の条件と同等以上の制度を新設し、従業員に適用

Copyright ©2019 Mercer Japan Ltd. All rights reserved.

(2) 人事機能

　特に資産買収のケースでは，人事に限らず，財務，経理，法務等あらゆる本社機能が転籍対象に含まれていないケースがある。このようなケースでは，クロージング後に製造販売等は継続可能であっても，サポート機能がなく，事業体として立ち行かなくなる可能性がある。事業の買収を行うケースでは特に新規参入でバックオフィスにも対象事業の専門性が必要な場合等TSAによってサービスが継続されるケースが多くみられるが，何のサポートも受けられないケースもある。

　上記ケースでは，買主企業が当地において既存拠点があればそこからサポートすることも考えられるが，売主企業と交渉し，適当な人物を転籍対象に含めてもらうこともできる。とりわけ売主企業も事業売却を行っているのであれば，そこに本社機能を担う従業員が含まれていなかったとしても，事業グループ全体としては売却事業の業務に携わっていた本社従業員がいるはずであり，必然的に余剰人員が生じるはずである。このような交渉は，ディールの初期から中期段階では売り主もあまり応じる姿勢を見せないが，終盤にかけて売り主が自社の事業体を見直す中で柔軟な姿勢に転じることがある。いずれのケースも困難な場合，可能な限りクロージングまでの間に新規雇用し，人事機能等を立ち上げる必要がある。

また，人事機能やその他本社機能であっても，業務によっては自社のリソースを活用している業務もあれば，外部の業者にアウトソースしている業務もあるだろう。自社のリソースに関する業務は上記の通りだが，アウトソースしている場合は，どの業務がアウトソースされているのか特定し，改めて転籍者でカバーすることができるのか，それともやはりアウトソースが必要なのかを見極めたうえで，必要に応じて外部ベンダーの調達・業務委託という流れとなる。

(3) IT／給与計算システム等

人事機能と同様であるが，IT／給与計算システムに関しては，自社で賄っている場合と，システムや計算を外注しているケースがある。いずれのケースでも，システムが対象事業と共に移管の対象であるかの確認が必要であり，もし移管対象でなければ，TSAの手当，あるいはクロージングまでの新設を行う点は同様である。特に給与計算システムは，クロージング時に何らかの仕組みが成立していなければ従業員の給与支払が行われず，従業員の生活に支障を来す点や，買主との信頼関係に大きな影響を及ぼす点は福利厚生制度と同様である。一般的にITや給与計算は，福利厚生制度の設立等と比較すると，必要とされる時間とコストは大きくなることが想定される点に留意が必要である。

4 クロージングまでに必要な経営者報酬の対応

M&Aに伴う経営者報酬の取扱いや移行計画については，第5章「経営者リテンション」でも述べた。本項においては，**2**(1)③においても触れている，経営者に付与されている長期および短期のインセンティブ制度がクロージング時に精算される場合の取扱いについて述べる。

(1) 移行期間における経営者報酬の対応

クロージング時に売り主において付与された短期インセンティブ（STI）および長期インセンティブ（LTI）に対して多額の現金精算がある場合，支給の

繰延べやリテンションボーナスの手当による離職リスクの低減については，先般述べた通りである。ここでは，現金精算が行われた場合，とりわけ，決算月以外のタイミングでディールがクロージングを迎え，精算が行われた場合，以降の報酬をどのように取り扱うかについて述べる（図表7－10）。

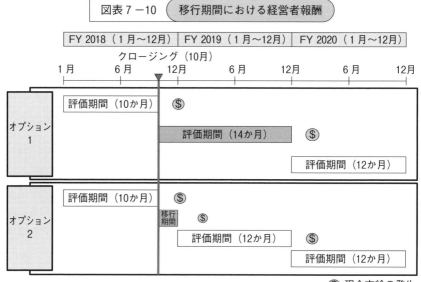

図表7－10の例では，決算期が12月決算（つまり，インセンティブの評価期間が12月で終了する）の対象会社・事業の買収が2018年10月にクロージングを迎え，インセンティブがクロージングに伴って支払われたケースについて記載している。経営者のインセンティブについては，短期インセンティブ，長期インセンティブと待機期間や制度の複雑性に相違があるものの，大きくは考え方が同様なため，ここでは短期インセンティブのケースを用いている。なお，ここではバックトゥバック型（支給が終わった後に次の付与が行われる）制度に関する考え方である。

例示の通り，本来2018年12月に決算期末を迎え，評価されるはずのインセンティブが10月にクロージングを迎えたため，何らかの評価指標に基づいて支給

が起きていることを示している。この時の評価指標は，売り主のインセンティブ制度に応じてターゲット支給額が支払われる，あるいは，その期日までの業績で評価される等様々であるが，ここでは，評価期間分を繰り上げて支給されるのではなく，売り主での就業期間に応じて，ターゲット支給額が期間案分されるケースを考える。仮に，売り主のインセンティブ制度をもとに，翌2019年12月期のインセンティブを付与するとした場合，その付与時期は，2019年1月となる。こうした場合，クロージングから翌期が開始されるまでの間，本来買収が起こらなければ，経営陣にとっては当然評価期間に該当し，勤務した対価が支払われるべきだが，経営陣にとっては評価やインセンティブの空白期間となってしまう。こうした場合の対応はいくつか考えられるが，一般的な例としてオプション1およびオプション2を代替案として掲載している。

オプション1においては，2018年11月，12月の空白期間を，翌期以降の評価期間と統合し，評価期間を14か月とし，翌期以降に支給する案である。対してオプション2は，2018年11月，12月の空白期間分の対価を，移行期間のボーナスとして2か月分支給し，2019年度の評価期間は規定通り1月より開始する案である。どちらもおおよそ支給されるグロスの総額は同等であるが，オプション1は支給時期が繰り延べられるため，税制が異なる可能性があるというデメリットや，多少のリテンション効果が期待できるメリットはある。

一方，オプション2は，経営陣にとっては，予定されていた時期に支給を受けるべきであった対価が受け取れるため，仮に生活面での資金計画があった場合狂いが生じないメリットはあるが，買い主にとっては，その時点で経営陣が受け取るはずだった対価を受けるため，多少なりともリテンションリスクが上がるとも考えられる。また，対応策はこの限りでなく，精算の規模やディールの状況に応じて様々な手法が考えられ，情報入手と代替案の検討が必要である。なお，移行期間の評価については，予め売り主で計画していた事業計画に則って評価する方法や，クロージング後の経営統合に向けた活動（PMI）への協力，または，ターゲット金額の期間案分等様々な評価指標が考えられ，ディールの状況に応じて検討が必要である。

なお，上記のバックトゥバックの型制度に対し，ローリング型（毎年長期インセンティブが付与される）の長期インセンティブが付与されている場合があ

る。バックトゥバック型制度との違いは，数年間に及ぶ評価期間を持った長期インセンティブが並行して数本走っており，権利確定が起きていない長期インセンティブすべてに評価期間の空白期間が生じるため，上記と同様の手当をそれぞれに対して行う必要がある。

(2) クロージング以降の経営者報酬の対応

　第5章において，サイニング前後の経営陣へのオファー時にクロージング後の報酬提示を行うこともあることを述べたが，本項でその後，クロージング以降の経営者報酬の対応について述べる。第4章**2**の通り，デューデリジェンス段階で経営者の報酬に関する分析が完了していることを想定し，分析結果を元に，経営者報酬，とりわけインセンティブ部分の詳細設計に入っていく。本項のタイトルは，クロージング以降の経営者報酬の対応となっているが，主旨としては，クロージング以降のインセンティブの仕組みをどう考えるか，というものであり，実際に検討するタイミングは，売り主における評価期間が始まってしまうクロージングまでの期間が望ましい。一方，売り主による情報開示不足や経営陣へのアクセスの制限，サイニングからクロージングの期間等様々な制約がある場合は，この限りではない。

　また，クロージング以降のインセンティブについては，通常短期インセンティブ，長期インセンティブの2種類の制度について考えるが，決めなければならない要件は概ね同様であるため，本項ではまとめて解説を行う。本項では特に現金型のインセンティブ制度についての例であるが，クロージング後も引き続き株式連動の報酬や，プロフィットシェアリング型の制度を導入する場合はこの限りではない。また，短期インセンティブあるいは長期インセンティブの片方しかない等，現地や市場慣行と乖離しているケース等の取扱いについては，第5章「経営者リテンション」を参照されたい。

　クロージング後のインセンティブ制度を設計するのに必要な要件例は以下の通りである（図表7-11）。

図表7-11 インセンティブ制度の要件

要素	詳　細
対象者	各インセンティブ制度の対象者を選定，通常長期インセンティブは経営陣等エグゼクティブレベルに限定
評価期間	インセンティブの評価期間を，事業目標における経営陣の期待値に応じて検討。通常短期インセンティブであれば1年，長期インセンティブであれば3年
業績評価指標・配分	2つの主要指標を使う 1．利益指標（売上，EBITDA等）——一次指標 2．事業に対する個人の貢献度（定性評価等）——二次指標 それぞれの指標が支給額に占める割合（合計で100％）を検討
支給ターゲット水準	現行の水準をベースに，対象者のポジション，対象会社・事業の業態，業績，規模をもとに検討
閾値・最大値	買い主として，最低限達成が必要な業績値を閾値として設定。業績が閾値未満の場合，支給は行わない 突出した業績を達成した場合には，支給ターゲット水準を超えて支給を行う 決定した閾値・最大値に対しての対価を支給ターゲットの％で検討

Copyright ©2019 Mercer Japan Ltd. All rights reserved.

- 対象者
- 評価期間
- 業績評価指標・配分
- 支給ターゲット水準
- 閾値・最大値

　また，インセンティブ制度の支給モデルについては，図表7-12に例示した。ここでは，業績目標の閾値を80％とし，その時の支給額がターゲットの50％，業績目標の120％を達成時，ターゲットの150％を支給するモデルである。

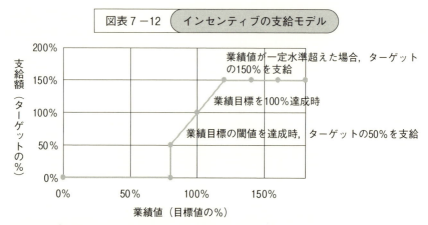

図表7-12　インセンティブの支給モデル

　設定する業績目標値であるが、買い主と対象会社・事業とのシナジーを見込んだ新事業計画に基づいて設定することが望ましく、多くの場合クロージング以降に双方の合同チームで検討を進め、具体的に決定する。その背景は、経営陣に自らが参画して策定した事業計画の達成に対してコミットさせ、更なる超過達成に対してもインセンティブを持たせるためである。また、このように事業計画と密接にリンクした報酬制度を設計することで、親会社として経営陣に対する評価権、報酬決定権を確保することになり、さらに後述する任免権も併せて確保することで、経営陣に対するガバナンスを強化する目的もある。

5　ガバナンス体制の検証・構築

　対象会社・事業を買収して以降、上場会社の場合はそれまでの取締役会、子会社・単一事業の場合はそれまでの親会社・本社の管理・監督からは離れることとなる。多くの買い主の悩みとなるのが、買収後どのように買収先を管理・監督し続ければよいか、特に、これまで事業運営の経験のない事業領域や地域の場合、大きな課題として残る。クロージングまでの人事関連タスクの最後に、

やや人事単体の課題からは離れるが，こうした買収先のガバナンス体制の検証・構築について述べる。

(1) 現状分析

対象会社・事業におけるガバナンス体制を設計するうえで，まず重要であるのが，これまでの人事デューデリジェンスにおける各タスクと同様に，現状分析である。現状分析については，デューデリジェンスの段階でも実施可能であるが，開示内容が売り主にセンシティブである場合や，対象会社・事業の経営陣と詳細なインタビューが必要な場合があり，実施できないケースもある。また，特に事業買収のケースであれば，売主本体の意思決定プロセスに関わる内容であり，解明が困難な場合がある。さて，ガバナンス体制の検証・現状分析において，買い主として把握したい事項は，誰が，いつ，どのように，何を決めているか，の一連のプロセスであり，大きくは各経営陣の役割権限の明確化と各会議体での決定事項の可視化が必要となる。

紙面上でこれらを分析できる資料は，主に対象会社のアニュアルレポート，定款，各種会議体・要職の憲章（Charter）および役割権限規定（Delegation of Authorities）である。これらは，上場会社であれば入手しやすい部類に入り，デスクトップデューデリジェンスでも一定程度の分析が可能であろう。

それぞれの意思決定において，誰の意見が強く，どのような協議を経て，何の根拠に基づき決定されるか，各会議の間にどのような協議が行われているかなど公開情報では分からない部分を解明したい場合には，経営会議・取締役会議の議事録を取り寄せることや，経営陣や会議体の議長等とのインタビューを実施し，実態を詳細に確認する必要がある。

重要な点は，これまでの各デューデリジェンス項目と同様，どのような実態を解明したいのか，目的を持って分析やインタビューに臨むことで，その思想が欠如していると，権限や決定事項を羅列することに始終してしまうこととなる。

(2) 新ガバナンス体制の構築

　これまでの売り主におけるガバナンス体制の検証が完了すれば，次は，買い主としての意思入れの段階となる。図表7-13に，典型的な買収対象会社・事業に対するガバナンス体制のハードウェアを例示した。なお，資産買収のケースでは買収後たちまち買い主の組織と統合されてしまうケースもあり，ハードウェアとしての取締役会や各種委員会が存在しない場合もあるが，疑似的に類似の機能を持った会議体を設計し，代替することも可能であり，一定の柔軟性をもって対応することが必要である。組織体としてのハードウェアに続き，各会議体における役割権限の明確化が必要である。現状分析において予め確認した，各会議体の権限や意思決定プロセスに，今度は親会社としてどのような意思決定への関与がどのレベルで必要かの検討が必要である。

　クロスボーダーの買収を検討する段階で各買い主は一定規模の企業体であることを想定すると，各社において子会社管理規定が存在するものと推察される。この子会社管理規定が，1つのベースラインとなり，対象会社・事業の既存の役割権限規定を更新することとなる。一方で，これまでの子会社とは地域や規模，成り立ちが大きく異なる買収を行う場合，機械的にこれまでの規定を導入することは推奨できない。各地における商慣習やグループ入りの経緯，経営者との関係性も考慮し，また，第5章で述べたGood Reasonの規定にも留意が必要である。とはいえ，親会社としては決定権を譲れない予算の上限や人事権等もあるはずなので，経営陣とよく議論することが必要である。また，例え親会社としての決定権を獲得できなくとも，図表7-13に記載の各会議体における参加権を獲得することで，一定程度の影響力を確保することも可能である。

　先に触れた譲れない項目として，経営陣に対する人事権を挙げたが，これはガバナンス上押さえておかなければ，対象会社・事業のガバナンスが利かなくなる重要な権限である。図表7-14において，経営陣に対して人事上押さえておかなければならない権限の論点および対応策を挙げた。評価権，報酬決定権に関しては本章**2**(4)で述べ，任免権については第5章**4**において触れているが，詳細については別途詳述する機会を設けたい。

第7章 Do by Close（サイニング以降必要なタスク）　211

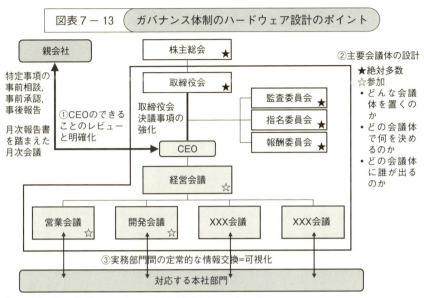

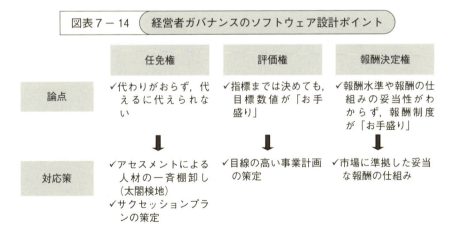

最後に，買収した対象会社・事業の管理・監督を行うことや意思決定に関与することと共に重要なことが，対象事業・会社の重要な細部の可視化である。重要な細部とは，会社の大きな意思決定とは別に，個別の事業や機能が現場においてどのように進められており，細かい意思決定や上位の会議体への上程の過程を知ることである。このような重要な細部まで可視化が可能となれば，対象会社・事業の経営陣から，本社での検討に期間を要する大きな意思決定を，対象会社・事業の経営会議や取締役会で突如として迫られるリスクは軽減できる。この可視化の部分は，図表7－13における，経営会議以下の各種会議体への定期的な参加とオブザービングである。

第8章

セラーズデューデリジェンス

1 会社・事業売却のためのデューデリジェンスとは

　事業の選択と集中，ポートフォリオの組替えに伴い，日本企業のノンコア事業売却のニーズは高まっている。近年では，事業売却の対象は日本国内にとどまらず，当該事業を展開する複数国にまたがる。一方で，多くの日本企業は売却対象事業の海外拠点の人材，人員，人事制度（福利厚生・年金制度等を含む）を事前に十分把握できておらず，売却の意思決定を受けて付焼刃で対応しているケースも多い。また，多くの日本企業では，対象事業従業員，組合ともに売却慣れしておらず，円滑な転籍の合意に向けたハードルは高い。非売却対象事業の従業員に関しても，先例となる買収への関心は高い。有力な買い手候補は買収に手慣れた海外多国籍企業，海外投資ファンド等であるが，百戦錬磨の買い手に対して，売り手である日本企業が必ずしも自社に有利な交渉・売却にこぎつけられていないケースが散見される。

　ここまでの章では，企業・事業を買収する立場に立った人事デューデリジェンスの要諦を紹介した。ここからは，企業・事業を売却する立場に立った人事デューデリジェンスについて解説する。デューデリジェンスとは，一般に売買の対象となる企業や事業の状態やリスクを精査しその価値を定める活動を指す。既に保有してその内実を把握しているはずの企業や事業を，売却に際して改めて精査することの意味と重要性について述べたい。

(1) 高く売る努力（その1）
●企業・事業の価値を高める

　企業・事業の売却の目的は，本業以外の保有資産を現金に換えることで，本業に投下する資本を増やすことであり，どれくらい高い値段で売却できるか，が企業・事業の売却の成否のポイントと言える。したがって，まずは売却の対象となる資産の価値を高めることが重要になる。組織の生産性を少しでも高めるために，機能組織および人員構成の見直しによる組織・要員の最適化，次に，

報酬の最適化が挙げられる。報酬の中でも福利厚生，特に企業年金や団体保険はテコ入れの効果が大きい分野の1つである。

　企業年金は，第4章4で取り上げたように，買収者のデューデリジェンスにおいても重要な項目として注目を集めやすい観点であり，確定給付型の制度（DB）はその債務の評価と買収価格からの割引があるために，売却に先立って変更・清算しておくことが理想的である。確定拠出型の制度（DC）への変更がまず考えられるが，国によっては既得権の変更が認められないところもあり，そうした国ではバイアウトと呼ばれる取引が有効なときがある。これは，確定給付型の制度を保険会社に引き取ってもらい，以後の給付・制度運営を一任する仕組みで，保険会社に一定のプレミアムを支払う必要があるが，制度変更のできない確定給付型の制度のリスクを取り除く方法として，アメリカやイギリスをはじめ欧米諸国で盛んに活用されているスキームである。

　団体保険については，医療保険をはじめとする，日本では社会保障で賄われるような保険給付を，国に代わって民間企業が提供するのが通例となっている国が多い。こうした国では，団体保険にかける保険料が給与の3割にも及ぶことがあり，また医療の先進化が進んでいることもあり，団体保険のコストの絶対額並びに総報酬に占める割合は，先進国および新興国で年々増加の一途をたどっている。団体保険では，保険会社というパートナーを通じた給付であることから，そのコストは適切なガバナンスが行われているか否かによって大きく変わることが多い。保険会社を長年見直してこなかったことによる保険料の高止まりという事態もある。また定期的に見直しを行っていた場合も，自社担当者による徒手空拳の交渉だけでなく，複数社の交渉を一手に担う保険ブローカーという専門家を起用してスケールメリットを活かした保険料低減の交渉を行う事例もある。こうした取り組みによって，従業員1人当たりの人件費を抑える，というのは取り組みやすさの割に一定の効果が期待できる事柄であると言える。

　また，第5章で扱ったように，企業・事業の経営陣は想定される企業・事業価値の実現の要となるため，彼らが売却後の企業・事業の経営にコミットするよう，売却者としてもよくコミュニケーションを取っておくことで，買収者を安心させることができる。

(2) 高く売る努力(その2)

● 高めた価値を適切に伝える＝セラーズデューデリジェンス

　セラーズデューデリジェンスは，売却対象の企業・事業に対して売り手が実施するデューデリジェンスのことを指す。自社の子会社・事業であれば，調べなくともよく分かっていると考えがちである。売却準備として，事前に企業・事業の価値を高める努力をした場合にはなおさらそう感じるであろう。しかしながら，売却時に論点となりそうなリスクを，買い手側の視点で把握できているケースは極めて稀と言える。特に海外の拠点の場合には，売却準備で事前に手を入れていない場合，過去に買収した企業・事業を含め，自社のグループ会社でありながら組織・人事面においては，要員数，幹部人材・報酬，人件費，労使関係，年金や福利厚生といった基礎的な情報も把握できていないこともよくある。セラーズデューデリジェンスを行うことにより，買い手の視点で，自社では気づいていない，あるいは見過ごしていた点も含めて売却対象企業・事業のリスクを事前に特定し，かつ打ち手を検討することができる。それにより，企業・事業本来の価値や事前に高めた価値を適切に伝える方法をより効果的に探ることが可能となり，売り手にとって有利な売却プロセスを実現することが可能となる。

　特にカーブアウト案件においては，売却対象事業の範囲を精緻に特定し，対象事業の財務諸表の作成が必要となるため，特に事業・財務面でのセラーズデューデリジェンスは必須となるが，組織・人事面においても移管対象幹部・人員の検討，年金債務の扱い，スタンドアロンイシュー（福利厚生・人事機能・人事制度・契約ガバナンス関連等）の特定とTSA対応の可否ならびにコスト（概算）の確認は，売り手として，買い手によるデューデリジェンスが始まる前に必ず行っておきたい。

2 会社・事業売却のためのデューデリジェンスとは

(1) 一般的な対応と留意点

　セラーズデューデリジェンスには，外部専門家が第三者的中立的立場で調査を行い，そのレポートを買い手候補に開示するというベンダーデューデリジェンス（VDD）もある。外部専門家がプロフェッショナルとして調査したという，一定レベルの信憑性のある整理された情報を，ベンダーデューデリジェンスレポートとして買い手側のデューデリジェンスの初期段階で買い手候補者に開示することにより，買い手側の理解を促し，売り手側の説明にかかる負荷を減らすことで売却プロセスを効率化することが可能となる。この際の主な調査領域（事業・財務・税務・法務・人事等）と調査項目については，買収時のデューデリジェンスとセラーズデューデリジェンスで共通していると言える。

　売り手にとって特に重要となるのは，ベンダーデューデリジェンス以外の広義のセラーズデューデリジェンスにおいて，交渉の論点となり得る点を事前に把握し打ち手を検討すること，情報開示の精度を高めること，買い手側のデューデリジェンス期間を短縮することなどにより，売却プロセスをいかに売り手有利にコントロールできるか，という点である。

　組織・人事面においては，対象事業の人材，人員，人事制度・運営のレビュー，年金制度カーブアウトの方針策定（カーブアウト案件の場合），スタンドアロンイシュー（福利厚生・人事機能・人事制度・契約ガバナンス関連等）の特定とTSA対応の可否ならびにコスト（概算）の確認（カーブアウト案件の場合）に加え，事業売却や事前・事後の人員整理に関する国別の法的要件，現地慣行の精査（組合コミュニケーション，退職金・解雇手当等の取扱い）が鍵となる。買い手候補が見つからない，あるいは買い手候補と価格やその他の主要条件で折り合わず売却が成立しない場合の選択肢として，企業・事業の清算が検討されているケースでは，買い手候補とのデューデリジェンスの前にあるいは並行して人員整理のプロセスやコストについても確認が求められる。売却

対象会社・事業の主要幹部には売却の方向性のみ伝えて清算の可能性については伝えない等、コミュニケーション上留意すべき点は多くなる。

この時点で、売却対象企業・事業のインサイダー・キーパーソンの協力をとりつけることは、売却の成否を左右する最重要事項の１つである。公開前の社内外の守秘性を維持し、買い手候補のデューデリジェンス開始時にマネジメントプレゼンテーションで説得力ある形で自社・事業の価値を適正に伝えたり、買い手候補からの質問に適切に回答したり、またディールが他の従業員に知られることとなった際に従業員の不安を解消し、キーとなる従業員はリテインする等、売却プロセスに積極的に関与してもらう必要がある。リテンション・ボーナスやトランザクションボーナスの適切な付与は有効な手段となり得る。

(2) セラーズデューデリジェンスのメリット（その１）
● 高く早く楽に売る→情報開示のイニシアティブを売り手側が取る

セラーズデューデリジェンスを行うことで、売却時に論点となり得る点を事前に把握し打ち手を検討することができる。買い手候補によるデューデリジェンス開始前もしくはクロージング前に解消できる問題であれば、その点を買い手候補に伝えることで売却プロセスがスムーズに進む。例えば、ある国において社会保険料の支払いの計算にミスがあり、未払い部分が発生していたことが判明したのであれば、今後の支払い分における計算の適正化と未払い分の特定と清算が打ち手となる。また、クロージング前を含めた事前に解消ができない場合には、買い手候補の交渉スタンスを想定したうえで、カウンターを事前に複数準備しておくことにより、有利に交渉を進めることができる。

さらに、セラーズデューデリジェンスを通して、情報開示の精度を高めることができる。売却対象企業・事業が出してくる情報に不整合がある場合に、原因を特定して修正をかけることが可能になる。情報に過不足がある場合、例えば不必要な情報（通常依頼情報に含まれない個人の属性情報等）が含まれる場合や、カーブアウトの案件のケースで、事業で切り分けた情報が存在せず作成が必要となる場合等、買い手候補からの情報請求や質問を想定して、開示情報を作成することができる。このように、情報開示のイニシアティブを売り手側が取ることにより、高く、早く、楽に売りやすくなる。

(3) セラーズデューデリジェンスのメリット（その2）
●売り買いの両極の視点の獲得

　また，セラーズデューデリジェンスを行うことで，売却者の目線を獲得し，将来の買収案件に活かせるというメリットが挙げられる。既に各章で語られているが，買収のためのデューデリジェンスにおいて欲しい情報がすべて手に入ることはまずない。いかにして情報を引き出すか，限定的な情報から確度の高いシナリオを想定し最悪の事態への備えを準備するか，といった検討・実行がディール成立には欠かせない。

　セラーズデューデリジェンスは，売却者として，どのような情報が存在し，そのうち何をどのタイミングでどのような形で買収者に開示することがディールを売却者優位に進めることにつながるか，を検討・実行する一連のプロセスである。日本企業の関わるクロスボーダー案件は圧倒的に買収に偏っているのが現状であり，売却者の目線を持っている企業はまだ多いとは言えない。しかし，売却者の目線を得ることで，買収者としてディールを推進する際に相手方の考えや行動が予期できるようになってくるし，逆も然りで売却者としてディールにあたるときは買収者としての経験が活きてくる。

　先進国の多国籍企業は選択と集中の一環で頻繁に企業・事業の買収・売却を繰り返しており，双方のプロセスに通じている手練れが多い。こうした企業に対峙していくうえで，日本企業も買収だけではなく売却においても十分な経験値と知見を蓄積することが必要である。

(4) セラーズデューデリジェンスのメリット（その3）
●現状の可視化・管理体制の構築

　最後のメリットとして，セラーズデューデリジェンスを通して，売却対象の企業・事業に留まらない，グローバルな人事ガバナンスの発展が期待できることを挙げたい。

　自社の保有する資産であっても，こと海外拠点のことになると細かなことは現地任せにしていてディールを検討・推進する本社レベルではあまり把握していないということは，残念だが人事の分野では往々にしてよくある。買収であろうが売却であろうが，何かを値付けして取引しようとするときに，その対象

について詳しく把握せずして実行はできないので，自社のことをどの程度把握しているかということに向き合うのに，企業・事業の売却というのは実は絶好の機会である。

　買収者は対象の企業・事業の何が良くて何が問題なのかを見定めるために情報を請求する。それに応えていくうちに，自ずと自社の平時のグローバル経営において，何がどの程度分かっていると海外拠点の状態やリスクが判別できるのか，そしてそのような情報を普段どの程度把握していたか，について振り返ることになる。

　平時の経営において必要な情報の質と量は会社によって異なるが，多国籍企業のグローバルなガバナンスの1つの理想形は，既に整備された仕組みの中から，企業・事業売却のために開示すべき情報がすぐに準備できることである。多くのクロスボーダーディールを通じて買収に関しては経験を積んでいる日本企業が，じきに売却にも手を付けるようになり，それが益々の事業の発展とグローバル経営の高度化に資することを期待したい。

第8章 セラーズデューデリジェンス 221

図表8−1 売却のプロセスにおける売り手側の組織・人事面の代表的なタスク

(1) 売りやすくする準備
(2) 売却の事前準備・検討
(3) 買い手との応対・交渉
(4) 社内コミュニケーション (含組合)

▼対象事業売却決定 ▼LOI/MOUの締結 ▼サイニング／クロージング▼ クロージングに向けた対応

	企業価値向上に向けた事業運営	対象事業の売却準備	売却対象事業の売却方法の検討	買い手との初期的な交渉	買い手によるデューデリジェンス	買収交渉	サイニング／クロージングに向けた対応
全体	・ポートフォリオの見直し ・企業価値・事業価値向上に向けたガバナンス・マネジメント	・事業売却に向けた対象事業組織の分離方法の検討 (スピンオフ等) ・組織の本体からの分離・スタンドアップ	・売却事業のスキーム、タイミング、各種条件等の検討 ・売却先へのアプローチ ・売却に向けた社内情報の集約	・守秘義務契約を締結し、限定的な情報をもとに、売却の初期的な価格 (スタンダジューヴァリュー)・想定価格・維持条件などの基本条件等を交渉・合意	・買い手に対する初期的な情報開示 (売り手DD) (最も忙しい場合) ・売り手組合との事前協議	・売却価格、引継条件に関する交渉、売買契約 (DA) に落とし込む ・TSAに向けた準備	・買い手へのQ&A対応、情報提供 ・価格調整事項への対応
売り手の組織・人事のタスク	・(必要時) 確定給付年金制度のDe-riskingによる財務リスクの最小化 ・(必要時) 年金制度、保険等制度の統合・ガバナンス強化 ・機能組織および人員構成の見直し	・事業売却に関する国別の要件、現地慣行の精査 ・社内コミュニケーション、退職金取扱い、Farewell bonus等 ・対象事業の人材、人員、HR制度の運営をレビュー (Seller's HR DDを実施) ・(必要時) 年金制度カーブアウトの方針策定 ・対象事業が分離される場合、対象事業の従業員、新会社への転籍、新制度設計、TSA等の手当	・各国別の要件、Seller's DD (売り手DD) の結果を踏まえた、人事面からのスキーム、タイミング、価格、各種条件等の最終化 ・IM等買い手に提供する対象事業の人員、人事制度に関する資料の集約、作成		・VDRへ開示する資料に関する戦略的判断 ・VDRへ開示する資料の加工 (言語・体裁等) ・VDRへ資料のアップロード ・(必要時) 買い手へのQ&A対応 ・関連する項目 (年金債務) へのアドバイス ・マネジメントミーティングの実施	・人事面からのDA/TSAのインプット、レビュー ・人事領域における交渉戦略、シナリオ作成と買い手との交渉 ・売り手組合とのコミュニケーション、交渉 ・売り手従業員に対するコミュニケーションプランの策定	・買い手へのQ&A対応、継続的な情報提供、対象会社の文書のレビュー・承認 ・転籍関連の法的コミュニケーション資料のレビュー ・(必要時) 新人事制度の新・新制度設計支援 ・(必要時) 各国での従業員ミーティングのロジ支援 ・売り手従業員、対象従業員のコミュニケーション、Q&A対応 ・対象従業員の分離完了に向けた実務対応 (退職金の払い出し、各種精算、返却等) ・TSA等の手当

*LOI＝Letter of Intent (意向表明書)、MOU＝Memorandum of Understanding (基本合意書)
Copyright ©2019 Mercer Japan Ltd. All rights reserved.

第9章

日本企業のグループ・事業再編の課題

1 日本企業によるM&Aの変遷と直面する課題

(1) 日本企業によるM&Aの振り返り

　日本におけるM&Aを振り返ると，1990年代の金融危機にともなう資本増強のための金融機関の合併に始まり，2000年初期のグローバル競争を視野に入れた製造業の大型国内合併に至る過程で，M&Aは経営手法の1つとして定着した感がある。その後，2000年後半から近年に至るまで，豊富な内部留保を生かした日本企業による海外企業の買収が一種のブームのように続いた。

　M&Aをめぐる日本企業の行動傾向は，その都度の経済・市場環境に反応した場当たり的行動のようにも見られがちであるが，各業界のトップクラスの企業群では中長期的な観点から，生き残りの戦略シナリオを検討していたと見られる。

　企業により違いはあるものの，大筋のシナリオをモデル化すると図表9－1のように描くことができる。

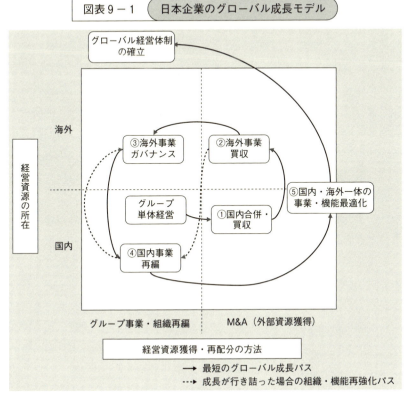

図表9－1　日本企業のグローバル成長モデル

Copyright ©2019 Mercer Japan Ltd. All rights reserved.

① **国内合併**（図表9－1の①）

　国内企業合併は金融危機に端を発することは前述のとおりであるが，特定業界に限らず広く合併が行われるきっかけを作り，2000年代の大手製造業の合併へとつながっていく。トップクラス企業同士またはトップと準大手の対等型（少なくとも名目上は）の合併が相次いだ。

　製造業のトップクラス企業の問題意識にあったのは，海外のメガ企業の相次ぐ誕生である。新興国を中心とした金融，化学，エネルギーのメガ企業の誕生。先進国では，医薬品，半導体，ITプラットフォーム系などのハイテク分野のメガ企業が誕生し積極的な投資・グローバル展開を始めた。

日本企業はその頃,輸出型産業からまだ十分に脱皮できておらず,海外事業は代理店や提携先に依存する比率が高かった。マーケット情報は不足し効果的な販促アプローチができていないとともに,消費者ニーズと製品仕様との乖離も大きくなり日本製品神話は総合電機を中心に崩れつつあった。それに加え,直接の市場となる国内市場は人口減少と経済状態の悪化により,成長戦略が描けなくなってきていた。直接海外市場へ進出し,輸出型産業から多国籍企業へと脱皮しなければならないという危機感が強くなってきたのは,この頃である。

　海外進出のためには資本力の増強が必要であり,まずは国内企業同士の合併,次に海外展開のシナリオを描いた。しかしこの時,日本企業は組織や要員体制の徹底した再構築・最適化の努力を怠った。

　合併により肥大化した各組織機能において,外部の市場や海外市場における競争にどう勝ち残るかよりも,合併にともなう内部の主導権争いに体力を注いでしまった過去を,筆者は統合の現場で多く見てきた。結果,無駄のない筋肉質の要員体制,経営の意思を末端まで徹底する明確なレポートライン,各キーポジションの役割と責任の明確化と権限の委譲など,ホームグラウンドの国内において強い組織構造を作る機会・経験を逸してしまった。実は,この機会ロスが,後の海外法人・拠点のガバナンスやマネジメントにおける日本企業の弱さにつながっていくことになったと筆者は考えている。

② **海外企業買収**（図表9－1の②）

　2010年からは海外企業買収がブームといって良いほどの高まりを見せた。日本の大企業のほとんどが,縮小し続ける日本市場から海外市場シフトの戦略を打ち出し,代理店・提携型のビジネスモデルから直轄型へシフトするために,海外企業を買収した。自社で拠点を一から作る企業群もあったが,多くの経営者は海外企業から大きく遅れた多国籍企業化に対して,高い買い物をしても「M&Aで時間を買うのだ」という理由のもと,投資を正当化していった。

　体裁だけは急激に,マルチナショナルカンパニー（MNCS）化していったのだが,投資に見合ったリターンが得られたか否かは企業により鮮明に明暗が分かれたといってよい。比較的早い時期から新興国で事業展開してきた空調大手や産業・農業用機械のように大きく業績に貢献し,世界シェアで存在感を示す

ものもあれば，ハイテク系の買収などでは海外事業の業績を維持できず，数千億円の投資で取得した資産をタダ同然で売る結果となった企業も少なくない。このような失敗事例が顕在化していたにもかかわらず近年まで大型海外企業買収の流れは止まることがなかった。

　ターニングポイントは2016年に訪れる。それまで日本企業による海外買収が単価も数も増加し続けていたのが，初めて横ばいとなった。2017年では単価は大きく低下し，総額では増加したものの，ほとんどは中小案件で数が増加した。これはM&Aのすそ野が広がり，中堅企業などのプレイヤーが増えたからと考えられる。大手企業も丸ごと買収型からピンポイントで必要な資源のみを取得する傾向が強くなった。

　つまり，かなり多くの日系大手企業が当初思惑とは異なり，海外企業買収は思ったほどのリターンを生まず，むしろリスクファクターになりうるとの疑問を抱き，いったん停止して将来の方向性を考え直さざるをえない状況に至っているといってよいのではないか。

(2) 日本型MNCS（マルチナショナルカンパニー）はどうあるべきか

　海外売上，資産や社員数など日本国内と比肩する海外事業を有しているにもかかわらず，海外拠点から有益なマーケット情報やプランを吸い上げ集約することもなく，日本本社の戦略をすみやかに展開・実行する海外拠点の能力も不十分。売上規模は大きくなったが成長の方向性はむしろ見えなくなり，競争力向上のために不可欠なグローバルIT投資の余力はない。そんな袋小路に行き詰った日系企業を，「日本型MNCS（マルチナショナルカンパニー）」と仮に呼ぶこととする。これらの企業群には，今後どんな道が残されているのだろうか。

① 海外事業法人のガバナンスに改めて取り組む（図表9－1の③）

　海外事業が機能不全に陥っている原因は，まずは日本本社の戦略が明確でないことがあげられる。そのうえで，多くの場合，現地の経営層や組織・人事について，現状維持を志向し，日本本社の意向を末端まで伝達し報告させる，い

わば神経系統や情報伝達のハブとなるキーマンの役割責任が明確になっていないことがあげられる。海外側から見れば，単に資本家が日系企業に変わっただけで何がやりたいのか，今一つはっきりせず，経営層もほぼ現状維持，組織も変えなくても良いといわれている。では従来のままで行きましょうか，となるのは当然ではないだろうか。

　買収先に配慮しすぎ，寝た子を起こさないようなマネジメントスタイルは，まさに国内大型合併が悪しき経験として影響している。何もしないのは海外事業買収の際にはむしろ悪い結果を生み出すことを知らなければならない。

　この点については，私の属するチームの先駆者であるグローバルM&Aチーム・パートナーの竹田年朗氏が経験も豊富で詳しい。彼によれば，買収時に放任してしまった海外企業でも，日本本社の方針を明確に表明し，ガバナンスの再構築に改めて取り組むことは可能である。ただし，どこまで日本本社の経営者が「腹をくくって」リスクを取った経営のリーダーシップを発揮できるかによる。

　実践面では，まずは海外経営者のガバナンスを再構築することから始める。人事三権，つまり任命権，評価権，報酬決定権を日本本社が有するだけでなく行使もすることを明確にし，海外現地でも納得しうる職務・労働市場ベースの報酬体系を導入する。次に日本本社の戦略を実践するため現地のリーダーシップとの整合性を確保する。それも上意下達方式ではもちろんダメで，課題を明確にしたうえで十分な議論を尽くす必要があるだろう。そのうえで，キーポジションの役割責任，レポートラインを整備する。

　通常のマルチナショナルカンパニーでは，現地法人のレポートラインとグローバルに横串を通す事業・機能軸のレポートラインが存在する。日系企業のみ経験した経営者やエグゼクティブではよくあることだが，事業・機能軸のレポートラインの作り方，運用の仕方を知らない。しかし，このグローバル横串を通すレポートラインこそが，複雑なグローバル組織のメリットを生かす最大の鍵といってもよいのだ。

　ほんの一部のみ紹介したが，本論は竹田年朗氏の著書である『クロスボーダーM&Aの組織・人事マネジメント』(2017年，中央経済社) に詳しいので，そちらを参照されたい。

② **国内事業再編の取り組みにいったん集中する**（図表9－1の③が不十分でもいったん④に取り組みをシフトし，③に再度取り組む）

　海外企業をなぜ上手くマネジメントできないかの根本的原因は，海外企業のマネジメントスタイルに慣れていないからだけではない。より本質的には，日系大企業は国内の企業グループですら，最適なガバナンスやマネジメントができていないからである。国内でもできていないことが，文化も言語も異なる海外で上手くできる企業はそう多くはないのではないか。大企業グループの法人を越えた本格的な機能集約やコア事業への戦略的な資源の集中化を経験・実現した企業は，大手電機グループくらいのものであり，そのうちの半数は単純なリストラ要素の強い生き残りのための優良事業の売却であったり，海外の経営者と資本を受け入れた，「再生・再編の外注」である。自律的に再編に取り組み，一定の成功をおさめた事例は非常に少ない。他の業界においては，そこまで大胆な事業再編などの経営の打ち手自体が，行われていないのが実態である。

　もし自社がなりゆきで日本型（MNCS）になってしまった場合，海外再編やガバナンス強化にいきなり取り組むのはハードルが高すぎる。それに海外法人の事業・機能の再編を自らまたはコンサルティング会社等の誰かがやってくれたとしても，国内の本社機能において海外と整合性のある形で権限責任，レポートラインが整備されていなければ，グローバル組織との円滑な連携や本社の意思決定のすみやかなグローバル展開ができるとは思えない。

　このような背景を考慮したもう1つの案は，遅ればせながら，国内合併時にやっておくべきだった国内企業グループとしての要員構成の最適化，事業・機能の法人を越えた再編成，事業軸と機能軸のレポートラインの整備によるマトリックス型の組織構成とキーポジションの権限責任の明確化，経営者ガバナンスの導入等のテーマについて改めて徹底的に取り組み，そのうえで海外のガバナンス，マネジメント強化へ重点をシフトするというシナリオである。

　今，ここにきて，業界大手企業において，今まで放置してきた子会社再編に着手し，成長性と自社のポジショニングを考慮した事業の選別，強くすべき事業は徹底的に経営資源を集約化し投資も行い強化する。一方，弱い事業は生産性を向上させるか，他社へ売却する。管理機能や本部機能も集約化し，それぞれの機能のミッションと短期目標を明確にし，グループ内部に止めるべき機能

を厳選。その他は極力アウトソースし，いわば統合参謀本部のような緊張感のあるグローバル本社へ脱皮しようとする動きが目立ち始めている。

　この動きの背景としては，1つは好調な国内景気に後押しされて生まれた余力を，国内再編に投入すべきとする事業判断もあるだろうが，ハードルの高い海外事業法人のガバナンス強化はいったん置いておき，遠回りでも経験やノウハウを身につけて，改めてグローバル展開の再スタートを切ろうとしている傾向が見て取れる。

　しかも国内再編といっても，事業切り出し売却などM&Aの手法を駆使することが多く，買い手は，かつてと違って新興国や先進国のマルチナショナルカンパニーであることも多い。難度の高いM&Aの交渉，売却後の資産・人材の移管，移管後のソフトランディングによる事業継続性の支援を，有利な国内ホームグラウンドで海外企業相手に経験できるメリットは非常に大きく，そして海外企業から学ぶものも多い。ノウハウ蓄積には最適な方法といえる。近年の国内M&Aの再活性化は日本企業の国内回帰ではなく，海外へ再展開するためのステップであり，それを確実化するための賢い方法として実行されているのではないかと筆者は考えている。

(3) 国内事業再編型M&Aの特徴

　近年の国内事業再編の大きな特徴は，かつてはグループまたは自社内で完結しがちだったアプローチを，事業カーブアウトのうえ事業・機能を集約して効率化をはかる，またはグループ外へ売却するなど，M&Aのあらゆる手法を駆使して実施している点である。現代では，事業や人材ですら交換可能な価値としてお金に換算し，容易に取引することができる経営環境が整ってきている。

　古くから，物々交換することで，新たな価値が生み出されることを人類はよく知っている。自社で持っていても価値を生み出さないものが，他社と交換することで新しい価値を生み出すことは，今更驚くような現象ではないだろう。かつての何でも内製化し，どんな商品カテゴリーもそろえたがるコングロマリット化は，企業の規模拡大にはなったが生産性や競争力を低下させることになった。その意味で，M&Aを駆使した事業再編は企業と社員双方にとってWIN・WINの関係を実現しうる可能性があるといってよいと思われる。

かつての事業再編は，希望退職などを手段とし社員の痛みがともなうものであった。会社は上乗せ退職金やアウトプレースメント会社を使った再就職支援を行ったが，それで十分な幸せを掴み取った者はごく一部といってよい。一方企業も，当時の経営環境では資源超過だったとはいえ，重要なサービスや製品の供給元や人材を失うことになり，いざ国内景気が回復すると成長のボトルネックとなっているケースも多い。

　今回の事業再編は，事業や組織としては完全には解体されず，どこかで生かされ続ける可能性の高い再編である。かつてのグループ内の製品供給源がグループ外へ移転しただけである。デジタル時代は摺合せ技術は不要との考えもあるが，完全に摺合せが不要なモジュールもソフトも存在しない。長く連携してきた供給先があるのにこしたことはないのである。

　また，日本の会社員に「組織に対する忠誠心」への疑問という大きな精神的禍根を残すことになったのも問題である。そんなものはいらないとの意見もあると思うが，かのベストセラー『サピエンス』の受け売りで恐縮であるが，抽象的概念である「組織のバリュー」を理解し（かつては神というバリュー），組織へ忠誠心を持つことができることは，人間固有の他の動物にない特性である。そして，最強の生存競争の武器であり，今は企業競争の武器であると筆者は考えている。事実，欧米の優良企業では，社員間の組織バリューの共有に早くから注目し，エンゲージメントサーベイを使って，企業目標に対してどれだけ社員が自発的な執着心や意欲を持って取り組んでいるか調査し，施策を展開している。社員も20年，30年勤続者が多数在籍する場合も少なくない。

　M&Aを使った再編は，事業や組織の解体を生じにくい。そこで生きる社員にとっても培った能力・技能を発揮できる可能性が高い。社長や株主が変わるかもしれない。上司が変わるかもしれないが，買収元は「可能性」を自分たちに見出し，リスクを取って投資しているわけで，不要になったから切り捨てるリストラのような粗雑なものではない。ルールや求められる働き方は変わるかもしれないが，最も重要な「必要とされている」ことには変わりはない。社員によっては，かつての環境では生かされなかった能力が開花する者もあるだろう。新たな忠誠心を育むことができる者もいるであろう。新たなチャンスを社員に与えて送り出すことが重要である。

つまり，今本流となりつつある事業再編はかつてのリストラ型と本質的に異なるものであり，そのための法的環境やマネジメント技術もはるかに発達している。経営者は，かつてとの違いを熟知したうえで，今こそ思い切った国内の事業再編に取り組むべきである。

2 M&Aによる国内事業再編の目的別分類

　業界大手企業が今取り組んでいる国内M&Aは，外部からは見えにくいが事業再編の明確な目的をもって行われている。具体事例を紹介するのは守秘義務上できないことなので，参考のため，いくつかの類型に分類して，よく見られるものを紹介したい（図表9-2）。

図表9−2　M&Aによる国内再編の目的別分類

類型	M&Aの目的	事例
A：独立採算型	●グループの傘下において。本社，子会社に分散していた事業や機能を集約化し独立法人化など独立採算性を強化する。これにより組織のスリム化をはかり，余剰となった資源は成長分野へ再配分することで生産性や効率性の向上をはかる ●成熟化した製品群は，グループ外部への外販も進めグループ依存体質を払拭し，独立採算のマインドセットを確立する	●グループ内のノンコア事業または不採算事業の収益性向上とグループ依存体質からの脱却 ●本打ち手を実行した後に，「選択と集中型」へ移行する場合も多い
B：選択と集中型	●グループのコア事業・機能を他社からカーブアウト・買収することで強化し，ノンコア事業・機能を売却することで，経営資源の選択と集中そして競争力を強化する	●グループコア事業の競争力強化策 ●独立採算型の打ち手でも収益が改善しない場合の専門会社への売却，または収益改善の場合もコア事業強化の資源獲得のため売却する場合もある
C：バリューチェーン分離・獲得型	●グループ内事業のバリューチェーンの一部を他社へ売却し，その他社から継続的に供給を受けることで，業界全体の再編成を行い，生産コストの低減，需要変動への柔軟な対応を可能にする	●国内では付加価値生産性の低い生産部門，物流部門を専門会社へ売却することでコスト競争力を向上させる事例などがある
D：管理機能集約・効率化型	●事業・機能の集約の結果，多くの場合，管理部門やサービス部門が重複機能として集約されることになり余剰人員が発生する ●一方，経営からの要望としては，管理部門人員の少数精鋭化により戦略的本社機能の強化，管理効率の向上を志向する ●余剰人員に対しては，グループ内再配置を検討するが，グループ内だけで余剰が解消されることは多くなく，更なる問題解決が必要となる場合が少なくない	●管理機能を，戦略本部としての機能とサービス的な業務に分離する ●サービス業務は，グループ内のシェアードサービス会社として独立させ，外販も行うとともにサービスレベルを専門会社並みに向上させるよう経営がリーダーシップを発揮する必要がある

Copyright ©2019 Mercer Japan Ltd. All rights reserved.

A：独立採算型

　これは，本社や各子会社に分散していた設計・開発，購買，生産，販売，サービス等の重複機能を集約して独立採算制を強化し，生産性を向上させるとともに，グループ依存体質のマインドセットを改善することを目的とする。かつ

ての花形事業・機能である場合も多く，従事する社員数は最も多いことも少なくない。社内勢力や売上高，資産などの量的存在感により，社内に影響力を持ち，グループの経営資源配分を歪めている場合も見られる。現実を直視してもらいグループの資源配分を適正化する意図も含めて，事業再編が実施されるケースも少なからず見られる。

B：選択と集中型

これは，最も正攻法の国内再編である。コアの事業・機能を社内で集中化するだけでなく，他社からも人材や資源を取得し充実することで，例えば開発・設計では異なる発想のトップクラス人材の競争による，今までにない発想の製品開発なども狙う。

逆にノンコア事業は集約のうえ思い切って分離し，その事業・機能を得意とする専門会社へ売却する。これにより，そのグループではノンコア事業・機能だったものが，買い手企業の中ではコア事業・機能として存続し続けることになる。実は大企業のノンコア事業といっても相当のノウハウがあり，ローコストオペレーションが得意な専門会社と一体となることで付加価値生産性を高めた事例を知っている。それは，売却会社にとっても移籍した社員にとっても良い結果をもたらす可能性が十分にあることを示唆している。

C：バリューチェーン分離・獲得型

自社のバリューチェーンの中で，他社との差別化要因とならず，付加価値生産性も低い部分を切り出し，他社へ売却する。売却先からは中長期の供給契約を締結し，従来通りの品質，さらに低いコストの調達を実現する。内部で保有しないので，需要の変動にも対応しやすくなり，経営リスクの低減にもつながる

一方で，自社の基幹技術をさらに強化し，周辺技術やサービスも取り込むために他社からバリューチェーンを獲得する。

すべてを内製化するという発想は捨て，取得価格と技術価値を見極めたうえで，保有会社の意向に沿って，カーブアウトや買収だけでなく，JVや技術・資本提携など，様々なスキームを使って差別化と競争力の強化につながるバリ

ューチェーンを構築する。

　スマイルカーブという話を聞いたことがある読者も多いと思うが，成熟した国では，技術・開発，設計，サービスは付加価値生産性が高く，生産部門はどうしても生産性が低くなることが多い。上流から下流へバリューチェーンを並べ，縦軸を付加価値生産性とするとU字型のカーブとなることから，この名前が付けられている。

　日本は成熟国の代表のようなものであるから，低生産性化したバリューチェーンの分離は即効性のある収益改善効果を生む。また最近は新興国などを中心に，日本の生産技術や豊富で良質な水資源の獲得，安定した電力供給と真面目な人材の確保を目的として，日系企業のバリューチェーンを取得したい海外企業は多く，買い手も欠くことはない。

　自社の基幹技術の強化については，技術の目利きができるかが問題であるが，総合職・管理職を大切にする日本的人事のせいで，尖がったシニアな技術者がいないのは心配事項である。経営者の技術的な選別眼の無さは，大変失礼だが，日本の学会論文で公開された研究成果が，海外企業で多く実用化されている事実からも否定できないように思われる。

D：管理機能集約・効率化型

　事業の再編を進めると，結果的に管理部門やサービス部門が集約され，余剰人員が発生するのが通例である。日本のホワイトカラーの生産性の低さは以前から指摘されているが，能力の問題ではなく人員数が多すぎ，組織が細分化されているがゆえに起きている現象と筆者は考えている。

　筆者はかつて，人事部門人員半減プロジェクトのため事業会社でリーダーとして取り組んだが，さんざん考え試行錯誤の結果，仕事の効率化では必要人員は半数にはならないと判断した。会議を減らしても駄目。唯一の方法は，まず人員を半減したうえで，半数でなにができるかを一から考え更地から人事業務を立て直すやり方であった。

　4割近い人事業務をなくしたわけであるが，結論から言えば不都合はほとんど生じなかった。つまり，必要な仕事であるとの考えの多くは「思い込み」であり，ゼロ発想で考える環境を先に作る必要がある。適正要員数など考える必

要はない。最低限の少数精鋭の組織を本社の管理部門としてはまず作るべきである。その代り，アウトソーシングの予算権限は従来の総コストの枠内ですべて任せる必要がある。アウトソースするには仕事を整理し切り出す，よって，仕事を戻すのも容易になる。それを走りながら続ければ1年ですべて整理がついた。

本社管理部門は少数精鋭で組み立てる。そして仕事を選ぶ。当然それは全社資源配分に関わる戦略的管理業務である。そのうえで，仕分けられたサービス業務は，シェアードサービス部門・会社へ委託する。グループのシェアードサービス会社は，独立採算を基本として徐々に自立を促し，将来的には専門会社への売却やJV化を検討しても良い。

3 ディールスキームの俯瞰

図表9-3は，ディールスキームの俯瞰図である。

大きくは，対象会社全体を取り込む合併と事業・機能の一部を切り出し取得するカーブアウト，複数社で資本を出し合いジョイントベンチャーとして新社を立ち上げ，初期は出資会社からの出向者により運営する方法の3つが存在する。

事業再編では合併と事業切り出し・カーブアウトが良く使われる。内容については，前章で解説しているので，ここでは割愛し，最新で関心が高まりつつあるスキームである，(1)子会社の一部株式譲渡と中長期供給契約のセット，(2)会社分割法・労働契約承継法を使用しつつ，社員の移籍は，個別同意による転籍または出向させる方法について，説明したい。

第9章 日本企業のグループ・事業再編の課題　**237**

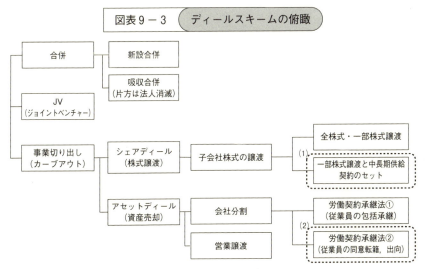

図表9-3　ディールスキームの俯瞰

Copyright ©2019 Mercer Japan Ltd. All rights reserved.

(1) 一部株式譲渡と中長期供給契約のセット

　例えば貴社がシェアードサービス会社を保有していたとする。これをシェアードサービスの専門会社に株式譲渡するのであるが，全部譲渡するのではなく一部譲渡に止め一定の支配力を保持しつつ，中長期のシェアードサービス契約を締結する手法である。

　シェアードサービスは貴社にとってはノンコア機能なので，外部に出してしまいたいところであるが，人と人の結びつきはシェアードサービスの品質に大きく影響する。よって，株式譲渡契約および中長期サービス契約はセットで締結し，事業所ごとの人員配置は従来を維持する条項を盛り込む。これによりサービス品質を維持するとともに，他社に株式譲渡された社員は環境変化にさらされることなく，安心して働き続けるメリットを享受することができる。

　また，先進企業のシェアードサービスでは，出張支援のサービス依頼をすると，航空券だけでなく，旅程のすべてをシェアードサービスがプランニングし必要なチケットやホテルなど，最も出張目的に適した形でコーディネートしてくれる。当然，出張中の予定変更にも即時に対応し，出張者の負担を最低限としてくれる，いわばコンシェルジュ機能を果たす。

独立系の専門シェアードサービス会社でも，そのノウハウは持っていないことも多く，またITシステムで発注，サービス提供，予定変更をサポートするため，株式譲渡するだけでは同じサービスが再現できない問題もある。

このような制約の中でも，徹底してコア事業に経営資源を集約し，ノンコアのシェアードサービスは切り離すのだが，最先端のサービスは継続する一挙両得を実現するために本スキームは有効に機能する。では買い手はどうかというと，シェアードサービスの大口受注を獲得できるとともに，将来的にはサービスノウハウを吸収し，ITインフラも整備し，他のシェアードサービス専門会社と明確な差別化をすることができる。交渉次第で，どちらかが有利・不利になる現象が一時的に生じうるが，長い目で見ればWIN・WINの関係を構築する良いスキームといえる。

(2) 会社分割法・労働契約承継法のもとでの社員同意転籍スキーム

数年前までは国内のM&Aでは，当然のように会社分割・労働契約承継法が使われ，社員は労働条件を同等とする代りに本人意思とは関係なく包括的に買い手に承継される場合がほとんどだった。

しかし，本スキームには重大な問題が存在する。例えば，同一事業に携わる同じ会社の社員が出張に出て一方は日当があり，他方はない。一方は遠隔地でもないのに社宅が提供され，片方は微々たる住宅補助のみ。このような状況で同じ会社・事業の仲間として円滑な連携が果たしてできるものだろうか。同じ苦労をしているのに公平でないという思いは，経営者が考える以上に組織・人材の融合を阻害し，前向きに一緒に未来を切り開こうという建設的なマインドセットを切り崩してしまう可能性がある。

この点，労働契約承継法による包括承継は，本人同意なしに他社へ移籍させるものなので，労働条件の維持に非常に固執した法律構成となっている。特に労働組合があり，包括的な労働協約を締結していた会社から承継された労働条件は，永久に変更できない可能性もある点に注意しなければならない。

大手の優秀な人材を事業カーブアウトにより取得した中堅の成長企業が，本スキームを使った結果，売上規模は大きくなったものの，営業利益率は低下し

成長性も低下。処遇が2系統併存することになるため，当面は売却元に給与計算等を外注し，いずれは内部にITシステムを立ち上げる必要もある。そして見えやすい処遇差から，従業員間の軋轢が高まり，今まで建設的に成長することだけに邁進した社員の意識に変化が生じてしまう。役員は組合という今まで遭遇しなかった組織に対峙することになり，徐々に経営者も社外に目を向けるよりも社内の問題解決に体力をかけざるをえなくなる……。そんな企業から処方箋を依頼されたことがあるが，経営陣は異口同音に「こんなはずではなかった」とコメントしていたのが印象的であった。

　この問題を解決するには，両社の良い方の処遇条件に全員を合わせるしかない。先の例のような大企業から中堅企業へのカーブアウトの場合は，特に処遇条件の統一化のために多額の固定費の上昇を招く可能性が高い。弊社では，このような事例の場合は，承継後の人件費シミュレーションをデューデリジェンス段階から実施することを勧めている。その結果，ディールスキーム自体が変わったことすらあった。

　同様の問題が多数発生したからか，近年は営業譲渡による社員の個別同意による転籍のスキームが多用されるようになってきたのだが，営業譲渡の場合，社員の転籍同意の手間以外にも，様々な資産のリストアップと譲渡手続き，契約関係の承継の通知の事務など，包括承継ではないがゆえの譲渡にかかる業務量が莫大という問題がある。

　そこで，会社分割・労働契約承継法の手続きに準拠するものの，社員の移籍については個別同意や出向で行うスキームが企業再編上は適しており，今後は有力な候補として考慮していくべきだろう。

　本スキームは会社分割，労働契約承継法に定める手続きを，すべて実施することが前提になる。社員の移籍についても，主たる事業の従事者の選定や従業員の異議申し立て，労働組合との話し合い等は法律通り実施する。最後の社員の個別同意なしの包括承継か，社員の個別同意による転籍かだけが異なっていると認識されたい。それでも，社員の転籍手続き以外は相当な簡素化が可能になるので，営業譲渡に代わるスキームとして今後普及する可能性が高いといえるだろう。

　一番のメリットは，転籍により雇用契約がいったんリセットされるため，買

収や統合の初日から，買収会社と同じ就業条件，福利厚生，人事諸制度を適用することが可能になる点にある。もちろん，不利益変更をともなう転籍条件をオファーしても同意は得られないので，買収会社に人事諸制度を片寄せするといっても簡単ではない。納得感のある人事制度の移管方法，不利益になる場合の経過措置，メリット・デメリットを明確に示し理解を求めることが必要である。

また，見落としがちであるが，今後の組織形態やキーポジションへの登用はどうなるのか，事業戦略・事業計画を買収会社がどう考え，遂行しようとしているのか，事業面，組織面の情報も人事制度関係と同じくらい重要である。いつどのタイミングで誰に対して何についてコミュニケーションをはかるか，いわゆるコミュニケーションプランが重要な役割を果たすことを再認識する必要がある。

最後に，本スキームに関しての情報収集の際は，現段階では通常の労働基準監督署では十分な情報を持っておらず，厚生労働省の労働関係法課へ直接問い合わせる必要がある点を申し添えたい。

4 これからの事業再編に求められる組織能力

(1) 新しい組織能力の必要性

以上のとおり，現代の組織再編はM&Aの手法を駆使し，かつ従来のような単純なダウンサイジングをめざすものではない。経営資源を交換価値と見立て，必要な資源をM&Aという交換手法により獲得し，組織を常に変化させていく経営アプローチである。このような経営展開を実現するには，新たな組織能力が必要になってくるのは当然といえよう。

正確な理解をして頂くため，この場で使う「組織能力」をまず定義しておこう。現代の経営においては，変化し続ける市場に対する知見，高度化し続けるテクノロジーへの知見，さらにはグローバルな地域情勢に対する知見を総合的に勘案して，経営上の意思決定を行わねばならない。はたして一部の経営層が，

そこまでの知見をアップデートし続け，総合化し，より良い決定を行うことができるのであろうか。私見ではあるが，トップクラスの人材といえども，益々それは困難になりつつある。

　実は，経営層の意思決定を支援するミッションを負った，私たちコンサルティングの場でも同様の現象が起きている。かつてのようなスーパーコンサルタントは，今後は出現しえない。判断の根拠となる情報の広さ，深さ，変化のスピードが格段に異なるのだ。よって，尖った専門性を持つコンサルタントをそろえ，かつ専門バカではだめで，他の領域に対する強い関心と比較的容易な他分野のコンサルティングができるくらいの能力・経験が必要である。さらに自身の専門と他の専門領域を結び付け，問題を解決する相互的なコラボレーションの発想と行動が求められる。つまり，一人で考え解決策を提案するのではなく，複数の頭脳がリンクしあい，複数の専門性を組み合わせて解決策を導くのである。

　事業会社の経営組織も同様であり，どんな優れた経営者でも組織能力に支えられなければ正しい判断は行えない。つまり，テクノロジーにおける専門性，先見的な事業リーダーシップ，グローバル地域特性の理解と活用の3つの要素が，組織的に提供されなければならない。これら3要素を提供しうる組織基盤と経営者の意思決定力やリーダーシップが一体化した組織全体の環境適応力を「組織能力」といったん定義したい。

　ここでの組織能力を概念図として示したのが，図表9－4である。組織能力の根幹は事業軸と機能軸の2つから構成されている。事業軸においては，各事業または市場セグメントごとに先見的な事業提案，情報提供，そして新しい事業を推進するリーダーシップが求められる。機能軸は，研究，開発，生産，営業，サービスといったバリューチェーンごとのテクノロジーにおける専門性と問題解決の提案が求められる。

　この2要素は相互に関連し合っている点に注意されたい。機能軸のテクノロジー専門性は新しい事業を可能にする。ウーバーテクノロジーズなどは，その典型例だろう。一方，先見的な事業ビジョンとリーダーシップが，それを実現するテクノロジー開発を触発・推進し，新たな競争力を手に入れるケースもあるだろう。両者はどちらが上流・下流ではなく，相互に触発し影響を与えつつ，

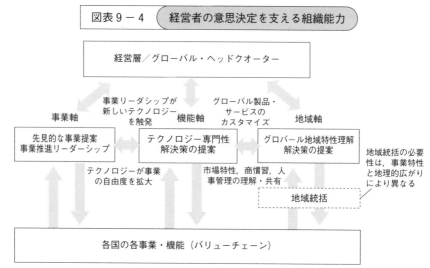

現段階の最適解を導く競争関係であり、同時にパートナーでなければならない。経営者は、両者の議論の過程を注視するとともに、各者との直接対話を繰り返す中で、的確な経営の意思決定を組織として行うことが可能になる。

　残った地域軸であるが、これは各国の市場特性、組織規模の大きさ、政治的事由など特殊要素を考慮して必要な場合に設定されているようだ。だが、傾向としては最近のコミュニケーションインフラの充実、管理会計のクラウド化など、ITテクノロジーに支えられて、地域軸の組織を置く傾向は弱まっているように思う。かつてはグローカライズともいわれ、重視された地域本社機能であるが、最新テクノロジーがあり方を変えようとしている。わずか数年後には、VRヘッドセットで、いつでもどこでもグローバル会議がバーチャル空間で、自動翻訳付かつ対面で行われるのが当たり前の世界になっているだろうと、多くの方も予測されているのではないだろうか。

(2) 経営者の意思決定能力、リーダーシップ

　新しい組織能力のインフラとなる3要素について概念的な説明を行ったが、何といっても要となるのは経営者であることは、今も昔も変わらない。かつて

は，創業経営者が事業軸も機能軸もリーダーシップを取ることで，日本においても会社の組織能力が十分に発揮されていた。

　余談となるがスーパーカブという名バイクがあるが，現在でも基本設計はそのまま，全世界，特に発展途上の国において現役として活躍している。かのバイクの凄さは，長期間容易に壊れない耐久性，クラッチワークを必要としない誰でも乗れる使い易さ，すばらしい燃費の良さ，そしてシンプルな構造からくる低価格と挙げていけばきりがない。

　バイクはエンジン，フレーム，外装，サスペンション，リム・タイヤ系，電装周辺と，非常に多くのモジュールから構成され，どれ一つが仕様を欠いても全体の性能は保てない。これは，各機能の部門長が十分に自分の役割を果たしただけでなく，スーパーカブという事業軸（この場合は正確にはプロダクト軸）の横串を通すように，相互に機能軸同士が連携してきた成果といえると考える。

　そこで重要な役割を果たしたのが，経営者である。先進国にも存在しないスペックの汎用性の高いバイクを，1958年の日本で作成する。その意思決定と必要な投資を行い，機能軸のリーダーにチャレンジングな目標を達成させるとともに，明確な事業軸の横串を通し，機能軸同士に相互連携をはからせ，製品全体として完成度を高めるリーダーシップが働いたと考えられる。

　かつては創業経営者が絶対的な力を持っていたから，経営者次第で理想的な組織能力が獲得できた。しかし，現在の大企業の経営者は，元会社員であり，その中で優秀と認められて組織の中で昇格してきた方が多い。時代は経営者として，革新的なリーダーシップを求めず，常識的で失敗しない秀才を求めた。そして，今もプロとして渡り歩けるような経営者は日本では数少なく，自社でしか通用しない経営者になってしまっているとの見方がある。

　特に問題点として指摘されるのが，日本の経営者はリスクの取り方を知らないという点である。リスク回避ばかりしてきた過去の批判からか，最近は無謀ともいえるリスクを取っての大失敗が目立つ。つまり，彼らは小さな規模のリスクから，それを見極め，乗り越える経験をしてこなかったということを示唆していると考えられる。

　よって，今後の経営者に求められるのは，上手にリスクを取ってリターンを

得ることだろう。そして自分にはその経験や能力が不十分であることを素直に認め，リスク耐性のある補佐者やコンサルタント，組織内部のリスクテイカーを登用し組織能力を強化することである。そして，社内の重要なプロジェクトを見極め，必要があれば自身と側近チームがハンズオンで参加しリーダーシップを発揮することであろう。

「日本は組織が階層化し上位下達であり，自分（役員）がプロジェクト会議に出たら誰も何も言わないんだよね」などと役員の方からお話しを聞くこともあるが，社員に行動変革を望むのであれば，まず自分自身から変えていくことである。

「日本は上位下達」で不満なら，そうでないことを望んでいると実証して見せるためには，社長，役員が自ら今までと異なる行動を取るしかない。自身が動かず，社員の行動変革をコンサルタントに依頼するだけでは，何も変わらないことを再認識する必要がある。

ハンズオンでプロジェクトに関われば，リスクとリターンについても経営者なりの感触を得ることもできる。稟議のような紙が回ってきて，説明を受けただけでリスクのある意思決定ができるわけがない。ハンズオンスタイルに経営者が行動変革することで，失敗をしつつも上手にリスクを取れるようになるのではないだろうか。

(3) 国内の組織改革と運用

経営者の意思決定をサポートする組織をどうやって構築し運用したら良いのだろうか。先ほど，組織能力の獲得には第一に経営者自身が自己変革することをあげたが，次に重要なのは組織改革といってよい。

先ほどから強調しているとおり，経営環境の変化に素早く適応していく組織能力を獲得するには，事業リーダーシップによるマーケットインの発想と，各機能の専門性を活用した事業展開の可能性の拡大の2つの要素が相互連携しつつ機能する必要がある。この構想を組織構造として形にすると，図表9−5のような，いわゆるマトリックス型の組織形態となると考えられる。

マトリックス組織は，事業軸と機能軸のレポートラインが併存する形態である。日本では大手電機産業では，10年以上前からこの組織形態が取られてきて

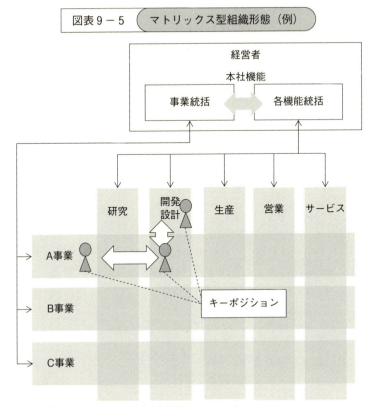

　いる。筆者は中でも先進的と見なされる企業の組織に実際に調査に入ったことがあるが，運用実態は縦の機能軸が非常に強く，対して横串を通す事業軸・プロダクト軸が非常に弱い結果であった。

　理由としてはプロダクトマネージャーの権限範囲が不明確で，抽象的なレベルのマーケットインの発想を生かすための「製品コンセプトの調整役」程度の役割しか認識されていなかったことがあげられる。また，事業軸を担っている本人がその役割を十分に認識していないことも少なからずあった。結局，組織の運営実態は，事業軸がマーケティングや販売は主導するものの，モノづくりは相変わらず機能軸が主導する機能別組織であった。そして，機能間の調整は行われるものの，市場の代弁者である事業軸・プロダクト軸の要求を満たすた

めの調整ではなく，多くの場合はお互いの機能が問題なくワークするための調整，言い方を変えれば基本的には「妥協」であったと考えている。

　もう1つの特徴は経営者のリーダーシップの影があまり見られないということである。本件を報告したときに，経営層はかなりショックを受けた様子であった。しかし，その大きな原因の1つは経営層にもあることに気づいた様子はなく，手詰まり・思考停止に陥っているかのような雰囲気であった。

　では，どうすればマトリックス組織を機能させうるのか。まずは前提条件でもある，事業軸・プロダクト軸の責任者に具体的な権限責任を委譲し，それを明確に社内に示すことである。ただし，公式なポジションの役割責任の明確化に加えて，各プロダクトの責任者には，案件ごと本人の力量や行動特性ごとに，経営者が適切なサポートを行っていく必要がある。

　前述の会社の事例であるが，ある研究者が革新的なデバイスを完成させた。彼女はむしろ機能軸に属する人材なのだが，ネットワークが広く，みずからあるデバイス事業を立ち上げ，関係者を説得しデバイスを実現した。今，その会社の稼ぎ頭といっても良い。

　彼女はなぜそのような影響力を行使できたのか。もちろん本人の特定分野の突出した優秀さもある。しかし本人の言としては，「誰が必要な要素技術を持っているかを知っていることが重要」とのことであった。その要素技術を結び付けることで革新が可能になる。そういうと簡単だが，凄まじい試行錯誤と専門家同士の意見対立もあったであろう。最終的にミッションを完遂できたのは，このプロジェクトではサポートする経営者がいたからである。

　そこで2つの成功要因が見えてくる。つまり事業軸・プロダクトの責任者は，「彼女は専門性があるから研究者」と機能組織的発想で決めつけず，人材の適性にみあった役割を，仮に暫定的にでも与え，公式な仕事として遂行させることである。機能別の組織には，このような柔軟な発想が欠けている傾向が強い。

　機能組織のサイロを壊すのが，経営者または補佐者も含めた経営チームの役割といっても良いのではないか。能力と目的意識，資質・適性のある者は，評価されようがされまいが，自身の興味とワクワク感に促されて，為すべき事を為そうとする。その飛び出た事業の芽を，ちゃんと見つけて後押しし支援すれば良いのである。

いきなり大成功を収めることはない。課長は部下を，部長は課長クラスを，事業の萌芽を構想していないか，しっかり見て聞いて見逃さないようにしなければならない。組織の階層それぞれが，このような行動規範を共有し，マトリックス組織を運営すれば，大組織にして機動的な最高の組織能力を獲得することができる。

　3つめの成功要因であるが，事業軸と機能軸の重なるところ，つまり機能軸に属しながら事業軸のプロダクト責任者の窓口となり，機能軸との調整をはかるポジションに優秀で適性のある人材を配置することである。前回の事例では，彼女が事実上はプロダクト責任者兼機能軸調整者であった。組織的にこの理想形を作るのであれば，機能軸側に事業軸・プロダクトの横串を通す重要性を理解し，機能責任者を説得できる能動的調整者（妥協ではなく）が必要になる。

　つまりマトリックス組織を動かすキーマンは，事業軸・プロダクトの責任者，機能軸の調整窓口担当，機能軸責任者の3者ということになる。彼らは共通の資質を持っている。自らまたは属する組織の利害関係に囚われず，ワガママな市場・顧客のニーズを理解し実現しようとする俯瞰的な視点を持ち，かつ自身も高い専門性を有している。そのようなキーポジションに対応し得る人材を育成し，配置・活用するとともに，経営者が十分な支援を与える運用をいかに行うか。特に大企業であれば，その資質を持った人材はたくさん存在しているとの印象を筆者は持っている。

(4)　M&Aとマトリックス組織

　マトリックス組織と，それを機能させる経営者，3種類のキーマンが存在する状態では，例えば，新しい事業がM&Aで追加されても，各機能責任者が新事業・プロダクトの責任者との連携のあり方を検討し，マトリックスの交差点の調整者は積極的な調整機能を果たし，自社の組織能力に短期間のうちに組み込むことが可能になる。

　機能を取得した場合も同じである。今度は事業軸・プロダクトの責任者が新しい機能に働きかけ，交差点の調整者は別機能から異動させ内部育成をはかるなどして，短期間のうちに組織能力の一部と化すことができる。

　つまり，良く機能しているマトリックス組織には，M&Aにともなう経営資

源の取得・売却に柔軟に対応し，リーダーシップの整合性を保つ特性を備えており，今後の当面の事業展開には最適といえる。

付録　人事デューデリジェンス　チェックリスト

1．人事デューデリジェンスの準備事項

番号	チェック項目	対応時期	該当する章
1	M&Aのディールロジックから人事デューデリジェンスのポイントを押さえているか	サイニング前	3－2
2	買収後の事業・組織・人材マネジメントの統合モデルや施策を把握し，人事デューデリジェンスの精査項目に反映できているか（両社比較の必要性など）	サイニング前	3－3
3	買収形態（株式買収・資産買収・JV設立等）・プロセスを把握した上で，課題点を抽出できているか（スタンドアロンイシュー・コストの把握の必要性など）	サイニング前	3－4

2．人事デューデリジェンス

番号	チェック項目	対応時期	該当する章
4	対象会社の組織構造，要員構成，人件費構造などの基礎情報を把握しているか	サイニング前	4－1
5	対象会社の一般従業員の報酬制度（構造・水準）や退職給付制度，健康保険・福利厚生に関する制度・運用を確認しているか。インセンティブ等の支配権の変更（CiC）による影響を把握しているか	サイニング前	4－1
6	対象会社の債務性のある退職給付関連制度・福利厚生制度の有無ならびに買収契約・価格への影響の有無を確認しているか	サイニング前	4－4
7	対象会社のタレントマネジメント全般（等級・評価制度運用，人材育成，サクセッションプラン等）を確認しているか	サイニング前	4－1

8	対象会社の雇用契約・就業規則・労働協約や，潜在的・顕在的労務リスク等を確認しているか	サイニング前	4 — 1
9	人事組織・機能・システム等を確認しているか	サイニング前	4 — 1
10	対象会社の経営者の雇用契約・報酬構成・水準，支配権の変更（CiC）における影響を確認しているか	サイニング前	4 — 2
11	（可能な場合）対象会社の人事担当役員とのインタビューを通して確認事項をヒアリングしているか	サイニング前	4 — 2
12	（可能な場合）対象会社のカルチャーデューデリジェンスを実施しているか	サイニング前	4 — 3
13	人事デューデリジェンスからの発見事項を価格，買収契約，TSA（カーブアウト案件の場合）に反映させることができているか	サイニング前	4 — 1

3．経営者リテンション・経営者オンボーディング

番号	チェック項目	対応時期	該当する章
14	経営者をリテインする理由は明確か	サイニング前	5
15	リテンション対象範囲，期間は明確か	サイニング前	5
16	リテンション施策（金銭的・非金銭的）の効果・リスクは検証したか	サイニング前	5
17	経営者に対して，買収後のポジション，役割，報酬パッケージを提案（オファー）し，今後の継続勤務の意思が確認できているか	できればサイニング前 ※ただし，法的にサイニング前に提示ができないことがある	5
18	リテインした経営者に対して，事業計画，意思決定プロセス，業務プロセス，慣習等を伝え，理解を得ているか	サイニング前	6

4．サイニング以降必要なタスク

番号	チェック項目	対応時期	該当する章
19	M&Aのスケジュールに基づき，経営陣，従業員へのコミュニケーションが計画，実行されているか	サイニング後	7
20	移籍社員に対して，適切なコミュニケーションが計画，実行されているか	サイニング後	7
21	人事デューデリジェンスであたりを付けたスタンドアローンイシューがさらに明確になっているか	サイニング後	7
22	スタンドアローンイシューとしてリスト化された項目に対してそれぞれ対策が講じられているか	サイニング後	7
23	クロージング以降の経営体制・ガバナンス体制が検討・構築されているか	サイニング後	7

◆執筆者紹介（第3版執筆時）

島田　圭子

マーサージャパン株式会社　取締役
マルチナショナルクライアントグループ代表
グローバルM&Aコンサルティング部門代表，パートナー
日系企業人事部を経て現職。
国内外の企業に対する，M&Aに関わる人事デューデリジェンスおよび組織・人事面での統合支援を中心としたコンサルティングをリード。企業再生案件，ファンドの投資案件，日系企業同士の大型合併案件に伴う組織・人事統合の支援多数。近年は主に日本企業のクロスボーダーM&Aに伴うプレディールからポストディールまでの一貫した支援をリード。直近では，外国企業による日本企業投資・JV設立・買収支援・PMI支援案件，日本企業・事業の売却案件も複数リード。
青山学院大学国際政治経済学部卒，シカゴ大学経営学修士（MBA）修了。
著書
『A&R 優秀人材の囲い込み戦略』（東洋経済新報社，共著）
『M&Aを成功させる組織・人事マネジメント』（日本経済新聞社，共著）
『合併・買収の統合実務ハンドブック』（中央経済社，共著）

鈴木　康司

マルチナショナルクライアントグループ　サブリーダー　プリンシパル
住友商事（人事部），人事系コンサルティング会社などを経て現職。
人材マネジメントシステムの設計，導入支援に関するコンサルティング業務を経て，2002年より，タイ・バンコクを拠点としてアジアに展開する日系企業の組織・人材面でのコンサルティングに従事。2008年より，日本企業のグローバル人事構築支援に加え，人事部門・機能の再構築・再編成，人事テクノロジーに関するコンサルティングにも従事。
現在は，日本を代表するグローバル企業に対する組織・人事面でのコンサルテーション・アドバイザリー業に従事。東京大学法学部卒。
著書
『中国・アジア進出企業のための人材マネジメント』（日本経済新聞社）
『目標管理制度のための面談の進め方』（監修，日経ビデオ）

鳥居　弘也

グローバルM&Aコンサルティング　プリンシパル

長年の組織・人事コンサルティングと戦略コンサルティング会社への出向経験を生かし，経営戦略と組織変革，人材マネジメントを連動させたコンサルティングを得意とする。国内外企業のM&Aのデューデリジェンスからクロージングまでのディール・コンサルティングだけではなく，PMIにおける企業の成長を重視し多くの大型PMIプロジェクトの実績を持つ。東京都立大学法学部卒業（出版時点では首都大学東京），日系企業人事部，国際監査法人系HRコンサルティングファームを経て現職。

柴山　典央

グローバルM&Aコンサルティング　シニアコンサルタント

国内独立系ベンチャーキャピタルにおけるハンズオン投資，総合コンサルティングファームにおける製造流通業への経営コンサルティングを経て現職。
日系企業のクロスボーダーM&Aの支援を手がけている。これまで，化学，機械，IT，精密機器などの幅広い業界にわたって人事デューデリジェンス，経営者のリテンション，ガバナンス体制の設計，多国籍企業の資産買収における従業員転籍支援，人事制度設計等に従事している。
直近においては，国を跨いだ転籍が生じるJV設立や数十カ国におよぶカーブアウトディールの人事デューデリジェンス，NYSE上場企業の経営者のリテンション交渉支援等を手がけている。
慶應義塾大学理工学部化学科卒，同大学院基礎理工学専攻修了。

横田　真育

セントラルヨーロッパ ジャパンデスク代表
マーサードイツ マルチナショナルクライアントグループ シニアコンサルタント

日本企業の海外企業買収案件を中心にデューデリジェンスから買収後のPMIにおいて，被買収企業のガバナンス設計，経営者およびキー人材に対するリテンション施策の設計，業績改善を後押しする経営者報酬制度の構築，リストラを伴う買収先の組織再編等の案件を手がけてきている。特にグローバルでの事業買収に伴うセパレーションイシューへの対応や，確定給付型年金の引き継ぎ交渉等に代表される人事的難度の高い案件に従事している。
ノーステキサス大学経営学部人事・組織行動学専攻卒。
米国人材マネジメント協会公認プロフェッショナル（SHRM-CP）

野坂　研

グローバル M&A コンサルティング　シニアコンサルタント

各国上場企業をはじめ，PEからの企業買収や創業者ベンチャー買収など複数パターンにおけるHRデューデリジェンス，経営者リテンション，買収後のインセンティブ設計等のプロジェクトに参画。その他，国内の再編・統合プロジェクトとしては，グローバル企業の事業売却に伴うカーブアウト，外資系製薬会社の人事制度統合などの支援経験を有する。
東京大学経済学部卒。大手自動車メーカー，ものづくり系ベンチャーを経て現職。

川口　知宏

マルチナショナルクライアントグループ　シニアコンサルタント

マーサージャパンの年金コンサルティング部門において退職給付制度のコンサルティングに従事した後，マーサーフィリピンのチーフアクチュアリー兼ジャパンデスクとして退職給付会計業務の統括および新規ソリューションの開発にあたるとともに，在比日系企業に対するマーサーの各種サービスの提供を推進。
日本へ帰国後は，現職にて，退職給付やその他の福利厚生制度の観点から，日本企業のクロスボーダーM&A，海外拠点のガバナンス向上，全社のリスク・コスト削減のためのサービス提供にあたっている。
日本および海外の年金の市場動向について，論文執筆や講演などを通した国内外への情報発信も多数行う。
慶應義塾大学大学院理工学研究科開放環境科学専攻修了。米国アクチュアリー会正会員およびCERA（Chartered Enterprise Risk Analyst）資格を有する。

白川　雄一

グローバル M&A コンサルティング　コンサルタント

モルガン・スタンレーを経て現職。
前職では，債券・株式・為替のミドルオフィス業務に従事。JGB・外債トレーディングシステムの新規導入，株式ポストトレード処理効率化，為替法定帳簿および顧客ステートメントの自動化等のBPRプロジェクトリード経験を有する。
マーサーにおいては，日本企業による国内外の企業の買収案件ならびに外資系企業による日本企業の部門買収案件，国内事業再編に伴う統合案件，日本企業の海外JV設立案件に従事。これまでに，電機・機械，精密機器，化学，製薬，物流，情報通信，金融，食品，サービスなど幅広い業界の支援実績がある。企業規模としては，少数ベンチャー企業の買収案件から数十カ国に展開する多国籍企業の買収案件まで支援を行ってきた。領域別には，人事デューデリジェンス，経営者リテンション，ガバナンス体制の設計，多国籍カーブアウト案件のクロージング支援，従業員コミュニケーション，PMIにおけるグループ再編に伴う人事制度統合等の支援を行っている。
国際基督教大学教養学部国際関係学科卒。

小川　名穂子

グローバルM&Aコンサルティング　コンサルタント
日本企業のクロスボーダーM&Aに伴う組織・人事全般のコンサルティングに従事。人事デューデリジェンス業務，経営者リテンション，インセンティブプラン設計，現状制度比較分析，事業買収案件における人事制度立ち上げ等のプロジェクトに参画。
前職では，グローバル人事業務プロセス改革，人事システム導入，人事制度設計等の各種人事関連グローバルプロジェクトに携わる。
国際基督教大学教養学部社会科学科卒。
プライスウォーターハウス クーパース コンサルティング（現 日本IBMビジネスコンサルティング部門）を経て現職。

羽田野　順

マーシュジャパン株式会社
バイスプレジデント プライベートエクイティ・M&A
日系損害保険会社を経て現職。主に日本企業のクロスボーダーや国内のM&Aに関するリスクアドバイザリー業務に従事。表明保証保険，環境保険等を活用したディールソリューションに加え，インフラストラクチャー案件を含めたリスク・保険デューデリジェンスサービスなどを提供。事業会社，プライベートエクイティ，M&Aアドバイザーなどを通じて，買い手側，売り手側など様々な立場からアドバイスを行う。
明治大学商学部商学科卒。
米国公認会計士（ニューハンプシャー州）。

◆編者紹介

マーサーについて

マーサー（英語社名：Mercer，本社：ニューヨーク，社長兼CEO：Martine Ferland）は，組織・人事，福利厚生，年金，資産運用分野におけるサービスを提供するグローバル・コンサルティング・ファームです。全世界約25,000名のスタッフが44ヵ国の拠点をベースに，130ヵ国以上でクライアント企業のパートナーとして多様な課題に取り組み，最適なソリューションを総合的に提供しています。

日本においては，40年以上の豊富な実績とグローバル・ネットワークを活かし，あらゆる業種の企業・公共団体に対するサービス提供を行っています。組織変革，人事制度構築，福利厚生・退職給付制度構築，M&Aアドバイザリー・サービス，グローバル人材マネジメント基盤構築，給与データサービス，年金数理，資産運用に関するサポートなど，「人・組織」を基盤とした幅広いコンサルティング・サービスを提供しています。

マーサーは，ニューヨーク，シカゴ，ロンドン証券取引所に上場している，マーシュ・アンド・マクレナン・カンパニーズ（証券コード：MMC）グループの一員です。

M&Aを成功に導く
人事デューデリジェンスの実務（第3版）

2006年12月20日　第1版第1刷発行
2007年3月5日　第1版第3刷発行
2010年4月10日　第2版第1刷発行
2019年10月1日　第3版第1刷発行
2023年6月25日　第3版第4刷発行

編　者　マーサージャパン
発行者　山　本　　　継
発行所　㈱中央経済社
発売元　㈱中央経済グループ
　　　　パブリッシング

〒101-0051　東京都千代田区神田神保町1-35
電話　03（3293）3371（編集代表）
　　　03（3293）3381（営業代表）
https://www.chuokeizai.co.jp
印　刷／文唱堂印刷㈱
製　本／誠製本㈱

©2019
Printed in Japan

＊頁の「欠落」や「順序違い」などがありましたらお取り替えいたしますので小社営業部までご送付ください。（送料小社負担）
ISBN978-4-502-31611-1　C3034

JCOPY〈出版者著作権管理機構委託出版物〉本書を無断で複写複製（コピー）することは，著作権法上の例外を除き，禁じられています。本書をコピーされる場合は事前に出版者著作権管理機構（JCOPY）の許諾を受けてください。
JCOPY〈https://www.jcopy.or.jp　eメール：info@jcopy.or.jp〉